应用型本科经济管理类专业基础课精品教材
高等教育"十三五"应用型人才培养规划教材

新编统计学

主　编　吴思宇

副主编　覃　涛　王　端

北京理工大学出版社
BEIJING INSTITUTE OF TECHNOLOGY PRESS

内容简介

统计学是通过搜集、整理、分析数据等手段,以达到推断所测对象的本质,甚至预测对象未来的一门方法论学科。本教材系统地介绍了统计学的基本理论和方法,共分为9章:概论、统计设计与数据调查、数据整理与显示、数据特征描述、统计指数分析、抽样与抽样分布、相关分析与回归分析、时间数列分析与预测及 Excel 在统计中的运用。

本书适合作为高等院校经济管理类专业的学生教材,也可作为经济管理工作者和经济研究人员的参考用书。

版权专有　侵权必究

图书在版编目(CIP)数据

新编统计学 / 吴思宇主编. —北京:北京理工大学出版社,2018.7(2020.3 重印)
ISBN 978-7-5682-5902-6

Ⅰ. ①新…　Ⅱ. ①吴…　Ⅲ. ①统计学 - 高等学校 - 教材　Ⅳ. ①C8

中国版本图书馆 CIP 数据核字(2018)第 160247 号

出版发行 / 北京理工大学出版社有限责任公司
社　　址 / 北京市海淀区中关村南大街 5 号
邮　　编 / 100081
电　　话 / (010) 68914775 (总编室)
　　　　　(010) 82562903 (教材售后服务热线)
　　　　　(010) 68948351 (其他图书服务热线)
网　　址 / http://www.bitpress.com.cn
经　　销 / 全国各地新华书店
印　　刷 / 涿州市新华印刷有限公司
开　　本 / 787 毫米 × 1092 毫米　1/16
印　　张 / 18
字　　数 / 567 千字
版　　次 / 2018 年 7 月第 1 版　2020 年 3 月第 3 次印刷
定　　价 / 59.80 元

责任编辑 / 王晓莉
文案编辑 / 郭贵娟
责任校对 / 周瑞红
责任印制 / 李志强

图书出现印装质量问题,请拨打售后服务热线,本社负责调换

前　言

飞速发展的中国经济和不断完善的、具有中国特色的社会主义市场经济体制，以及新经济、新业态的不断涌现，使统计学这门方法论学科迎来前所未有的大发展机遇。无论是宏观的国家经济调控管理，还是微观的企业生产经营管理，都需要准确、及时地获取有关各类数据信息，并对这些相关的数据信息进行处理、分析。统计学作为一门以数据处理和数据分析为基础的方法论学科，备受大数据时代各行各业专业人士的关注。人们在从事经济研究和各种社会经济管理活动时，都应该掌握基本的统计理论和方法，学会运用统计工具，以便更准确、更有效地工作。

"统计学"是本科院校经济与管理类各专业开设的一门必修基础课，也是经济管理工作者和经济研究人员必备的一门知识。它研究如何用科学的方法去搜集、整理、分析国民经济和社会发展的实际数据，并通过统计学特有的统计指标和统计指标体系，表明所研究的社会经济现象的规模、水平、速度、比例和效益，以反映社会经济现象发展规律在一定时间、地点、条件下的作用，描述社会经济现象数量之间的关系和变动规律。此外，它也是进一步学习其他相关学科的基础。

该课程的开设在"政治经济学""经济数学基础""基础会计学"课程之后。设置本课程的目的是使学生系统地掌握统计学的基本原理、基本内容和基本方法，提高经济分析和经济信息处理能力。这一方面为进一步学习专业统计课程和计量经济课程奠定了理论和方法基础；另一方面也为学习经济与管理类各专业的后续课程和进行社会经济问题研究，掌握企业经营分析、行业发展分析或者各种经济主题分析提供了基本的数量分析方法。

相对于传统的本科教材，本教材突出应用性和实践性的特点：

以"应用"为主线和特征，构建课程和教学内容体系。

以"能力培养"为主线，培养学生的知识、能力和素质结构。

在内容构建上，根据教学大纲和实际教学要求，本教材每章都设置了学习目标（知识目标、能力目标）、案例导读、知识与技能传授、复习思考、实践技能训练以及知识能力训练板块，力求实现统计理论与相关统计方法的融合，将一般的统计理论方法落实到实际工作中。

在写作思路上，本教材从统计数据出发，以统计数据的搜集、整理和分析为主线，突出统计学在经济生活中的具体运用；运用 Excel 进行分组数据处理，使枯燥、烦琐的数据处理工作变得生动有趣、便捷，并引导学生运用统计软件来处理统计数据，提高其处理和分析数据的能力。

在写作方法上，本教材力求简明扼要、深入浅出、实用新颖，突出应用技能。理论和实践相结合，紧密结合教材内容，以加强学生的基础知识和基本技能，逐步养成应用统计学方法来搜集数据、处理数据、分析数据的思维方式。

本教材是在总结多年"统计学"教学经验，参考大量"统计学"教材及有关论著的基础上，由多名教学经验丰富的教师多次研讨编写而成。本教材共9章。其中，第1、8、9章由吴思宇编写；第2、4、5章由覃涛编写；第3、6、7章由王端编写。本教材由吴思宇担任总纂并定稿。陈中丽、肖闻参与了资料搜集及校稿工作，在此表示感谢！

本教材受贵州省教育厅"工商管理省级重点支持学科"项目（项目编号：黔学位合字ZDXK【2016】18号）和"贵州商学院教学质量和教学改革项目——校级精品课程统计学"资助。

由于编者水平有限，书中难免存在疏漏和不足，恳请同行和各位读者批评指正。

编　者

目 录

第1章 概 论 ……………………………………………………………………（ 1 ）
　1.1 统计与统计学 …………………………………………………………（ 3 ）
　1.2 统计数据与统计信息 …………………………………………………（ 9 ）
　1.3 统计学中几组基本概念 ………………………………………………（ 13 ）
　1.4 统计管理体制及统计法规制度 ………………………………………（ 19 ）

第2章 统计设计与数据调查 …………………………………………………（ 27 ）
　2.1 统计设计 ………………………………………………………………（ 28 ）
　2.2 数据调查 ………………………………………………………………（ 32 ）
　2.3 调查问卷设计 …………………………………………………………（ 43 ）

第3章 数据整理与显示 ………………………………………………………（ 49 ）
　3.1 数据整理概述 …………………………………………………………（ 51 ）
　3.2 数据分组 ………………………………………………………………（ 54 ）
　3.3 数据的图表显示 ………………………………………………………（ 65 ）

第4章 数据特征描述 …………………………………………………………（ 77 ）
　4.1 总量指标 ………………………………………………………………（ 79 ）
　4.2 相对指标 ………………………………………………………………（ 83 ）
　4.3 平均指标 ………………………………………………………………（ 92 ）
　4.4 标志变异指标 …………………………………………………………（101）

第5章 统计指数分析 …………………………………………………………（113）
　5.1 统计指数概述 …………………………………………………………（114）
　5.2 综合指数 ………………………………………………………………（117）
　5.3 平均数指数 ……………………………………………………………（126）
　5.4 指数体系与因素分析 …………………………………………………（134）

第6章 抽样与抽样分布 (147)
6.1 抽样调查概述 (149)
6.2 抽样分布 (156)
6.3 抽样误差 (160)
6.4 抽样调查的方法 (165)

第7章 相关分析与回归分析 (177)
7.1 相关分析与回归分析概述 (178)
7.2 相关分析 (182)
7.3 回归分析 (186)

第8章 时间数列分析与预测 (197)
8.1 时间数列描述 (198)
8.2 时间数列分析指标 (201)
8.3 时间数列趋势分析与预测 (214)

第9章 Excel在统计中的应用 (235)
9.1 Excel 简介 (237)
9.2 Excel 在统计中的应用 (245)

参考文献 (282)

第 1 章

概 论

学习目标

【知识目标】
➢ 理解统计的含义、统计工作过程
➢ 了解统计学科体系、研究对象及研究方法
➢ 掌握统计学中的几组基本概念
➢ 了解统计的基本职能、统计的组织与管理以及统计立法

【能力目标】
➢ 准确地识别统计学中的基本概念

案例导读

《中华人民共和国 2015 年国民经济和社会发展统计公报》（节选）

初步核算，2015 年全年国内生产总值为 676 708 亿元，比上年增长 6.9%。其中，第一产业增加值为 60 863 亿元，比上年增长 3.9%；第二产业增加值为 274 278 亿元，比上年增长 6.0%；第三产业增加值为 341 567 亿元，比上年增长 8.3%。第一产业增加值占国内生产总值的比重为 9.0%；第二产业增加值占国内生产总值的比重为 40.5%；第三产业增加值占国内生产总值的比重为 50.5%，首次突破 50%。2015 年，全年人均国内生产总值为 49 351元，比上年增长 6.3%；全年国民总收入为 673 021 亿元。2011—2015 年国内生产总值及其增长速率如图 1-1 所示。

2015 年年末中国大陆总人口数量为 137 462 万人，比上年末增加 680 万人，其中城镇常住人口数量为 77 116 万人，占总人口比重（常住人口城镇化率）为 56.10%，比上年末提高 1.33%。全年新出生人口数量为 1 655 万人，出生率为 12.07‰；死亡人口数量为 975 万人，死亡率为 7.11‰；自然增长率为 4.96‰。全国人户分离的人口数量为 2.94 亿人，其中流动人口数量为 2.47 亿人。人均预期寿命为 76.34 岁。2015 年年末人口数量及其构成如表 1-1

所示。

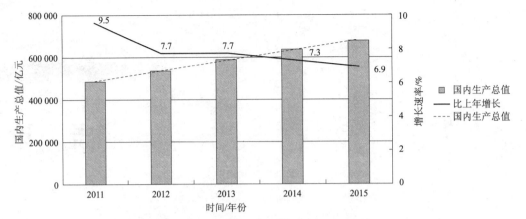

图 1-1 2011—2015 年国内生产总值及其增长速率

表 1-1 2015 年年末人口数量及其构成

统计指标	2015 年年末人口数量/万人	所占比例/%
全国总人口	137 462	100.00
其中：城镇	77 116	56.10
乡村	60 346	43.90
其中：男性	70 414	51.20
女性	67 048	48.80
其中：0～15 岁（含不满 16 周岁）	24 166	17.60
16～59 岁（含不满 60 周岁）	91 096	66.30
60 周岁及以上	22 200	16.10
其中：65 周岁及以上	14 386	10.50

2015 年年末全国就业人员数量为 77 451 万人，其中城镇就业人员数量为 40 410 万人。2015 年全年城镇新增就业人员数量为 1 312 万人。2015 年年末城镇登记失业率为 4.05%；全国农民工总量为 27 747 万人，比上年增长 1.3%。其中，外出农民工数量为 16 884 万人，增长 0.4%；本地农民工数量为 10 863 万人，增长 2.7%。2015 年全年全员劳动生产率为 76 978 元/人，比上年提高 6.6%。

2015 年全年居民消费价格比上年上涨 1.4%。其中，食品价格上涨 2.3%；固定资产投资价格下降 1.8%；工业生产者出厂价格下降 5.2%；工业生产者购进价格下降 6.1%；农产品生产者价格上涨 1.7%。

2015 年年末国家外汇储备为 33 304 亿美元，比上年年末减少 5 127 亿美元。2015 年全年人民币平均汇率为 1 美元兑 6.228 4 元人民币，比上年贬值 1.4%。

思考：

1. 本公报的研究对象是什么？运用了哪些统计指标？
2. 如何正确认识、理解这些数据、图形和表格所表达的经济现象？

3. 如何统计与核算这些资料？
4. 如何应用统计资料对经济生活进行指导？
5. 读懂该公报需要哪些统计知识？
6. 如何认识大数据产业背景下，统计学的重要性？

1.1 统计与统计学

1.1.1 统计的含义

统计作为一种社会实践活动，已有悠久的历史。可以说，自从有了国家就有了统计实践活动。最初，统计只是为统治者搜集和提供管理国家所需的资料，弄清国家的人力、物力、财力。例如，在古巴比伦、古埃及和古罗马就有人口和资源数量的详细记载。

"统计"一词最早出现于中世纪拉丁语的 Status，意思是指各种现象的状态和状况；之后又由这一语根组成意大利语 Stato，表示"国家"，也含有国家结构和国情知识的意思；18 世纪的德国政治学教授阿亨瓦尔（Achenwall）根据这一语根把"国家"的学名定为"Statistika"（统计）。该词的原意是指"国家显著事项的比较和记述"或"国势学"，他认为统计是关于国家应注意事项的学问。此后，各国相继沿用"统计"这个词，并把这个词译成各国文字。例如，法国译为 Statistique；意大利译为 Statistica；英国译为 Statistics；日本最初将其译为"政表""政算""国势""形势"等，直到 1880 年在太政官中设立了统计院，才确定以"统计"二字正名。1903 年由钮永建、林卓南等翻译的日本横山雅南所著的《统计讲义录》一书，把"统计"这个词从日本传到我国。1907 年彭祖植编写的《统计学》一书是我国最早的一本"统计学"书籍。如今，"统计"一词成了记述国家和社会状况的数量关系的总称。

"统计"一词在我们日常生活、经济工作和科学研究中出现的频率越来越多。其中，统计信息作为社会经济信息的主体，被广泛运用于国民经济的各个部门、各个行业，日益受到人们的重视。人们经常使用的"统计"一词，一般从以下三个方面理解。

1. 统计工作

统计工作即统计实践或统计活动，是在一定的统计理论指导下，采用科学的方法搜集、整理、分析统计资料的一系列活动过程。它是随着人类社会的发展及治国、管理的需要而产生和发展起来的，至今已有四五千年的历史。在现实生活中，统计工作作为一种认识社会经济现象总体和自然现象总体的实践过程，一般包括统计设计、数据调查、数据整理和数据分析四个阶段。

2. 统计资料

统计资料即统计工作的对象和成果，是指对统计活动过程以及与之相联系的数据资料的分析和文字说明的总称，表现为各种社会经济现象特征的原始记录、统计台账、统计表、统计图、统计分析报告、政府统计公报、统计年鉴等数据和文字资料。

3. 统计学

统计学（Statistics）是指阐述统计工作基本理论和基本方法的学科，即对统计工作及统计资料规律地进行总结和理论概括，是系统化的知识体系。它以大量社会经济现象总体的数量方面为研究对象，阐明统计设计、数据调查、数据整理、数据分析的理论与方法，是一门方法论学科。

"统计"一词的三方面含义之间是紧密联系的，统计资料是统计工作的成果；统计学与统计工作则是理论与实践的关系。

1.1.2 统计学的研究对象及其研究方法

1. 统计学的研究对象

一般来说，统计学既可以研究自然现象，也可以研究社会经济现象，本书侧重于对社会经济现象的研究。社会经济现象包括自然现象以外的社会、政治、经济、文化等领域的各种现象。统计学的研究对象是大量社会经济现象总体的数量方面，即以统计资料为依据，具体说明社会经济现象总体的数量特征、数量关系及数量界限。这里所说的数量方面是指社会经济现象的规模、水平、结构、速度、比例关系、普遍程度等。

2. 统计学的研究方法

统计学的研究方法很多，主要有大量观察法、数据分组法、综合指标法、统计模型法和统计推断法。

（1）大量观察法

大量观察法是统计分析的基本方法之一，是指对被研究事物足够多的单位进行观察、分析，以反映总体特征的一种统计方法。例如，通过在十字路口观察交通流量，调整某一方向交通信号灯时间的长短。在我国统计实践中，大量观察法被广泛运用于各种基本的、必要的统计报表、普查、重点调查和抽样调查等，这些都是对总体进行的大量观察，以保证从整体上认识事物。

（2）数据分组法

根据研究对象总体的特点和统计研究的任务，按照一定的标志，把研究对象总体划分为不同性质或类型的组，这种方法在统计学上称为数据分组法。例如，研究人口性别比时，将总体按性别分组；研究经济贡献率时，将总体按经济类型分组；研究学生成绩分布时，将总体按成绩分组等。这种方法可以把总体内部相同或相似的单位归并到一起，把组与组明显区分开，从而对总体单位划分类型，以反映总体内部结构，分析总体各部分之间的相互关系，揭示现象的数量特征。

（3）综合指标法

综合指标法是指利用各种综合指标对社会经济现象数量方面进行综合、概括和分析的方法，它是统计分析的基本方法之一。在统计分析中，广泛运用总量指标分析法、相对指标分析法、平均指标分析法、变异指标分析法、动态分析法、指数分析法、相关分析法等分析方法，综合地反映社会经济现象的规模水平、比例关系、发展速度等，会使我们对所研究的事物有一个深入的认识。在大量观察和分组基础上计算的综合指标，基本排除了总体中个别偶然因素的影响，可以反映出普遍的、决定性条件的作用结果。

（4）统计模型法

对客观现象的原型进行模拟或仿真，是在较高层次上认识事物的一种方式。统计模型法就是用一套相互联系的数据分组和统计指标，对客观存在的总体及其运动过程做出比较完整的、近似反映或描述的方法。这种方法通常有两种表达方式：一是依据统计指标之间存在的明确数量关系，建立数学方程式或方程组，一般称为统计数学模型；二是依据统计指标之间的逻辑关系，构筑框架式的物理模型，一般称为统计逻辑模型。例如，回归分析属于统计数学模型的表达方式；国民经济指标体系属于统计逻辑模型的表达方式。统计模型法是对大量观察法、数据分组法和综合指标法的进一步综合，能够较为严谨地表现出总体的结构和功能，它是系统理论与统计工作相结合的产物。

（5）统计推断法

社会经济现象是一个十分庞大的系统，有时是无力进行全面调查研究的。由于社会经济现象之间的客观联系和相似性，在很多情况下也不需要进行全面的数据调查。因此，在实际工作中统计推断法运用较多，即根据部分总体单位组成的样本的数量特征去推断总体。就时间状态而言，统计推断法有两种情况：一是依据同一时间的样本指标去推断总体指标，称为静态统计推断；二是依据前一段时间的指标去推断后一段时间的指标，或依据当前的指标去推断未来的指标，称为动态统计推断。例如，我国开展的居民家庭收支调查就属于静态统计推断；市场商品需求预测或前景展望则属于动态统计推断。

1.1.3 统计工作过程及统计活动的特点

1. 统计工作过程

统计工作是运用各种统计特有的方法对社会经济现象进行调查研究，以认识其本质和规律性的一种认识活动。统计认识活动就一般意义而言，和其他认识活动一样，是一个由感性认识到理性认识的辩证过程，是一个不断深化的、无止境的长过程，随着客观事物的不断发展变化，统计认识活动也要不断进行。一个完整的统计工作过程一般可分为统计设计、数据调查、数据整理和数据分析四个阶段。

（1）统计设计

统计设计就是根据统计活动的目的，结合研究对象的性质、特点，对统计范围、统计指标体系、分类目录、资料的搜集整理方法、分析要求以及有关组织工作等方面做出的整体规划。统计设计的结果，一般表现为数据调查方案或统计报表。简单的统计设计也可以表现为数据调查提纲。统计设计是否科学合理、具有可操作性，直接影响统计活动的各个阶段，也会影响统计研究目的的实现。为了把好统计设计这一关，在实际工作中有时需要先对设计方案进行试操作，再修改定稿。可见，做好统计设计工作是一个十分重要的环节。

（2）数据调查

数据调查就是根据统计设计所确定的统计指标体系，把研究对象中各单位的某些必须了解的特征记录下来。数据调查既是搜集客观资料的具体过程，也是搜集次级资料的过程。既要搜集统计资料，也要搜集相关的业务资料、会计资料；既要搜集数字资料，也要深入了解有关活动情况，便于全面分析事物。做好数据调查工作，是数据整理和数据分析的基础。

（3）数据整理

数据整理就是根据统计设计的要求，将调查资料进行审核、分组、汇总、编制统计表等科学加工处理的过程，以便清晰地反映研究总体的综合特征。数据整理包括数字整理和文字整理两个方面。数字整理主要依据事先设计的表格和要求进行；文字整理主要依据事先拟定的调查提纲归类。数字整理与文字整理不能分离，应相互联系、相互补充，共同服务于统计研究的目的。

（4）数据分析

数据分析就是根据统计研究的任务，以统计数据为基础，结合具体情况，运用静态分析方法和动态分析方法进行分析研究，肯定成绩、发现问题、找出原因，探究事物的本质及其规律性，提出解决问题的办法，以更好地为社会主义现代化建设服务。数据分析是完成统计活动的重要阶段，也是统计研究过程中的最终环节。因此，应当积极地开展数据分析，总结出有数据、有建议的分析资料，以便管理者深入地了解问题，进一步加强管理工作，从而充分发挥统计信息咨询和监督的职能作用。

2. 统计活动的特点

统计活动是通过调查研究来认识事物的。社会经济统计活动与其他的调查研究活动相比较，具有数量性、总体性、具体性和社会性四个相互联系的主要特点。

（1）数量性

数量性具体体现在三个方面：数量表现，即研究现象的规模大小、水平等；数量关系，即研究现象的内部结构、比例关系、相关关系等；数量界限，即研究现象的质与量互变的界限。例如，老龄社会与非老龄社会的老年人口比例界限是60岁以上（含60岁）的人口占总人口比重达10%或65岁以上（含65岁）的人口占总人口比重达7%。

（2）总体性

统计学的研究对象是社会经济现象总体的数量方面，但在社会经济活动中，个体现象的数量特征和变动趋势是难以说明社会经济现象总体的本质和规律的，只有对社会经济现象总体中的全部或足够多的个体进行调查，才能揭示社会经济现象总体的数量特征和规律。当然，总体是由个体构成的，要认识社会经济现象总体，就必须从调查、了解社会经济现象个体的情况开始，从个体到总体。

（3）具体性

统计学的研究对象是具体事物的数量方面，而非抽象的量。统计学研究的量是在具体时间、地点、条件下的数量表现，它总是和现象的质密切结合在一起。这是统计学与数学的重要区别，数学是研究抽象的数字运算关系，而统计学研究的是具体事物在一定时间、地点条件下的数量表现。

（4）社会性

统计资料是人们有意识地进行调查、整理、分析后得到的结果。因此，统计学研究的社会经济现象是客观存在的。

1.1.4 统计学学科体系及其与其他学科的关系

1. 统计学学科体系

进入20世纪后，随着数学、社会学、经济学等学科的发展，统计学无论是在理论方法上还是在应用上都得到了迅速发展。统计学学科体系日趋完善,进入现代统计学时期。现代统计学现已发展成一门多分支的学科,并且仍处于不断发展的过程中。根据研究的侧重点不同,人们通常将统计学划分为理论统计学和应用统计学两个大类。

统计学原理是在统计实践的基础上,对统计理论方法的最一般概括,内容包括统计的对象和任务、统计的理论和方法论基础以及关于统计活动各个环节的理论和方法。统计学原理结合了概率论和数理统计学的知识,是统计实践经验的高度总结,是指导统计实践活动的科学依据。一般所说的统计学就是指统计学原理。

理论统计学是指统计学的数学原理,它根植于数学的一个领域——概率论。从广义来说,统计理论是包括概率论的。此外,统计理论还包括一些并不属于传统概率论的内容,如随机化原则的理论、各种估计的原理、假设检验的原理以及一般决策的原理,这些原理可以看成是概率论公理的扩增。

与理论统计学相对应的是应用统计学。在统计实践中常常会遇到一些新问题,使原有的统计方法不适应,此时就需要统计学家针对新问题去建立一个与实际情况相适合的统计模型,并创造新的统计方法去分析。将统计学的基本原理应用于各个领域就形成各种各样的应用统计学。它包括一整套统计分析方法,有的是适用于各个领域的一般性的统计方法,如数据收集与整理、参数估计、假设检验、方差分析、相关分析与回归分析等;有的则是某一专业领域中特有的分析方法,如经济统计学中的指数分析法、统计决策及产品质量统计管理等。近几十年来,由于统计研究的范围越来越广,一些科学实验也日趋复杂,统计方法也相应地复杂化和专门化,在应用统计方法中必须对因模型和实际情况的不一致而引起的各种误差的性质和大小做出判断,或提出改进的措施。由于统计的工具更加专门化,缺少通用性,故要求一个统计学家熟悉所有的专门工具已不可能。为了适应这种发展的需要,既熟悉统计知识又熟悉某一领域业务的应用统计学家就应运而生,同时也产生了相应的应用统计学。应用统计学的特点是不侧重于统计数学原理的推导,而侧重于统计思想的阐明,并将理论统计学的结论作为工具应用于各个具体领域。本书属于通用性的理论统计学,侧重于统计学在经济与管理领域的应用。现代统计学的一个显著特点是:计算机技术、网络技术以及信息技术在统计学中广泛应用,使统计学的内容更加丰富。通用和专业统计软件的开发和应用成为统计学工作者的一项重要任务。统计学学科体系如图 1-2 所示。

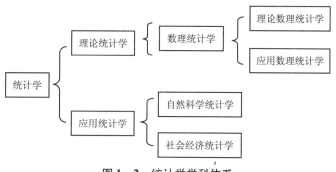

图 1-2 统计学学科体系

数理统计学是应用数学的一个分支,在这里作为统计学的一个分支,它以概率论等数学理论为基础,研究随机现象的数量规律,是一门纯方法论学科,为其他学科提供数学分析和推断的方法与技术。该学科从19世纪中叶创立以后发展迅速，先后由许多统计学家建立了参数估计与假设检验理论、非参数统计理论、相关分析与回归分析理论、统计决策理论、实验设计理论等数理统计学的新分支。数理统计学又可以分为理论数理统计学和应用数理统计学，前者研究统计理论和方法的数理依据，后者研究量化分析的方法技术。

自然科学统计学是将理论统计学应用于自然现象领域，探索生物、气象、天文等非人类现象的数量关系和数量规律的统计方法论。其中，较为重要的分支有生物统计学、气象统计学、天文统计学等。

社会经济统计学是将理论统计学应用于社会经济领域，以社会、经济、人口、科技和文化等人类自身及其活动为对象的统计方法论，为针对社会经济现象数量特征进行的调查研究提供原理、原则和方式方法。人口统计学、教育统计学、司法统计学、社会保障统计学、医药与卫生统计学等属于社会统计学的重要分支；国民经济统计学、工业统计学、农业统计学、贸易统计学等属于经济统计学的重要分支。社会经济统计学是应用最广泛的应用统计学。

以上多门统计学也不是完全割裂的，相互之间存在一定的联系。理论统计学和应用统计学之间是一种相互促进、共同发展的关系。

2. 统计学与其他学科的关系

统计学与数学、哲学、社会学、经济学等其他学科均有着不同程度的联系。统计学广泛应用了数学方法；进行统计研究要遵循哲学的基本原理；对社会经济问题的数量特征进行统计分析时，必须以社会学、经济学理论为基础，统计研究的结果也丰富了社会学和经济学的内容。统计学与上述相关学科互相促进、共同发展。

（1）统计学和数学的关系

统计学与数学都是研究数量关系和数量规律的，都要与大量的数字打交道。现代统计学运用了大量的数学方法，如概率论、数理统计、模糊数学、线性代数和微积分等。因此，有人认为统计学是数学的一个分支，但这是一个误解。

统计学与数学虽然有着密切的联系，但二者存在本质的区别，这两个学科各有独立的研究领域和研究特点。

统计学和数学都有利用各种数学公式进行数字演算，但二者研究的数字是存在差别的。统计学研究的数字总是与所研究的客观对象联系在一起，统计的过程是从所研究的客观对象中抽取出其数量表现，得到有关数据。统计数据是有具体的实际含义的，它反映某一现象的质。数学所研究的数字，是抽象的数字，它并不反映现象的质。

统计学和数学都是研究数量规律的，统计学研究的是具体的实际现象的规律，它从客观实际中搜集数据，进行统计处理后又将这些处理结果返回到实际中，并解释这些结果的意义。而数学研究的是抽象的数量规律，它撇开具体的对象，以最一般的研究探索数量的联系和空间的形式。

从研究方法看，统计学和数学的研究方法不尽相同，统计学根据实验或调查，观察大量的个别现象，对所观察的个别现象加以归纳，并判断总体的情况，实质上，统计学的研究方法是归纳与演绎相结合的方法，其中归纳占主要地位；而数学的研究方法主要是逻辑推理和演绎论证。

数学与统计学各自成体系,两门学科各有自己的研究对象、研究方法,但二者关系密切。数学是统计学数量分析方法论的基础,尤其是数学的概率论,其研究的是随机现象的数量关系和变化规律,它从数量方面揭示了偶然与必然、个别与一般、局部与总体之间的辩证关系,为统计学奠定了基础。

(2)统计方法与其他专门学科的关系

统计方法有着广泛的实用性,其一般的数据分析方法适用于其他任何科学中的偶然现象,因此它与很多专门学科都有关系。但是统计方法是从事物的外在数量表现去推断该事物可能的规律性,它本身不能说明为何会有这个规律性。例如,用统计方法分析一些资料,得出:吸烟与某些消化道疾病有关。这是通过对比吸烟者和不吸烟者的发病率数据得出的结论,它不能解释吸烟为何会增加患这类疾病的危险性,这是医学这一专门学科的任务。所以统计方法只是一种工具,应用它进行定量分析时必须和定性分析结合起来。将统计方法应用于社会经济领域更应如此,因为社会经济现象比自然现象更复杂,而又不可能像自然现象那样在实验室进行实验,以排除其他因素。

1.2 统计数据与统计信息

1.2.1 统计数据

统计数据是统计工作活动过程中所取得的、反映国民经济和社会现象的数字资料以及与之相联系的其他资料的总称。

1. 统计数据的定义

统计数据是表示某一地理区域自然经济要素特征、规模、结构、水平等指标的数据,是定性、定位和定量统计分析的基础数据,如通常所说的统计年鉴。

2. 统计数据的表达形式

(1)统计数据的表达形式有统计表和统计图两种

统计表和统计图是显示统计数据的重要工具。统计调查所获得的原始资料经过统计整理转化为系统的、科学的统计资料,这些统计资料往往通过统计表和统计图表示。

(2)统计数据按表示方法分为分区统计、分级统计和定位统计

分区统计即用图形的面积或同样图形的个数来代表所在区划单元内全部同类现象的总和,如2008年美国社区调查数据样本文件总体。

分级统计即以统计图形式按行政区划或经济区划分级,以不同颜色或疏密不等的晕线、晕点来表示现象相对指标的差异。

定位统计以统计图表形式表示某一点上的特种现象和变化规律。

(3)统计数据按统计指标分为宏观经济指标统计和行业经济指标统计

常见的宏观经济指标有国内生产总值(GDP)、消费物价指数(CPI)、生产者物质指数(PPI)、采购经理人指数(PMI)及流通中的现金。

常见的行业经济指标有煤炭行业、石油行业的景气状况分析等。

3. 统计数据的类型

从统计学的概念可以看出，统计学是一门分析数据的学科。但在现实经济生活中，由于不同的数据代表的意义不同，所以不能对所有的数据都用同一种统计方法进行分析。因此，进行统计研究时，只有区分数据的类型，才能够针对不同类型的数据采用不同的分析方法。数据的类型是由数据所代表的现象决定的，要对客观现象准确地认识和把握，就必须先确定数据的量化尺度，对数据进行科学的量化。根据客观现象的不同特征，量化尺度由低级到高级、由粗略到精确，可分为定类尺度、定序尺度、定距尺度和定比尺度，从而形成定类数据、定序数据、定距数据以及定比数据。

定类数据：表现为类别，不区分顺序，是由定类尺度计量形成的。

定序数据：表现为类别，有顺序，是由定序尺度计量形成的。

定距数据：表现为数值，可进行加、减运算，是由定距尺度计量形成的。

定比数据：表现为数值，可进行加、减、乘、除运算，是由定比尺度计量形成的。

前两类数据说明的是事物的品质特征，不能用数据表示，其结果均表现为类别，也称为定性数据或品质数据；后两类数据说明的是现象的数量特征，能够用数值来表现，因此也称为定量数据或数量数据。由于定距尺度和定比尺度属于同一测度层次，所以可以把定距数据和定比数据看作同一类数据，统称为定量数据。

区分测量的层次和数据的类型是十分重要的，因为不同类型的数据需采用不同的统计方法来处理和分析。例如，对于定类数据，通常会计算各组的频数或频率，计算其众数和异众比率，进行列联表分析和 χ^2 检验等；对于定序数据，可以计算其中位数和四分位差，进行相关系数等非参数分析；对定距数据或定比数据还可以用更多的统计方法进行处理，如计算各种统计量、进行参数估计和检验等。

这里需要特别指出的是，适用于低层次测量数据的统计方法，也适用于较高层次的测量数据，因为后者具有前者的数学特性。例如，在描述数据的集中趋势时，对于定类数据通常是计算众数，对于定序数据通常是计算中位数，但对于定距数据和定比数据则既可以计算众数，也可以计算中位数。反之，适用于高层次测量数据的统计方法，则不能用于低层次测量数据，因为低层次测量数据不具有高层次测量数据的数学特性。例如，对于定距数据和定比数据可以计算平均数，但对于定类数据和定序数据则不能计算平均数。理解这一点，对于选择统计分析方法是十分有用的。

1.2.2 统计信息

1. 统计信息的定义

统计信息是指运用统计方法处理对人类活动产生影响的、以统计数据或资料形式表现的信息，包括认识活动的一般统计信息、专业科学研究的统计信息和统计工作的统计信息三部分。统计信息是指由企业和社会统计工作反映出来的资料和数据，包括统计原始信息、数据整理信息、数据分析信息和统计监督信息。它来源于整个人类社会活动，以反映社会发展变化为内容，借助一定的载体形式，包括数据（如数字、字母、符号）、凭证、报表、报告、图纸、规章、制度等，能用统计技术进行采集传输或存储，并被人们接受、理解。所以，统计信息是对人类参与社会活动有用的信号和消息。

2. 统计信息的特点

（1）客观性

客观性是由统计总体的特点和信息自身的性质决定的。统计与信息虽然是两个序列不同的概念，但这丝毫不影响统计信息具有客观性。统计是用来反映现象总体数量方面的，而这个统计总体无论是自然现象总体还是社会现象总体都是客观存在的。信息的存在也是客观的。统计信息生成的依据是维实思维和归纳推理的统计逻辑，因而表现为反映客观活动和以客观为推理依据的客观性特点。进一步说，统计信息的质量评价标准是以如何准确、及时地反映客观活动和剖析客观的内在关系为客观依据的。

（2）数量性

统计的数量性和信息的可度量性决定了统计信息具有数量性的特点。统计信息从形式上表现为数量特征的特点，这是由统计学研究社会、经济、自然等现象活动数量方面的一般方法论和将其运用于认识这些活动数量方面及其规律性决定的。统计信息内容的数量性使统计信息经常表现为统计数据的形式，但是统计信息绝不局限于统计数据。

（3）广泛性

统计的广泛性和信息的普遍性、无限性共同决定了统计信息具有广泛性的特点。人类和自然活动的各个方面都有统计信息的形成、流动及应用。

（4）统一性

在统计认识手段产生和发展的过程中，社会标准统一化成为人类追逐的目标和发展方向，这是由统计是以研究社会经济现象总体为出发点决定的。因而统计信息在形态等方面表现为较好的社会统一性。首先是统计指标计算和处理方法的统一性。统计报表所规定的基本统计指标对任何企业都是相同的，而不管其从事何种经营活动，这些基本统计指标按统一的方法进行计算；其次是统计信息处理系统的每一级别上的信息处理过程都是统一的。统计信息处理系统的一切级别都是相互联系的，并构成了严整的数据处理系统。其中，每一级都采用较高一级的分组标志进行统计指标的合并。如果统计指标口径、范围不统一，统计信息处理系统就无法加工和处理，那么也就无法识别统计总体的特征。最后就是统计信息具有严格规定的处理期限。

（5）多层次性

信息的衍生性和统计方法的多样性，决定了统计信息的多层次性：首先是统计信息加工的多层次性。统计信息按其认识社会、经济、自然和实践等活动内容整体来说，有直接反映这些活动数量方面的统计信息，还有在反映和描述基础上加工的统计信息；其次是统计信息利用的多样性。它用来分析和检验统计数据的动态数列的组成部分。应该明确，统计信息作为一个整体集合，是多层次的，但是就某一具体的统计信息而言，它的内容所指又是专一的。因此，统计信息的这种多层次性应保持良好的整体链接。

（6）共享性

统计信息作为一种具有使用价值和价值形态的社会资源，它和一般的实物产品不同。实物产品卖出去，它的使用价值随之消失，统计信息不因一次使用而消失的特性为统计信息的全社会共享提供了可能。从时间上看，统计信息可以多次使用开发；从空间上看，同一统计信息可供多方使用。

(7) 不完全性

统计信息不可能反映客观事物的全部内容,因为统计方法不同、处理方式不一以及时间上的偏差,总会造成信息丢失。从调查方法来看,理论上用全面调查方法采集统计信息时不应该出现不完全性,但实际上,有时由于谎报和篡改以及登记性误差等原因,信息的不完全性也可能出现。在非全面调查中,信息往往是不完全的。

3. 统计信息的分类

(1) 按统计信息的来源,可将其分为原始信息和派生信息

所谓原始信息,并不是指自然信息(即自然存在物发出的信息),因为它不是统计信息,而是基层单位原始记录所记载的信息。原始信息是全面、真实的统计信息,是统计信息的基础。原始信息经过加工、处理、提炼所生成的信息称为派生信息。

(2) 按统计信息反映的内容,可将其分为微观信息和宏观信息

微观统计信息是指社会经济活动基层单位统计部门所创造出来的统计信息。它们分别反映各个社会活动细胞(即基层组织的各种社会经济活动)的数量特征。例如,工业企业和建筑业企业的生产经营活动诸方面的统计信息就是由这些企业的统计部门搜集整理的,是微观统计信息。它们既是企业经营决策的重要依据,也是生成宏观统计信息的基础。与此类似,乡村、商业单位、运输单位、服务单位、储蓄所和分理处等各种社会经济活动基层单位的统计信息也是微观信息,它们是国家统计信息的重要信息源。

宏观统计信息表现为各经济部门或国民经济行业的统计信息、地区综合统计信息和国家综合统计信息。国家综合统计信息是在社会再生产条件和再生产过程的基础上,通过新国民经济核算体系、预警监测统计、周期动态统计、快报统计和意向的预期统计产生的,它是国民经济计划管理和宏观调控的重要依据。

(3) 按萃取方式,可将其分为常规性信息、偶然性信息和正式渠道获取的信息、非正式渠道获取的信息

常规性信息是指反映经济活动正常情况,按照一定程序以经常、不间断的形式进行收集和处理的信息;偶然性信息是指反映经济活动中特殊的、突发的偶然事件,不能按常规处理,而是要进行特殊、紧急处理的信息;正式渠道获取的信息是指按照制度规定的渠道获得的信息;非正式渠道获取的信息是指从正式渠道以外其他多种途径获取的信息。

(4) 按照统计信息的使用者和提供者,可将其分为政府统计信息、企业统计信息和社会个人统计信息

(5) 按照反映经济活动的时空性质,可将其分为与过去有关的信息和与未来有关的信息

4. 统计信息的作用

(1) 统计信息在企业经营决策中的作用

随着社会主义市场经济的发展,市场规模不断扩大,市场竞争越来越激烈,企业经营决策越来越依赖统计信息,统计信息对企业发展和经营中的胜败发挥着关键作用。从企业内部生产过程来说,统计信息是指挥生产和反馈生产过程的重要手段。例如,原材料库存、在产品、半成品、产成品等方面的统计信息,就反映了生产过程的数量特征,由此成为我们分析

生产过程正常与否的重要依据；生产计划是依生产工序严密制订的，其依据也是生产过程中的统计信息；在实际生产中，即使生产计划初始制订得很严密，由于复杂的现实生产过程，也会经常发生工序之间以及车间之间的生产不协调，及时采取措施是生产调度的主要内容，然而生产调度的依据主要来自生产过程中及时反馈的统计信息。从企业外部来说，众多方面的统计信息也是企业经营胜败的关键。例如，产品销售的信息，包括本企业的产品销售信息、同类企业的产品销售信息、市场份额在空间分布上的统计信息等；从市场信息来说，统计信息的内容更为广泛，如用户对该企业产品发展的信息、需求变动的主要影响因素等。消费品市场、生产资料市场、资金市场、证券市场、劳动力市场、技术市场、房地产市场和信息技术市场等与企业生产过程有关的统计信息也对企业经营决策起着关键作用。

（2）统计信息的市场信号显示作用

反对垄断、保护市场平等竞争，是提高社会经济效率的重要方面。保护市场平等竞争的根本途径是增加市场透明度，也就是建立完善的市场统计信息系统。在全面、准确和及时的市场统计信息（如市场份额信息、商品供需信息、市场价格信息、商品质量信息、企业和产品发展的信息等）下，企业只能凭借自身实力与同类产品企业竞争，使企业产品成本在竞争中下降，产品质量则在竞争中提高。市场统计信息不仅是企业经营决策的重要依据，也是宏观经济调控的重要依据。因此，也可以说统计信息发挥着市场信号显示作用。

（3）统计信息在宏观经济管理中的重要作用

1）统计信息在行业和地区管理决策中的作用。行业和地区管理是国民经济管理的重要组成部分，国民经济行业和地区统计核算是新国民经济核算体系的重要组成部分。从国民经济行业和地区管理来看，统计信息的作用主要表现在：第一，加强国民经济行业和地区的统计核算，发挥统计信息在国民经济行业和地区规划制定中的决定作用；第二，发挥统计信息在行业和地区调控与管理方面的作用；第三，加强行业和地区发展的意向调查，发挥统计信息在监测国民经济行业和地区发展决策中的重要作用；第四，加强典型企业的统计信息在行业和地区发展决策中的作用。

2）统计信息在国民经济管理决策中的作用。统计信息已成为国民经济管理决策的重要依据，部分统计信息已成为决策或咨询的重要参考，主要表现在：第一，国民经济统计信息成为宏观经济决策和调控的重要依据；第二，加强投入产出统计，发挥统计信息在国民经济综合平衡中的重要作用；第三，加强快报统计，提高统计信息在宏观经济调控中的咨询决策作用；第四，加强统计的预警监测，发挥统计信息在宏观经济形势判别和宏观经济运行决策中的重要作用。

1.3 统计学中几组基本概念

1.3.1 总体与总体单位

1. 总体

所谓总体，是指客观存在的、具有同一性质的许多个别事物构成的整体，也称统计总体。例如，要研究我国工业企业的生产经营情况，就应把我国所有工业企业组成的整体作为一个总体。这个总体包括许多工业企业，且每一个工业企业至少在经济职能方面是相同的，即它们都从事工业生产经营活动。

因此，总体必须同时具有三个特征：同质性、大量性和差异性。

(1) 同质性

总体的同质性是指构成总体的各个单位具有某种共同性质。同质性将总体各单位结合起来构成了总体的基础。例如，某地区商业企业作为总体，则每个总体单位都必须具有从事商业生产经营活动的企业特征，不具备这些特征的就不能称为商业企业。如果违反同质性，把不同性质的单位结合在一起，那么对这样的总体进行统计研究，不仅没有实际意义，甚至会产生虚假和歪曲的分析结论。

(2) 大量性

大量性是大数法则的要求。统计学特有的研究方法是大量观察法，根据大数法则的思想，要想探寻出总体的数量规律和数量特征，组成总体的总体单位的数量应该充分多，仅仅由个别单位或少量单位不足以显示出总体数量的规律性。因为个别单位的数量表现可以是各种各样的，只对少量单位进行观察，其结果难以反映总体的一般特征。统计研究的大量观察法表明，只有观察足够多的量，在对大量现象的综合汇总过程中，才能消除偶然因素，使大量社会经济现象的总体呈现出相对稳定的规律和特征，这就要求总体必须包含足够多的单位。当然大量性是一个相对的概念，它与统计研究的目的、客观现象的规模以及总体各单位之间的差异程度等都有关系。

(3) 差异性

总体各个单位除了具有某种共同的性质以外，在其他方面则各有不同，具有质的差别和量的差别，这种差别又称为变异。正因为差异是普遍存在的，才有必要进行统计研究，差异性是统计的前提条件。总体中各个单位之间具有差异性的特点，是各种因素错综复杂作用的结果，所以有必要采用统计方法加以研究，以描述总体的数量特征。

按照总体中所包含的个别事物是否可以计数，将总体分为有限总体和无限总体。有限总体包含的个体单位数是有限的、可以计数的；反之，就是无限总体。社会经济统计学研究的总体就是有限总体，而自然科学统计学研究的总体是无限总体。

2. 总体单位

总体单位就是构成总体的每一个事物，如我国工业企业总体中的每一个工业企业。当然，根据研究目的的不同，总体单位可以是组织，可以是人，还可以是事物或者事件等。

总体和总体单位之间是整体与个体的关系。二者地位的划分并非固定不变，而是随着研究目的的改变而改变。例如，当研究我国工业企业的生产经营情况时，我国所有工业企业构成的这个整体便是统计研究的总体，而每一个工业企业就是总体单位；当研究目的改为研究某个特定工业企业的职工收入状况时，这个工业企业就是统计研究的总体，而总体单位就是企业内部的每一名职工。

1.3.2 标志与统计指标

1. 标志

(1) 标志的概念

标志是指表明总体单位特征或属性的名称。总体单位是标志的承担者，标志是依附总体单位而存在的。每个总体单位都有许多标志，每个标志都是从某一特定方面表明总体单位的特征或属性的。例如，某班级学生构成一个统计总体，每个学生是这个总体的总体单位，凡是反映学生的各种特征的名称（如性别、年龄、籍贯、身高、体重、学习成绩等）都称为总体单位的标志。又如，全部企业总体中，每个企业的经济类型、隶属关系、生产规模、职工人数、总产值、净利润、生产能力等都是标志。

（2）标志表现

标志表现是指标志在各总体单位中的具体表现。标志表现分为品质标志表现和数量标志表现。例如，性别是品质标志，其特征只能用文字来表现，表现为男或女，所以男或女是品质标志表现；教师职称是品质标志，其特征表现为教授、副教授、讲师、助教等，教授、副教授、讲师、助教都是品质标志表现；年龄是数量标志，具体表现为19岁、20岁、21岁等；学习成绩是数量标志，具体表现为60分、80分、90分等。所以，年龄和学习成绩都是数量标志表现。数量标志表现是可以用数值来表现的，故又称为标志值。

（3）标志的种类

1）标志按性质可分为品质标志和数量标志。品质标志是指表示总体单位品质特征名称的标志，其标志表现无法量化，不能用数值表示，而只能用文字描述，用以说明事物质的规定性。例如，教师职称、学历、民族等，它们的具体表现分别是教授、副教授、讲师、助教；博士、硕士、本科、大专、中专等；汉族、回族、壮族、维吾尔族等。数量标志是指表示总体单位数量特征名称的标志，其标志表现能够量化，只能用数字而不能用文字形式来说明事物量的规定性。例如，年龄、工资、职工人数、总产值、利润、劳动生产率等。数量标志表现的具体数值称为标志值。因此，判断一个标志是品质标志还是数量标志的一个显著特征就是其标志表现：凡是以文字表现的标志就是品质标志；凡是以数字表现的标志就是数量标志。

2）标志按变异情况可分为不变标志和可变标志。不变标志是指所有的总体单位共同具有的特征。例如，在全体女教师总体中，每一位女教师是总体单位，性别是反映总体单位特征的标志，它在女教师总体中不发生变化，即大家都是女性，此时，性别这个标志就是不变标志。可变标志是指在总体各单位之间存在差异的标志。在全体女教师总体中，姓名、身高、体重、工龄、年龄等标志在每位女教师之间都存在差异，所以它们都是可变标志。不论是数量标志还是品质标志都有可能是可变标志。不变标志的存在保证了被统计总体的同质性，是构成总体的必要条件和确定总体范围的标准。可变标志的存在保证了总体的差异性，是进行统计研究的兴趣和目的所在。

2. 统计指标

（1）统计指标的含义

关于统计指标的含义，一般有两种理解和使用方法。

第一种统计指标是指反映总体数量特征的概念。例如，国内生产总值、财政收入、财政支出、社会商品零售总额、人口数、劳动生产率等。这一理解用于统计理论和统计设计工作，是统计指标的设计形态。按照这种理解，统计指标包括指标名称、计量单位和计算方法三个构成要素。

第二种统计指标是指反映总体数量特征的概念和具体数值。例如，2015年全年国内生产总值为676 708亿元。其中，第一产业增加值为60 863亿元；第二产业增加值为274 278亿元；第三产业增加值为341 567亿元。与前者不同的是，这种统计指标的含义中包括了指标数值。按照这种理解，统计指标除包括上述三个要素外，还包括时间限制、空间限制、指标数值，这种含义的统计指标是统计实际工作使用的。在实际工作中，仅仅知道指标名称、计量单位和计算方法是不够的，没有具体的指标数值就无法准确、全面地反映社会经济现象的数量特征，从而也就无法达到统计研究的目的。

以上两种理解方法都是成立的、合理的。它们分别在不同的场合中使用。一般认为，第二种理解方法更全面，更适合应用。

（2）统计指标的特点

1）数量性。统计指标反映的是总体的数量特征，所有的统计指标都能用而且必须用数值来表现，不能用数值表现的就不能成为统计指标。对于有些无法用数量描述的现象（如政治思想觉悟、艺术价值、工作热情等），是不能用统计指标来反映的。

2）综合性。统计指标是用一个综合的数字来表明总体特征的，它是大量同质总体单位的数量综合的结果。例如，一个学生的身高不叫统计指标，全校学生的平均身高才是统计指标。

3）具体性。统计指标是总体在一定时间、地点、条件下的数量特征的具体表现，并不是抽象的概念和数字。

（3）统计指标的种类

对统计指标可以从不同的角度，进行各种各样的分类，但主要的分类有以下几种。

1）统计指标按其说明总体特征的性质，可分为数量指标和质量指标。数量指标是指表明现象总体的总规模、总水平或工作总量的统计指标。数量指标反映的是总体的绝对量，其指标数值一般表现为绝对数，具有实物或货币计量单位。例如，企业总数、人口总数、粮食总产量、国内生产总值、工资总额、利润总额、商品销售总额等都是数量指标。数量指标的数值大小随总体范围的大小而增减变动，其主要作用是用来反映客观现象的规模和水平，以表明事物的广度。质量指标是指表明总体内部数量关系或相对水平及其工作质量或效益的统计指标。其指标数值一般用相对数或平均数表示，计量单位可以是无名数，也可以是有名数。例如，人口密度、出生率、单位产品成本、产品的合格率、企业的劳动生产率、资金利税率、设备利用率、人均国民收入等。在统计工作中，质量指标的数值大小与总体范围大小没有直接的关系，其主要作用是反映客观现象的属性，表明事物的深度。

2）统计指标按表现形式，可分为总量指标、相对指标和平均指标。总量指标又称绝对数，是反映总体规模和总水平的统计指标，用来说明总体的广度、发展结果、工作成果等，如人口总量、国内生产总值、总投资额、总消费额等。相对指标又称相对数，是两个有联系的统计指标相比的比率，用来说明总体内部的结构、发展变化程度、比例、强度、密度等，如人口密度、经济增长率等。平均指标又称平均数，是反映总体各单位某一数量标志一般水平的统计指标，如单位产品成本、商品平均销售价格、职工的平均工资、平均年龄等。

三个统计指标中，总量指标是基本指标，相对指标和平均指标是总量指标的派生指标。

3）统计指标按指标功能的不同，可分为描述指标、评价指标和预警指标。描述指标是用于反映社会经济现象的现状、活动过程和结果的统计指标。例如，反映社会经济条件的指标：耕地面积、劳动力资源拥有量、矿产资源储量、人口总数、自然资源拥有量等；反映生产经营过程和结果的指标：国内生产总值、财政收入与支出、固定资产投资额、社会商品零售额、国际收支额等；反映社会物质文化生活情况的指标：居民平均收入与支出、居民文化程度、居民文化娱乐设施等。这类统计指标是统计信息的主体，为人们认识社会经济情况提供基本依据。评价指标是对社会经济活动的结果进行比较、评估、考核，以说明其工作质量和经济效益的统计指标。例如，销售利润率、流动比率、存货周转率、股票市盈率、净资产收益率等，都是评价上市公司经营业绩的统计指标。又如，社会劳动生产率、国内生产总值增长率、社会积累率、社会消费率、投资使用率等，都是评价国民经济活动的统计指标。评价指标通常要和同类统计指标的历史数据、计划数据、国际数据对比。预警指标是用于监测宏观社会经济运行，并通过数值的变化向人们发出警报的统计指标。例如，经济增长率、就业与失业率、通货膨胀率、物价指数、汇率等统计指标可以对经济增长、就业与失业、通货膨胀、物价水平、国际收支等宏观经济活动进行监测，并做出预警。

（4）标志与统计指标的关系

标志与统计指标既有明显的区别，又有密切的联系。二者的主要区别有：

1）说明对象范围不同。标志是用来说明总体单位特征的，而统计指标是用来说明总体特征的。例如，以全国所有的工业企业为总体，每一个工业企业（个体）的职工人数、设备台数、工业产值、占地面积等均为标志，而全国所有的工业企业的职工总人数、设备总台数、工业总产值、总占地面积等是统计指标。

2）具体表现形式不同。标志既可以用数值表示也可以用文字表示，而统计指标只能用数值表示。例如，全校学生总体中每一个学生的性别标志表现为男性或女性，年龄标志表现为 16 岁、17 岁、18 岁、19 岁等，而全校学生的总人数、平均年龄等指标必须用数值表示。

标志与统计指标也有联系：

1）具有对应关系，即标志和统计指标的名称往往相同。例如，以某市工业企业作为总体，则每一个工业企业的工业总产值是标志，全市工业总产值是统计指标。在这里，标志和统计指标的名称都是工业总产值。

2）具有汇总关系，即指标数值是由总体各单位的数量标志值直接汇总而来的。例如，上例中的全市工业总产值就是由该市每一个工业企业的工业总产值相加汇总得到的。

3）具有转换关系，即根据不同的研究目的，标志和统计指标可以相互转换。总体和总体单位具有相对性，可以相互转换，当原来的总体变成总体单位后，相对应地，反映总体数量特征的统计指标就变成了反映总体单位特征的标志；反之亦然。

3. 统计指标体系

（1）统计指标体系的概念

若干个相互有联系的统计指标所组成的整体叫作统计指标体系。社会经济现象本身的联系是多种多样的，所以，统计指标之间的联系也是多种多样的。例如，一个工业企业是人力、物力、财力、生产、供应和销售等相互联系的整体。用一系列统计指标来反映和研究工业企业的全面情况，就组成了工业企业的统计指标体系。又如，商品的销售额等于商品价格与其销售量的乘积、粮食总产量等于亩产量与播种面积的乘积等。

统计指标体系比统计指标更为重要。这是因为任何社会经济总体都是一个相互联系的有机整体。这种社会经济现象的相互联系是产生统计指标体系的客观基础，同时也提出了使用统计指标体系的要求。单个统计指标仅能反映社会经济总体及其运动的一个侧面，要想全面地反映和研究社会经济的总体情况，需使用由相互联系的各种统计指标组成的指标体系，只有这样才能避免片面性，从而获得全面的情况。

(2) 统计指标体系的种类

统计指标体系可以分为两大类，即基本统计指标体系和专题统计指标体系。

反映国民经济社会发展及其各个组成部分的基本情况的统计指标体系叫作基本统计指标体系。它通常分为三层：最高层、中间层和基层。最高层是反映整个国民经济和社会发展的统计指标体系，如经济统计指标体系、社会统计指标体系、科技统计指标体系等；中间层是指各地区和各部门的统计指标体系，如工业统计指标体系、地区综合评价指标体系等，它是最高层统计指标体系的纵向和横向的分支；基层统计指标体系是指各种企事业单位的统计指标体系，它是整个统计工作的基础。

为研究某一经济问题或社会问题而专门制定的具有针对性的统计指标体系，叫作专题统计指标体系，如经济效益指标体系、能源问题研究指标体系等。

1.3.3 变异与变量

1. 变异

变异是指各总体单位之间标志表现的差异，或者说标志在总体单位之间的不同的具体表现。变异可分为品质变异和数量变异。品质变异是品质标志在总体单位上表现出来的差异，表明质的差别，又称为可变的品质标志；数量变异是数量标志在总体单位上表现出来的差异，表明量的差别，也称为可变的数量标志。变异的普遍存在使物质世界千差万别、丰富多彩。变异是统计研究的基础和条件，有变异才有必要进行统计。如果各总体单位的各种标志表现都没有差异，那么就没有统计的必要，也无须用统计方法测算它们的数量特征。

2. 变量和变量值

在数量标志中，不变的数量标志称为常量或参数；可变的数量标志称为变量。例如，在工业普查中，工业企业的职工人数、工资总额、资金总额、工业总产值、利润总额等；在人口普查中，每个人的年龄、身高、体重等，这些都是变量。变量的具体数值称为变量值，亦称标志值。例如，职工人数为 6 987 人，则"职工人数"为变量，其数值"6 987"为变量值。

在这里，需要注意区分清楚变量、变量值和变量个数这三个概念，以免误用。变量是名称；变量值是变量的具体表现，即具体取值；变量个数是指数量标志的个数。例如，一个企业的"职工总人数"是个变量，职工总人数期初 1 000 人、期末 1 120 人，是"职工总人数"这一变量的两个变量值。又如，在计算 100 个教师的平均工资水平时，工资是变量，每个教师的工资水平是变量值，100 是变量个数，所以 100 个教师的平均工资水平可以说是 100 个变量值的平均，但不能说是 100 个变量的平均。

3. 变量的分类

（1）按变量取值是否连续，可将其分为连续型变量和离散型变量

连续型变量是指变量取值是连续不断的，两个相邻数值之间可以被无限分割，可取无限数值，一般表现为小数点后的任意数，即取整数或小数都有其经济含义。例如，企业的产值、利润，每个人的身高、体重等。连续型变量的取值一般采用测量或度量的方法。

离散型变量是指变量取值是间断的，两个相邻的变量之间没有小数，其数值只能以整数形式表示。当取小数时，变量就失去了经济含义。例如，某地区的人口数、公司员工数、企业数、学校数、商店数等。

（2）按性质不同，可将其分为确定性变量和随机变量

确定性变量是指影响变量取值的变动有某种决定性作用的因素，该因素致使变量取值沿着一定方向呈规律性的变动。例如，随着科技的进步和生产力的发展，国家的经济增长率不断提高，尽管有时也会发生暂时的波动，但总趋势必定是上升的。在这里，经济增长率就是确定性变量。又如，在单位亩产量一定的条件下，粮食总产量随播种面积的大小而变化，变化关系是确定的，因此粮食总产量是确定性变量。由于确定性变量的取值呈现规律性变化，又有决定性因素（变量），且人们可以通过控制决定性因素来达到调节变量取值的目的，所以确定性变量的可控制性好，因而成为社会经济的基本统计指标。通过对这类变量取值的规律性进行分析，不但可以了解和认识过去的社会经济现象特征，而且可以预测未来的发展趋势。因此，确定性变量是进行统计推断和统计预测的主要依据。

随机变量是指影响变量取值的因素很多，变量取值没有一个确定方向，带有偶然性。例如，影响某种工业产品质量波动的因素很多，包括温度、电压、原料品质、工人操作、设备性能等，每个产品的质量数据不会绝对相同，它们与产品质量必然有一定误差。在这里，产品质量数据就是一个随机变量。由于随机变量的偶然性太强，可控制性较差，调查结果不能直接用来说明总体，需要采用科学、合理的方法和手段来计算、分析综合指标以推断总体数量特征。所以，随机变量一般不作为社会经济的基本统计指标。

1.4 统计管理体制及统计法规制度

1.4.1 统计管理体制

统计管理体制是指国家组织管理政府统计工作的体系和制度，表现为国家对政府统计组织与管理结构中各层次、各部分之间的隶属关系、职责范围、管理方式等一系列问题的制度化和法律化的规定。

统计管理体制是统计工作中一项带有根本意义的基础性制度，它决定着一个国家统计资源的投入方式、统计活动的产出质量以及统计工作的总体效益，从根本上决定着整个国家统计工作建设和发展的水平。因此，各国都十分注意结合本国国情，力求与本国的行政和经济管理体制相适应，从而形成比较切合实际的、各具特点的统计管理体制，以保证统计信息、统计咨询、统计监督职能的有效发挥。

1. 统计管理体制的类型

（1）从横向观察中央政府各部门之间的统计功能关系，可将其分为集中型统计管理体

制和分散型统计管理体制

　　集中型统计管理体制是指国家设有专门的统计领导机关，如国家统计局或中央统计局，负责统一领导、协调全国的统计工作，并主管重大的国情国力数据调查；国家统计局或中央统计局领导的政府综合统计系统负责完成统计信息、统计咨询、统计监督三项基本职能。

　　分散型统计管理体制是指国家不设立专门的统计领导机关，各种数据调查分别由政府各业务主管部门的统计机构组织实施；国家另设统计协调机关（如国家统计协调委员会、统计方法委员会等）来负责全国统计政策、制度、方法、标准的协调管理；统计信息、统计咨询、统计监督三项职能被分散到政府各业务主管部门的统计机构。

　　（2）从纵向观察中央政府与地方政府的统计关系，可将其分为高度集中、垂直领导型；统一领导、分级管理型；彼此独立、相互协作型

　　高度集中、垂直领导型的特点是：从中央到地方各级统计机构，不论在业务上还是在行政上都实行垂直领导，地方统计机构按中央统计机构统一制订的计划来搜集和上报统计资料，同时系统整理反映本地区经济社会发展状况的资料，提供给地方政府领导，并定期发表。

　　统一领导、分级管理型的特点是：中央统计机构对地方各级统计机构在业务上实行统一领导，统一下达数据调查任务，实行统一分类标准、计算方法和上报期限；地方统计机构同时又是地方政府的组成部分，在行政上受地方政府领导，在保证完成中央统计任务的同时，执行地方政府交给的各项任务，满足地方政府对统计信息的所有需求。

　　彼此独立、相互协作型的特点是：中央统计机构在中央政府的领导下按照国家需求，制订统计的数据调查计划和调查方案，通过地方统计机构搜集统计资料；地方统计机构完全根据地方政府工作需求制订统计工作计划，组织必要的数据调查工作；中央统计机构和地方统计机构在组织上是互相独立的，在工作上是有条件地互相协作的；地方统计机构可以根据协议为中央统计机构完成一定的数据调查任务，或从中央统计机构得到某些有用的统计资料。

2. 我国统计管理体制的发展演变

　　中华人民共和国成立至今，统计管理体制大致经历了四个发展阶段。

　　中华人民共和国成立初期，在政务院财政经济委员会设有统计处，后改为统计总处。但统计工作分散在各行政区进行，统计管理体制从横向上看是分散的。

　　1952年8月，为了适应高度集中的计划经济体制以及即将实施的第一个五年计划经济建设的需要，中央人民政府决定成立国家统计局，统一领导全国的统计工作。国家统计局发布的一切统计制度、方法、表式等，各地方、各部门都必须遵照执行。接着各地方、各部门也都先后成立了统计机构，从此开始实行"统一领导，分级管理"的集中型统计管理体制。这对当时百废待兴、统计资源有限的中国来说，应是较为现实的选择。

　　1958—1976年，这一时期我国统计工作和统计管理体制经历了曲折的发展。1962年4月4日，为了加强和改进统计工作，党中央、国务院做出了《关于加强统计工作的决定》，即有名的"四四决定"，提出实行"一垂三统"的统计管理体制，国家统计系统在统计业务上垂直领导，在编制、干部、经费上统一管理。这一更加集中的统计管理体制在当时是非常必要的。

　　1977年以后，尤其是党的十一届三中全会以后，我国进入了改革开放和社会主义现代

化建设的新时期，统计工作重获生机。此后，国务院分别于1979年10月和1984年1月发布了《关于加强统计工作，充实统计机构的决定》和《关于加强统计工作的决定》，明确了"统一领导，分级负责"的统计管理体制。1983年12月颁布、1996年修订的《中华人民共和国统计法》（以下简称《统计法》）将这一统管理计体制法律化。

3. 我国现行统计管理体制

想要把国家统计系统建设成为社会经济信息的主体、国民经济核算的中心以及国家的咨询和监督系统，就应该加强对统计工作的领导，设置强有力的统计组织，建立适合我国国民经济的统计体系。

国家统计组织必须贯彻集中统一原则，在全国范围内建立集中统一的系统，实行统一领导、分级负责的统计管理体制，执行统一的方针政策和数据调查计划，贯彻执行统一的统计制度和统计标准，使用统一的统计报表和数据管理制度，以及协调统计制度、会计制度、业务核算制度和核算标准及分工等。

我国集中统一的统计系统由各级政府部门的综合统计系统、各级业务部门的专业统计系统以及乡镇基层单位的统计组织组成。

（1）综合统计系统

各级政府部门的综合统计系统由国家统计局和地方各级政府统计机构组成，是国家统计组织的主系统。国家统计局负责组织、领导全国各级和各部门统计机构开展统计工作，并承担全国性的基本统计任务。各级地方统计机构，包括省（市、自治区）统计局、省（市、自治区）辖地市统计局以及县统计局受各级地方政府和上级统计机构的双重领导，在统计业务上以上级统计机构的领导为主。各级统计机构负责组织本地区的统计工作。

国家综合统计系统还根据统计业务开展的需要，以统计局系统为主体，设置了各种子系统。例如，城乡抽样调查队系统，国家统计局设抽样调查总队，省（市、自治区）设省（市、自治区）调查总队，中选县设县调查队等。专业普查系统方面，中央成立国家普查领导机构，地方分设省（市、自治区）、县普查领导机构等，形成多种交叉的统计信息网络。

（2）专业统计系统

我国的专业统计系统是由中央及地方各级业务部门的统计机构组成的。国务院各业务部门设统计局或统计处，各省（市、自治区）和县的业务部门根据工作需要设置相应的统计机构，各级业务部门统计机构在业务上受国家统计局或省级地方人民政府统计机构的指导，组织、执行本部门的各项统计任务。

（3）乡镇基层单位的统计组织

乡镇基层单位的统计组织包括乡镇统计组织或统计人员和企事业单位的统计组织或统计人员。乡和镇都是国家的行政组织，需要建设统计机构或配备统计人员，并且需要建立乡镇统计信息网络。乡镇统计机构和乡镇信息网络在统计业务上受县人民政府统计机构的领导。乡镇以下的行政村统计工作，则由村民委员会指定专人负责，他们在统计业务上受乡镇统计人员的领导。企业事业组织根据统计任务的需要，设立统计机构或统计人员。企业事业组织的统计机构或统计负责人的统计业务受所在地人民政府统计机构的指导，负责执行本单位的各项统计任务。

4. 主要发达国家的统计管理体制

1）美国：横向分散型与纵向分级负责的统计管理体制。
2）日本：横向分散型与纵向集中型统计管理体制。
3）法国：横向分散型与纵向垂直集中的统计管理体制。
4）德国：横向集中型与纵向分级负责的统计管理体制。
5）澳大利亚：横向集中型与纵向垂直型统计管理体制。

1.4.2 统计法规制度

统计的基础职能要求所提供的反映社会经济各个方面的数据资料既准确又及时。而统计数据的来源多种多样，有些会涉及各单位和个人的利益。如果没有相应的法律制度来规定统计人员和被调查的当事人员的有关义务和权利，并切实加以遵守和执行，那么统计的职能便没有保证，统计数据的准确性和及时性便无法实现。

统计法规制度包括统计法规与统计制度两个方面。统计法规就是将统计工作的性质任务、管理体制、机构设置和有关当事人的职责、权利、义务和奖惩等事项，用法律形式加以确定。这对于强化社会主义统计建设、保障统计人员的职责权利、促进社会主义现代化建设，都具有重要的意义。

《统计法》于1983年12月8日颁布；1987年2月，国家统计局发布的《中华人民共和国统计法实施细则》以及于1996年5月15日颁布的《关于修改〈中华人民共和国统计法〉的决定》对我国统计法的基本内容做了具体的规定。这些法规制度使我国统计工作走上了法制轨道，是加强我国统计工作，促进统计工作现代化的一项重要措施。制定《统计法》是为了有效、科学地组织统计工作，保障统计资料的准确性和及时性，发挥统计在社会主义现代化建设中的服务和监督作用，为统计工作提供法律保证。

1. 《统计法》提供了统计活动的准则

《统计法》明确规定了国家统计的作用、任务、组织和职能以及参与统计活动当事人各方面的权利和义务，使大家明白自己在国家的数据调查中应该做什么，不应该做什么，什么是合法的，什么是不合法的，以便统计工作有法可依。

2. 《统计法》

将统计机构的正常工作制度用法律进行规范，规定应负的法律责任和惩处办法，使统计工作有法可依，打击违法犯罪行为。这对于掌握国民经济和社会发展的真实情况、充分发挥统计的服务和监督作用是十分必要的。

各级领导干部和统计人员应该认真执行《统计法》，全体公民应该自觉遵守《统计法》，做到有法可依、有法必依、执法必严、违法必究，开创统计工作的新局面。

> **复习思考**

1. 简述统计的三种含义及之间的关系。
2. 简述设置科学的统计指标的基本原则。
3. 简述标志与统计指标的联系与区别。

4. 假设要了解某市工业企业的生产情况,指出其中的总体、总体单位、标志、变量、变量值。

5. 如何科学地评价社会进步和经济发展?

6. 统计与国家管理、企业管理有什么关系?

7. 怎样认识统计信息、统计咨询和统计监督这三项职能?这三项职能对社会经济活动有何意义?

8. 反映地区经济实力的统计指标有地区生产总值、人均地区生产总值、人均可支配收入、人均消费水平、三产比例、科技经费投入、科技成果产出、地区固定资产总值、地区固定资产净值、人均钢产量、人均粮食产量等,你认为这些统计指标中能最集中、最简洁地反映地区经济实力的是哪一个?为什么?

实践技能训练

1. 2015年11月,我国进行了1%人口抽样调查,请指出人口抽样调查中工作的总体、总体单位、统计指标要素以及统计数据,并将其填入表1-2。

表1-2 2015年我国1%人口抽样调查

总体	总体单位	统计指标要素					统计方法
		指标名称	时间	空间	指标数值	计量单位	

2. 通过查阅互联网、统计年鉴等方式,搜集全国和本省关于国民经济核算的基本统计数据,并进行简单分析。

3. 用已经学过的统计基本理论和方法分析一些具体的社会经济问题。以本班同学的生活消费状况(包括学习、餐饮、衣着、日用品、社会交往、文体活动等方面的消费)为例。

要求:

(1) 初步了解同学们生活消费的基本情况;

(2) 在此基础上设计一个"学生生活消费指标体系"。

知识能力训练

一、名词解释

1. 总体。

2. 品质标志。

3. 连续变量。

4. 大量观察法。

5. 统计指标。

6. 统计指标体系。

二、单项选择题

1. "统计"一词的基本含义（　　）。

A. 数据调查、数据整理、数据分析　　B. 统计设计、数据分组、统计计算

C. 统计方法、数据分析、统计预测   D. 统计工作、统计资料、统计学

2. 社会经济统计学是一门（　　）。

A. 方法论的社会学科   B. 方法论的自然学科

C. 实质性的学科   D. 既是方法论学科又是实质性学科

3. 社会经济统计活动的特点有（　　）。

A. 数量性、科学性、社会性、具体性   B. 数量性、总体性、连续性、经常性

C. 科学性、群众性、社会性、准确性   D. 数量性、总体性、具体性、社会性

4. 统计研究的基本方法包括（　　）。

A. 调查方法、汇总方法、分析方法   B. 调查方法、整理方法、预测方法

C. 相对数法、平均数法、指数法   D. 大量观察法、数据分组法、综合指标法

5. 总体的基本特征是（　　）。

A. 总体性、数量性、同质性   B. 总体性、同质性、差异性

C. 数量性、同质性、大量性   D. 同质性、大量性、差异性

6. 统计工作过程划分为以下几个阶段（　　）。

A. 数据调查、数据整理、数据分析

B. 统计设计、数据调查、数据整理、数据分析

C. 统计设计、数据调查、数据分组、统计综合

D. 数据调查、统计汇总、统计分析报告

7. 要了解某企业职工的文化水平情况，则总体单位是（　　）。

A. 该企业的全部职工   B. 该企业每一个职工的文化程度

C. 该企业的每一个职工   D. 该企业全部职工的平均文化程度

8. 总体与总体单位不是固定不变的，是指（　　）。

A. 随着客观情况的发展变化，各个总体所包含的总体数也是变化的

B. 随着人们对客观认识的不同，对总体与总体单位的认识也是有差异的

C. 随着统计研究目的与任务的不同，总体与总体单位可以相互转化

D. 客观上存在的不同总体和总体单位之间，总是存在着差异

9. 一个总体（　　）。

A. 只能有一个标志   B. 只能有一个统计指标

C. 可以有多个统计指标   D. 可以有多个标志

10. 标志是说明总体单位特征的，统计指标是说明总体特征的，所以（　　）。

A. 标志和统计指标之间在一定条件下可以相互变换

B. 标志和统计指标都可以用数值表示

C. 标志和统计指标之间不存在关系

D. 标志和统计指标之间的关系是固定不变的

三、多项选择题

1. 统计学研究的对象是社会经济现象的数量方面，包括（　　）。

A. 数量多少   B. 现象间的数量关系

C. 质量互变的数量界限   D. 具体的量和抽象的量

E. 确定的量和抽象的量
2. 标志说明总体单位特征，有品质标志与数量标志之别，（   ）。
   A. 品质标志可以用数值表示
   B. 品质标志不能用数值表示
   C. 数量标志可以用数值表示
   D. 数量标志不能用数值表示
   E. 二者都可以用数值表示
3. 总体必须同时具备的特征有（   ）。
   A. 大量性
   B. 数量性
   C. 同质性
   D. 差异性
   E. 具体性
4. 标志与统计指标的主要区别是（   ）。
   A. 标志是说明总体特征的，统计指标是说明总体单位特征的
   B. 标志是说明有限总体特征的，统计指标是说明无限总体特征的
   C. 标志是说明总体单位特征的，统计指标是说明总体特征的
   D. 标志既可以用数量表示，也可以不用数量表示，而统计指标都是用数量表示的
   E. 标志未经任何综合，只代表某一个体现象，而统计指标是由许多个体现象的数量综合的结果
5. 统计指标的构成必须完整，这是指任何一个统计指标必须具有（   ）。
   A. 统计指标的名称
   B. 统计指标所属的时间
   C. 一定的地点
   D. 统计指标的数值
   E. 计量单位
6. 一个科学的、完整的统计指标应具备的基本要求有（   ）。
   A. 统计指标的构成必须完整
   B. 统计指标的名称具有正确含义与理论依据
   C. 要明确统计指标的口径范围
   D. 要有科学的计算方法
   E. 要有通俗易懂的编制说明
7. 标志与统计指标之间存在着变换关系，是指（   ）。
   A. 统计指标有可能成为数量标志
   B. 数量标志有可能成为统计指标
   C. 在不同研究目的下，二者可以互相转化
   D. 在同一研究目的下，二者可以互相转化
   E. 在任何情况下，二者都可以互相转化
8. 在第五次人口普查中（   ）。
   A. 全国人口数是总体
   B. 总体单位是每一个人
   C. 全部男性人口数是统计指标
   D. 人口的性别比例是总体的品质标志
   E. 人的年龄是变量
9. 在工业普查中（   ）。
   A. 每一个工业企业是总体单位
   B. 全部工业企业数是总体

C. 工业总产值 13 700 亿元是统计指标　　D. 设备台数是离散变量

E. 工业企业所有制形式是品质标志

四、判断题

1. 统计学是一门研究现象总体数量方面的方法论学科，所以它不关心，也不考虑个别现象的数量特征。（　　）

2. 统计服务与统计监督的关系是服务为主、监督为辅。（　　）

3. 社会经济统计学是一门实质性学科。（　　）

4. 标志与统计指标一样，都是由统计指标的名称和数值两部分组成的。（　　）

5. 统计指标的主要特点是综合性、社会性、数量性。（　　）

6. 总体的大量性是指总体的范围不能确定。（　　）

7. 社会经济统计活动的认识对象是社会经济现象的数量方面，包括现象间的数量关系。（　　）

8. 总体中各个单位标志具体表现各不相同，这种可变的标志是变量。（　　）

第 2 章

统计设计与数据调查

学习目标

【知识目标】
- 理解统计设计的概念和分类
- 了解数据调查的意义和种类
- 掌握数据调查的方法和组织方式
- 学会设计统计调查方案和调查问卷

【能力目标】
- 能够根据专业特点,设计一个完整的统计调查方案和一份完整的调查问卷

案例导读

A 市自来水公司客户满意度调查

A 市自来水公司承担着为 A 市城镇居民、农村居民和企业用户提供自来水的业务,为进一步提高服务质量,了解 A 市自来水公司服务水平和存在的问题,现拟对本市城镇居民进行一次客户满意度调查。如果由你承担该调查项目,那么你该如何开展这项工作呢?

通过前面的学习,你对统计工作的内容和方法有了初步了解。现在,你要开始着手进行这次 A 市自来水公司客户满意度的调查工作。统计工作包括统计设计、数据调查、数据整理和数据分析四个阶段,现在你首先要对整个调查工作进行整体设计,然后根据设计方案有计划地开展调查活动,在规定的时间内从 A 市自来水公司的客户那里获得准确、可靠的原始统计资料,为下一阶段的数据整理、数据分析提供基础资料。

思考:
1. 统计设计的内容包括哪些方面?
2. 在进行统计设计时应注意哪些问题?
3. 数据调查阶段需要考虑哪些问题?

4. 用什么样的方法可以获得调查资料？

5. 如何确保这些资料的质量？

2.1 统计设计

2.1.1 统计设计的概念及分类

1. 统计设计的含义

统计设计是统计工作的第一阶段，是根据统计研究对象的性质和研究目的，对统计工作的各个方面和各个环节进行通盘考虑和安排，制定各种设计方案的过程。

统计工作各个方面是指统计研究对象的各个组成部分。例如，就工业企业生产经营活动而言，包括人力、物力、财力、生产、供应和销售等；就整个社会经济发展来说，包括人口、环境、资源等条件和生产、分配、流通、消费等扩大再生产过程，以及政治、经济、文化、教育、科技、卫生、体育等社会活动。统计工作的各个环节是指统计工作具体进行时的各个阶段，包括统计资料的收集、汇总与整理，统计资料的分析研究、提供、保存和公布等。前者可以说是统计工作的横向方面，后者则是统计工作的纵向方面。

统计设计作为一个独立阶段，是由社会经济发展和统计研究的进步决定的。无论是大范围的统计工作还是小范围的统计工作，都会涉及相互联系的各个方面和各个环节。

只有通过统计设计，才能保证统计工作协调、统一、顺利地进行，避免统计标准不统一；只有通过统计设计，才能按需要与可能，分清主次，采用各种统计方法，避免重复和遗漏，使统计工作有秩序地进行。统计设计是统计工作顺利进行的必要条件，是保证统计工作质量的重要前提。

2. 统计设计的内容

统计设计需对统计工作的各个方面和各个环节进行通盘考虑和安排，囊括整个统计工作过程的全部内容。然而，许多内容不可能在统计工作还未开始就设计妥当，要根据工作的进程适当地进行调整和充实。这里仅就统计设计中属于共性方面的内容，进行概略说明。

(1) 明确规定统计研究的目的和任务

统计设计的首要环节是明确规定统计研究的目的和任务，这是确定统计工作内容和方法的出发点。目的不明，任务不清，就无法确定该研究什么和怎样研究，从而导致其结果可能不是当前迫切需要的，迫切需要的却得不到充分反映。所以，明确规定统计研究的目的和任务是统计设计的首要问题。

(2) 确定统计指标和统计指标体系

统计指标和统计指标体系是认识客观事物的工具，是统计总体数量特征的表现，是统计设计的中心内容。无论是整体设计、专项设计，还是全过程设计、单阶段设计，都要解决统计指标和统计指标体系的设计问题。

(3) 确定统计分类和数据分组

统计设计与统计指标和统计指标体系相联系，确定统计分类和数据分组也是统计设计的重要内容。这里所说的统计分类和数据分组，指的是社会经济现象本身的分类和分组，如国民经济部门分类、城乡分类、企业类型的分类、人口按年龄和性别分组、家庭按人均收入分组等。

统计分类是使认识深化的前提。有些统计分类是很复杂的,需要统计设计人员具有广博的理论知识和实践知识。统计分类实际上是一种定性认识活动,要做好它,常常需要聘请有关方面的专家、学者及实际工作经验丰富的人员共同讨论研究,制定统一的分类目录,规定对各种复杂情况的处理方法。

(4) 设计统计表

统计表是由纵横交错的格线组成的,用来表现和登记统计资料的表格形式,包括调查表、整理表、分析表等。

(5) 确定数据分析研究的内容

在统计工作过程中,数据分析研究一般是在统计资料整理之后进行,但在统计设计过程中,对数据分析研究内容的考虑,通常放在明确统计目的、统计任务并确定统计指标、统计指标体系及分类分组体系之后。同时,数据分析研究内容的确定可以进一步对既定的统计指标和统计指标体系起核查校对作用。统计指标及统计指标体系如不能满足统计分析研究的要求,则可修改和充实。数据分析研究内容的设计,最主要的是科学地选定分析研究的题目。

(6) 制定数据调查方案

为了保证调查过程的统一性,必须制定数据调查方案。这是统计设计的重要内容。

(7) 制定数据整理方案

制定数据整理方案是统计设计的重要内容之一。所谓数据整理,是指根据数据研究的目的,将数据调查所得的原始资料(也称初级资料)进行科学的分类和汇总,为数据分析准备系统化和条理化的综合资料的工作过程。这一工作是一种汇总性工作。制定数据整理方案实际上也就是制定数据汇总方案。一般来说,它的基本内容在数据调查之前就要确定下来,它要求根据数据分析的需要设计数据汇总的具体内容,并对整个汇总过程做出统一安排。

(8) 规定各个阶段的工作进度和时间安排

暂且不论统计工作的全部,只就某一项统计工作而言,其过程也是由若干大阶段和许多小环节、细节构成的。在设计时,要对它们严格规定。例如,数据调查阶段包括资料登记、复查、质量抽查等工作;数据整理阶段包括资料审核、汇总等工作;数据分析阶段包括资料的公布、报告等工作。这些工作都要规定完成的期限。为使各个阶段、各个环节的工作能够互相衔接、相互联系、协调配合、顺利地进行,按时、保质、保量地完成,还要设计"工作进度图""统筹图""流程图"等,并具体规定明确的起止日期。

(9) 考虑各部门和各阶段的配合与协调

仅仅制定统一的统计指标体系和统计分类、分组还是不够的,因为各个部门、各级对统计指标的口径、分类粗细等要求不同。为了满足各方面的要求,必须考虑如何处理这些问题。

在统计工作全过程中,数据调查、数据整理和数据分析是互相联系的环节,不同的统计指标又有不同的收集资料的方法、不同的时间要求,从而也就有不同的整理方法,而这些又取决于统计分析研究的目的和内容。因此,整体设计虽然不能完全代替阶段设计,但是需要考虑各个阶段之间的关联。

(10) 统计力量的组织与安排

统计力量的组织与安排是保证统计工作顺利进行的一个重要的统计设计内容。广义而言，它包括专业统计机构的组织、统计机构与领导机构和其他业务机构的关系、非统计机构中统计活动和各种业务资料的利用。

3. 统计设计的分类

统计设计，从不同角度来考察有不同的分类，主要包括：

(1) 按统计设计所包括的研究对象的范围，可分为整体设计和专项设计

整体设计就是把研究对象作为一个整体，然后对整个统计工作进行全面设计。整体设计的范围可大可小，就微观而言，可以是一个企事业基层单位的统计工作的全盘设计；就宏观而论，可以是整个国民经济范围的统计工作的全面设计等。

专项设计就是对研究对象的某一部分进行统计设计。例如，对一个企业进行有关人力、物力、财力、生产、供应和销售的统计设计就是专项设计。就全国而言，对工业、农业、交通运输、金融等进行统计设计，也是专项设计。

整体设计是主要的，专项设计从属于整体设计。整体设计和专项设计的划分是相对的，例如从全社会看，交通运输统计设计是专项设计，但若以交通运输为独立研究对象，则交通运输统计设计是整体设计。

(2) 按统计设计所包括的工作阶段，可分为全过程设计和单阶段设计

全过程设计是从确立统计任务、统计内容、统计指标体系到分析研究的全过程的通盘考虑和安排；单阶段设计是对统计工作过程中的某一阶段的安排，如数据调查的设计、数据整理的设计、数据专题分析的设计等。全过程设计和单阶段设计各有分工、各有侧重。全过程设计偏重于安排各阶段的联系，单阶段设计则要细致地安排工作方法和进度。二者相比，全过程设计是主要的，单阶段设计是在全过程设计的基础上进行的。

(3) 按统计设计包括的时期，可分为长期设计、短期设计和中期设计

长期设计是指五年及五年以上的统计设计；短期设计是指一年或年度内的统计设计；中期设计是介于长期设计与短期设计之间的统计设计。

2.1.2 统计指标和统计指标体系的设计

1. 设计的内容

数据分析研究的社会经济现象总体的数量方面是通过统计指标和统计指标体系来体现的。所以，统计指标和统计指标体系的设计是统计设计的中心内容。

(1) 明确统计指标的名称、含义、内容和计算范围

这是设计任何统计指标的第一个要点。也就是说，设计任何统计指标时首先要明确它是什么，界限划在什么地方，什么算在内，什么不算在内。

应根据实质性学科相应的理论概念和管理上的要求，设计统计指标的名称和含义。例如，根据政治经济学中社会产品、国民收入、劳动生产率、工资、利润等概念去设计相应的统计指标的概念和它的含义。

统计指标的概念和实质性学科相应的理论概念既有联系又有区别。实质性学科的理论概

念是抽象的概念，是对客观现象定性研究的结论，是纯概念。统计指标的概念是反映现实数量特征的概念。现实是错综复杂的，为了反映现实的数量状况，不可能完全按照理论进行计算，在内涵上和外延上都必然会有出入。但是统计指标概念毕竟是以实质性学科的理论概念为基本依据的，如果完全脱离了理论概念，就无法利用统计指标进行社会经济关系的分析和研究。

只规定统计指标的名称和含义是不够的，现实情况是复杂的，还需要根据实质性学科的理论概念和管理上的要求确定统计指标的计算范围，即规定统计指标的具体内容和界限，什么内容应该计算在内，什么内容不应该计算在内。例如，对工资总额这个统计指标就会具体规定发给职工的什么收入算在工资总额之内，什么收入不应该计算在工资总额内。习惯上，将这种计算范围称为"指标口径"。

指标口径和总体范围是两个不同的问题。有时候是一致的，有时候则不一致。例如，人口数指标有常住人口、现有人口、户口人口等人口数概念，这既是总体范围问题，又是指标口径问题。但工资总额就不同了，它只表现为指标口径；总体范围则是另一个问题，是指包括哪些单位不包括哪些单位，或者是包括哪些人不包括哪些人。

（2）确定统计指标的计量单位

例如，对于实物量指标，需规定是用自然实物计量单位，还是用标准实物计量单位，采用什么样的实物计量单位，用什么方法折合为标准实物量等。对于劳动量指标，要规定采用什么样的劳动量单位，是用工时或工日等。对于价值指标，也要规定采用什么样的货币单位。

表面上，计量单位是个很简单的问题，但处理不当是会发生副作用的。例如，生猪收购量按头计算时，曾发生过收购头数年年增加，而收购总量下降的情况，从而造成浪费。

（3）确定统计指标计算方法

根据统计指标的复杂程度，选择适合的计算方法，有的只进行统计即可，如学生人数、工人工资、粮食总产量等；有的则要规定具体的计算方法，如净现值、对未来销售量的预测等。

（4）确定统计指标的空间范围与计算时间

空间范围既包括地区范围，也包括组织系统的范围。如发生改变，则要规定处理方法。

统计指标的计算时间有两种：一种是以一般时期（日、月、季、年等）为计算的时间界限；另一种是以某一标准时刻为计算的时间界限，如 2010 年 11 月 1 日 0 时为我国第六次人口普查的标准时间等。采用哪一种计算时间是由统计指标的性质、特点和需要决定的。

（5）确定统计指标体系

主要是确定统计指标体系应包括哪些统计指标，哪个统计指标是统计指标体系中的核心统计指标、统计指标之间具有什么样的联系等。

统计指标体系中统计指标的种类、数量以及核心统计指标的确定不是固定的，它决定于许多因素。例如，统计对象的性质，总体的范围、管理或研究的目的等。

一个统计指标体系内的各个统计指标，在总体范围上应该一致，在指标口径上应该相互联系。不然在运用统计指标分析研究时会发生困难或者无法进行分析。因此，统计指标体系的设计和单项统计指标的设计要统一起来，通盘考虑。核心统计指标就是统计指标体系中以它为主的统计指标,设计统计指标时首先要解决它的指标口径问题,其他统计指标则以它为标准来确定指标口径,并根据对它的分析研究需要来确定统计指标的数量和分类方法。

统计指标体系的确定要经过反复的实践和研究,而且它不是一成不变的。即使是基本统计指标体系也会随社会实践的要求而发生增添、减少或者内容和作用上的改变。

以上列出了统计指标和统计指标体系设计的主要内容,这些设计内容是互相联系的。因此,在实际进行设计时要统一起来进行考虑,特别是要以统计指标体系中的核心统计指标为标准进行通盘考虑。

2. 设计的原则

设计统计指标和统计指标体系是一个科学性很强的复杂工作。设计时要通盘考虑设置哪些统计指标,其名称、含义、内容如何,计算时间、空间如何,计算方法和计量单位如何等。设计时必须遵循的原则有:

(1)科学性原则

设计统计指标既要有科学理论的指导,又要符合客观实际。要以马克思列宁主义理论为基础,以毛泽东思想和邓小平理论为指导,从中国实际出发,设计具有中国特色的统计指标体系。

(2)目的性原则

统计指标体系设计要有明确的目的。一般来说,要能反映社会经济现象和过程的各个方面、各个环节,提供分析研究经济领域中各种基本比例关系的数据,以适应客观实际管理的需要。此外,统计指标体系设计还要满足国际统计对比的要求。

(3)联系性原则

设计统计指标时要从整体上全面考虑各统计指标之间的联系,要从指标口径、计算时间、空间和计算方法等方面通盘考虑大体系、分体系、子体系所构成的有机联系整体。

(4)统一性原则

统计指标体系的设计既要考虑内部联系,又要考虑外部联系。外部联系主要指统计指标体系在计划、统计、会计和业务核算上要统一。

(5)可比性原则

设计统计指标体系要考虑各地区、各部门、各时期和国际上对比的要求。统计指标体系要保持一定的稳定性,重要统计指标的更换要采用逐渐代替的方法,不宜断然变更,要注意与原有资料的衔接。

上述是一般原则,在具体设计时,要充分考虑实际情况的复杂性。在实际工作中,统计指标体系设计通常并不是统计指标体系的重新设计,而是对原有统计指标体系的改进,故仍必须遵守上述原则。

2.2 数据调查

2.2.1 数据调查的概念及基本要求

1. 数据调查的概念

数据调查也称统计调查,它是根据统计研究的目的和要求,运用各种科学的统计调查方法，有计划、有组织地向社会搜集统计资料的工作过程。它是整个统计工作的基础环节，是数据整理和数据分析的前提，是人们认识社会经济现象总体数量表现的必然途径。

统计数据有两个来源：一是直接来源，即通过对所研究总体进行直接观察和测量而得到的统计数据，是第一手数据；二是间接来源，即是通过其他渠道取得的已经加工、整理过的统计数据，是第二手数据。

直接来源的统计数据是指通过数据调查或实验活动直接获得的第一手数据。在研究社会经济现象时，通常采用数据调查的方法来取得第一手数据；对于自然现象和科学技术问题，则通常利用实验设计方法取得第一手数据。

统计数据的间接来源是指通过其他渠道获取的、别人调查或实验后已经加工、整理过的第二手数据。从统计数据的最初来源来看，数据调查和科学实验是其主要来源。但对于多数统计数据使用者来讲，通过亲自调查或科学实验来获取第一手数据的可能性不大，更多统计数据使用者是利用他人调查或实验的统计数据，即间接取得统计数据。

第二手数据主要是公开出版或报道的统计数据。公开出版或报道的统计数据主要来自国家和地方的统计部门以及各种报刊媒体。例如，国家和地方统计部门定期发布的统计公报、定期出版的各种统计年鉴；各类信息中心、信息咨询机构、专业调查机构、各行业协会等发布的统计数据；各类专业期刊、书籍、报纸等提供的统计数据；联合国有关部门、世界银行等国际机构以及其他国家发布的各种统计数据。

除了公开出版或报道的统计数据之外，还可以通过其他渠道获取所需统计数据。特别是计算机以及互联网技术的发展，为获取研究所需的统计数据提供了极大方便。

第二手数据与第一手数据相比更易取得，且内容丰富、来源广泛，因此研究者们通常会首先考虑采用第二手数据。但在应用中要注意以下几个问题：首先，使用前需考察第二手数据的可靠性。信息时代，大量的第二手数据充斥着人们的视野，随意打开网页即可查询到海量统计数据。但二手数据存在良莠不齐的现象，在利用第二手数据前应仔细甄别统计数据提供者的专业能力、实力和社会信誉等，尽量选择权威机构发布的公报、统计分析报告和著作等；其次，第二手数据并非为某个特定研究目的服务的，其在收集过程中所使用的定义，采取的指标口径、计算方法等都有其特殊规定性。因此，在利用第二手数据的时候需充分了解该数据的含义、指标口径、计算方法，以避免误用和错用；最后，第二手数据来自他人智力劳动，在利用第二手数据时应标明来源、出处。

2. *数据调查的基本要求*

在数据调查的两个来源中，直接来源对研究者的统计素养有更高的要求。而从为社会经济管理服务的角度来说，数据调查是更重要的直接来源。为此，本节将重点介绍常用的数据调查方法，实验设计的相关问题本节不作介绍。

数据调查是社会经济统计工作的起点，是总结数据规律和分析研究的前提。高质量的数据调查直接关系到数据规律的准确性和可靠性，也直接关系到研究结论的合理性和正确性。因此，通过数据调查取得的第一手数据必须紧密围绕调查研究的目的，并满足准确性、及时性和完整性的要求。

准确性是指通过数据调查收集的资料必须符合客观实际情况、真实可靠，既不存在趋势性的技术差错，也不存在故意提供虚假数字的现象。统计资料的准确性要求，不仅是一项技术性工作问题,也是涉及是否坚持统计制度和工作纪律、坚持实事求是的原则问题。为了维护数据调查的严肃性,我国《统计法》对数据调查对象和统计人员依法履行的义务与职责做了明确规定,即一切数据调查对象都必须依法如实、按时地向统计机构或统计人员履行提供统计资料的义务,不得虚报、瞒报、拒报、迟报、伪造、篡改。统计人员坚持实事求是、一丝不苟、精益求精,把每一笔统计数据搞准、搞实;坚持原则,不弄虚作假;保守统计工作中获悉的统计秘密。这些规定为保证统计资料的准确性奠定了基础。统计人员保守统计秘密和被调查者依法履行提供统计资料的义务,被看作是统计工作存在的两大支柱。

及时性是指要按统计法律法规规定的时间及时上报或取得统计数据,不拒报、不迟报,即要按时完成各项统计资料的上报任务。一般来讲,统计工作是一种事后计量工作,这种事后统计必须快捷,以提高统计资料的时效性。否则,即使统计资料本身非常准确,也只能成为"历史记载"。统计资料的及时性也是全局性问题,因为一项统计工作往往需要许多单位协作完成,任何一个单位在时间上的拖延,都会影响整个统计工作。因而,把统计资料的准确性和及时性称为统计工作的灵魂。

完整性即要求统计资料必须是能反映所研究事物全貌的完整资料,而不是残缺不全的。完整的统计资料应该是对事物总体数量特征的全面反映,这是由总体特征决定的。对于有关国情国力基本情况的调查,《统计法》对其调查项目的确定、统计标准的制定及调查方法的采用等方面,都进行了法律规范,以保证统计资料的科学性、完整性。

2.2.2 数据调查的种类

数据调查的种类是对整个数据调查方式的概括,也是理解数据调查的基础知识。

1. 数据调查按调查对象所包括的范围,可分为全面调查和非全面调查

全面调查是指对构成调查对象总体内的所有总体单位都进行调查登记的一种数据调查方式,如普查等。

非全面调查是指对构成调查对象总体中一部分总体单位进行调查的一种数据调查方式,如抽样调查、重点调查、典型调查等。

全面调查与非全面调查的划分是以调查对象所包括的范围来衡量的,并不是从取得的资料来说的。当然,全面调查所取得的资料必然是全部调查单位的资料。但非全面调查也是为了取得反映总体的资料或是为了取得反映总体基本情况的资料。在实际工作中,针对某一项调查,究竟采用全面调查还是非全面调查,要视研究问题的目的和可能性来确定。

2. 数据调查按调查登记的时间是否连续,可分为经常性调查和一次性调查

数据调查登记的连续性取决于现象本身的特点:一种是时期现象,它随着时间的变化而连续不断地发生变化;另一种是时点现象,表现为一定时点的状态。

经常性调查是对时期现象的调查,是指对调查对象随时间变化的情况进行连续不断的登记。在对时期现象进行调查时,研究对象变化过程中的量都需被记录下来。因此,所取得的资料要体现现象的发展过程和一段时间内现象发展变化的数量,就必须在观察期内进行连续登记以满足需要。

一次性调查是一种不连续的调查,主要是对时点现象的调查,指间隔一定时间(往往

间隔较长）进行一次调查。对于现象指标值在一定时期内变动不大的情况，往往采用一次性调查的方式，如固定资产总值调查、生产设备数量调查等。另外，有些现象其数值尽管随时都在发生变化，但并不需要每天都登记（如人口数），则也可采用一次性调查。一次性调查所得资料是时点资料，表明某个时点的状况和水平，与时间长度无关。根据调查的间隔时间是否相等，可将一次性调查分为定期调查和不定期调查。调查的时间间隔相等为定期调查，相反则为不定期调查。例如，我国分别在1953年、1964年、1982年进行的人口普查就属不定期的一次性调查。而后按《统计法》的规定，我国人口普查每隔10年进行一次，故于1990年、2000年和2010年进行的三次人口普查就成为定期调查。要注意的是，一次性调查并不是说对调查对象只做一次调查，以后就不再进行了，是否再进行此类调查要根据研究的需要和可能性来确定。

3. 数据调查按组织形式，可分为统计报表和专门调查

统计报表是按一定的表格形式、时间要求和报送程序，自上而下统一布置，自下而上提供统计资料的一种数据调查方式。它为国家统计部门和各业务部门定期地提供系统而全面的统计资料，是为了服务社会经济管理目标、取得基础统计资料的一种重要的数据调查组织形式。

专门调查是为了一定的目的而专门组织的调查。这种调查多是一次性的，通常是为某个特定目的而专门组织的调查，常用的调查组织形式，如普查、重点调查、典型调查、抽样调查等，都属于专门调查。

以上几种分类方法并不是互相排斥的，只是从不同的角度对数据调查进行了分类。例如，普查是一种专门组织的一次性的全面调查，就同时被归入了三类，即全面调查、一次性调查和专门调查。

2.2.3 数据调查的方法

在实际工作中，数据调查的方法通常有直接观察法、报告法、访谈法、通信法和网络调查法等。

1. 直接观察法

直接观察法是调查人员亲临现场对调查对象进行直接观察、点数或计量，以取得统计资料的一种数据调查方法，如商品库存盘点，对农作物产量的实割实测等。这种方法能够保证所收集资料的准确性，但它需要投入较多的人力、物力、财力和时间。

2. 报告法

报告法是指调查单位利用各种原始记录、基层统计台账和有关核算资料作为报告资料的来源，按照隶属关系，逐级向国家提供经济和社会活动情况的一种调查方法。我国现行的统计报表制度就属于这种调查方法。

3. 访谈法

访谈法是由调查者向被调查者提问，根据被调查者的答复来取得统计资料的一种方法，又分为口头询问法和被调查者自填法。

口头询问法通常是由统计机构派人按照调查项目的要求向被调查者收集资料，因而也叫

派员法。我国人口普查登记、经济普查登记就应用了这种方法。

被调查者自填法就是由调查人员将调查表交给被调查者，由被调查者根据要求填写调查表的一种方法，如市场消费品调查等。

4. 通信法

通信法又称问卷法。它是调查者把调查表通过邮寄等通信方式交给被调查者，由被调查者填写后回寄给调查者以取得统计资料的一种方法。

5. 网络调查法

网络调查法是20世纪80年代末出现的，基于互联网技术手段，利用网页问卷、电子邮件问卷、网上聊天室等网络多媒体通信手段来收集调查数据和访谈资料的一种新型调查方法。它充分利用了互联网作为信息沟通渠道的开放性、自由性、平等性、广泛性和直接性的特性，针对特定内容进行调查设计，包括Email调查、网站调查和Web调查等。网络调查具有费用低、调查范围广、运作速度快、非常便于被访问者回答等优点，因被访问者主动参与和匿名的特点，所得资料较为准确、可靠。随着互联网用户的迅猛增长和普及率的不断提高，网络调查方式将会越来越受到研究者们的关注。

2.2.4 数据调查的组织形式

数据调查的工作过程会因数据调查组织形式的不同而有很大区别，因此，本节将详细介绍各种数据调查组织形式的定义、特点、关键问题和工作要求。如前所述，按照数据调查的组织形式，数据调查可分为统计报表和专门调查。其中，专门调查又分普查、重点调查、典型调查和抽样调查等。

1. 统计报表

统计报表是按照国务院或国家统计局颁发的表格，由各级调查单位按照一定的日期和程序向上提交统计报告的一种制度。

（1）统计报表的种类

1）按数据调查范围不同，分为全面统计报表和非全面统计报表。全面统计报表要求调查对象的每一个调查单位都填报；非全面统计报表只要求调查对象中的一部分调查单位填报。非全面统计报表又可根据非全面调查采用的方式，分为重点统计报表、抽样统计报表和典型统计报表。重点调查中使用重点统计报表。重点调查有很多优点，目前在数据调查中应用得比较多，如工业主要技术经济指标、主要工业产品成本调查等。用抽样调查方式或典型调查方式选出调查对象中的少数单位，并要它们定期填报时，所使用的调查报表为抽样统计报表的或典型统计报表，如我国农村经济抽样调查就曾经使用过这种报表。

2）按统计报表的内容和实施范围不同，分为国家统计报表、部门和地方统计报表。国家统计报表是根据有关国家数据调查项目和数据调查计划编制的，也叫国民经济和社会发展基本统计报表。这类统计报表从整个国民经济和社会发展的角度出发，并按国民经济部门划分，包括农业、工业、基建、物资、国内商业、对外贸易、劳动工资、交通运输等方面的内容。部门统计报表也叫专业统计报表，它是由国务院和有关业务部门，根据其调查项目编制的，在各该主管部门系统内施行，它是基本统计报表的必要补充。地方统计报表是经县级以上各级人民政府批准，统计局结合本地区特点补充制发的统计报表，主要为满足本地区经济和管理需要。

3）按报送单位不同，分为基层统计报表和综合统计报表。由基层单位填报的统计报表为基层统计报表，填报单位为基层单位；由综合统计部门或主管部门根据基层统计报表逐级汇总填报的统计报表为综合统计报表，填报单位为综合填报单位。综合统计报表的表式有扩大合计式和分组综合式两种。扩大合计式的表式与基层统计报表的表式一样，不同的只是扩大合计式是在较大范围内汇总基层统计报表资料。分组综合式是把基层报表资料首先进行分组，然后进行综合整理。扩大合计式综合统计报表可以反映较大范围内发展的规模和水平，乃至一个国家的国情国力。而分组综合式统计报表，可以用来深入分析总体的构成情况和比例关系。

4）按报送周期长短不同，可分为月报、季报、半年报和年报等。报送周期越短，花费人力、物力、财力越多。因此，一般要求报送周期短的，调查项目应少些、粗些。相反，则可以多些、细些。年报周期最长，因此其内容比较详细。同时应注意，凡是一年或半年报告一次能满足需要的，就不要用季报、月报。

5）按统计报表报送形式，分为电信报表和邮寄报表。

（2）统计报表的编制原则

1）适用、精简。在满足党政领导和有关部门了解情况、指导工作以及编制和检查计划需要的情况下，表式和统计指标力求精简。

2）根据实际需要确定报告期。应分情况按月、季、年进行统计观察，不能任意增加或压缩次数。

3）基层统计报表应逐步做到统一、配套。

4）综合统计报表反映综合统计部门对统计资料的具体要求，地方统计报表可在满足上级综合机关需要的前提下，增加地方需要的统计指标和分组。

5）国家、部门和地方的统计报表必须适当分工，互相配合。凡在国家统计报表中能够取得的资料，部门和地方不应再要求基层重复填报。

统计报表特别是全面定期的统计报表，在高度计划经济和分级管理体制下，是我国取得统计资料的重要手段。目前，随着我国社会主义市场经济的发展，面对日益发展的多种经济成分、多种分配方式、多种经营类型和利益主体多元化的情况，固守一种调查模式采集信息，已难以适应国家宏观调控和科学决策及部门、企业和社会公众的需要。全面统计报表不仅笨重、缺乏灵活性，而且人力、物力和财力投入大，数据调查效益差，基层负担重，环节多，并且容易受到行政干扰而造成信息失真。因而，这种组织形式只能作为一种补充性的调查方法。1994年7月20日国务院批准国家统计局《关于建立国家普查制度改革数据调查体系的请示》，确立了"以周期性普查为基础，以经常性抽样调查为主体"的数据调查方法体系。

2. 专门调查

（1）普查

1）普查的意义。普查是专门组织的一次性的全面调查。通过逐个调查属于一定时点或一定时期内的社会经济现象的情况，全面、系统地收集、整理和提供反映国情国力基本情况的统计数据。

我国调查方法经过重大改革,确定以周期性普查为基础。之所以这样,一是因为人口、工业、农业、服务业等重要国情国力统计资料必须通过普查取得;二是开展抽样调查需要以普查数据为基础,建立科学的抽样框;三是有些社会经济现象不适宜用全面统计报表的调查方式,且因全面统计报表具有前述的缺点,故只能作为一种补充的调查方法。

普查的优点:一是普查所取得的统计数据比经常性的全面统计报表所取得的数据更为全面、系统、准确、可靠;二是普查可以进行更详细的分组,而这些分组在定期统计报表中是得不到的,如人口普查可提供按性别、年龄、职业、行业、文化程度、婚姻状况等标志分组的多方面的统计资料;三是通过快速普查这种特殊的普查方式,可以在很短的时间内使国家或部门直接从企事业单位取得某种急需的全面统计资料。

实践证明,普查的工作量大,需要投入大量的人力、物力和财力。中华人民共和国成立以来,已经开展过六次人口普查、三次工业普查、两次农业普查、一次第三产业普查、三次经济普查。它们都是组织动员多达几百万经过专门培训的调查人员,按普查表的要求,深入被调查单位直接进行采访登记或指导调查单位填报,然后采取逐级汇总或超级汇总方式来取得统计数据的。正因如此,就不能"年年搞普查,事事搞普查",只能对重大的、反映国情国力基本情况的项目,每隔若干年进行一次(通常是每隔十年或五年进行一次)普查,即周期性地进行普查。我国过去的普查有:人口普查(逢0)、基本单位普查(逢0、5)、工业普查(逢2)、农业普查(逢7)、第三产业普查(逢3)。目前,经国务院批准的周期性普查有人口普查(逢0)、农业普查(逢6)、经济普查(逢3、8)。

2)普查的组织形式。普查的组织形式有两种:一种是组织专门的调查机构,配备一定数量的普查人员对调查单位直接进行登记;另一种是利用调查单位的原始记录和核算资料,颁发一定的调查表由调查单位填报。但即使是后一种组织形式,也要组织一定的普查机构,配备专门人员对整个普查工作进行组织领导,这是不同于统计报表调查方式的地方。

3)普查的组织原则。普查的组织工作要注意遵循以下原则:

第一,要确定统一的调查时间。例如,我国在2010年进行的第六次人口普查,以2010年11月1日0时作为调查的标准时点。

第二,在普查范围内,调查单位要同时进行登记,尽可能在最短期限内完成,以保证普查资料的准确性、及时性。例如,第六次人口普查方案规定,全国各调查区域需同时开展登记工作,并在10天内完成登记工作。

第三,重大普查要经过试点,以便总结组织实施经验,为普查的全面展开创造条件。例如,第六次人口普查方案中要求事先进行摸底工作,以便使调查内容和调查工作过程设计符合实际情况。

第四,对于同一种普查,各次的调整项目和统计指标应尽可能保持一致,以便历次普查资料具有可比性和能够进行动态分析。

普查后应进行典型调查或抽样调查,以核对和矫正普查中的误差。

(2)重点调查

重点调查是一种非全面调查,它是从调查对象的全部调查单位中选择一部分重点单位进行调查的一种调查方式。重点单位是指在调查总体中举足轻重的那些单位。这些单位虽然个数不多，但在所调查的标志总量中占有绝大部分，能反映出总体的基本情况。当调查目的是掌握事物发展变化的基本情况，而调查的标志总量绝大部分集中在少数单位时，可采用重点调查。

例如，对于集中度较高的行业，仅考察少量的企业即可掌握行业全貌。曾经我国钢铁行业集中度较高，宝钢、鞍钢、首钢、武钢、沙钢等十家大型钢铁企业在选定标志（钢产量）总量上占有90%以上的比例。采用重点调查不仅可以及时掌握行业发展情况，而且可以节约时间、精力，以便对少量企业进行深入研究。然而，近年来钢铁企业集中度日益下降。据工信部统计数据，2013年十大钢铁企业钢产量占比仅为39.4%。因此，若要掌握钢铁行业全貌，则重点调查所反映的信息已不够全面。

又如，观察空调行业，近年集中度迅速上升，2010年12月格力与美的的市场占有率之和达到了60%。2013年，包括格力、美的、海尔、大金、江森自控约克、开利、麦克维尔、特灵、海信、日立在内的前十大品牌总销售量达到493.6亿元，总的市场占有率高达77.6%。因此，这些销售量较高的企业可作为考察空调行业发展情况的重点单位，而这种调查方式就是重点调查。

（3）典型调查

典型调查是根据研究目的在对总体进行初步的全面分析基础上，从调查总体中有意识地选择一个或几个有代表性的单位而进行的调查，代表性单位也叫典型单位。

典型调查是从个别中了解一般、由个性了解共性的一种调查方法，它在对社会经济现象发展趋势的定性分析中发挥着重要作用。另外，典型调查可以收集到全面调查及其他非全面调查中不可能取得的资料，因而，典型调查可以加深对全面调查资料的认识。在实践中，常把典型调查与全面调查结合，核对并验证全面调查中数字的真实程度。

近年来，人们创造了"划类选典"的方法，从而丰富了典型调查的内容。该方法是在数据分组的基础上，从各组（或类）中有意识地选出少数有代表性的单位，取得调查数据，并据此进行总体某方面标志总量的推算。

（4）抽样调查

抽样调查是一种非全面调查。它是根据概率论，从调查对象总体中应用随机原则抽取一部分调查单位构成样本，由样本指标值推断总体相应指标值的一种调查方法。

按照社会主义市场经济制度的要求，借鉴国际上的成功做法，我国已经确立了"以周期性普查为基础，以经常性抽样调查为主体"的数据调查方法体系。抽样调查已经成为我国取得统计资料的重要手段。目前，已有相当多的调查项目应用了抽样调查，如农产品产量调查、城乡住户调查、价格调查和人口变动调查等，效果相当好。另外，我国在工业、建筑业、交通运输业、批发零售贸易业等数据调查中，也积极推广、应用抽样调查。

抽样调查有很多优点：一是社会投入少，即能以较少的投入取得必要的统计数据；二是由于抽样单位的确定完全按随机原则抽取，不参与主观意愿，因而抽样结果具有很高的精确度；三是抽样误差可以测算，选择恰当的抽样方式，确定必要的样本容量，可以将误差控制在可接受的范围。就这种意义来说，它也可以起到全面调查的作用；四是目前在我国统计机构设置中，国家统计局直属国务院领导，各省（市、自治区）、地区（地级市、州、盟）、县（县级市、区、旗）垂直下设经济调查大队，从而从组织上减少了层层汇总上报过程中的行政干预，使统计数据具有较高的准确性和真实性。

为了使抽样调查方法得到科学的应用，国家对如何科学开展抽样调查做了明确规定：一是规定在抽样调查前查明基本统计单位的公布情况，建立科学的抽样框；二是必须按照经批准的抽样调查方案来组织抽样调查。

总之，调查组织形式多样，在具体应用中要根据研究问题和调查对象的特征采取合适的组织形式，以尽可能地使统计数据满足准确、及时和完整的要求。

2.2.5 统计调查方案

数据调查是一项高度统一和科学性很强的工作，必须有目的、有组织、有计划地进行，需要设计出精细周密的统计调查方案加以指导，才能使数据调查过程顺利进行，准确实现数据调查的目的和要求，满足研究者对统计数据及时、准确、有效的要求。

统计调查方案是整个数据调查过程的指导性文件，是统计设计在数据调查阶段的具体化。长期的统计调查实践的总结赋予了统计调查方案较稳定的内容和格式，便于研究者借鉴和应用。统计调查方案的质量决定了统计数据的质量。

一个较完整的统计调查方案通常包括调查目的（为什么调查，Why）、调查对象和调查单位（向谁调查，Who）、调查项目和调查表（调查什么，What）、调查时间和调查期限（When）、调查的组织工作（如何调查，How）。本节以第六次人口普查方案为例，对统计调查方案内容设计进行介绍。因人口普查涉及重大国情国力，对统计数据的准确性、及时性和完整性要求较高，人口普查方案也经过大量慎重讨论和修改，详尽精细，故对学习如何设计统计调查方案颇有帮助。在实际工作中，可以根据调查问题的具体情况对统计调查方案内容进行简化和修改。一般来说，统计调查方案包含以下几项内容。

1. 确定调查目的

调查目的就是统计调查要解决的问题是什么。这是统计调查方案必须首先回答的。因为只有目的明确了，才能确定向谁调查，调查什么和用什么方法进行调查。因为调查目的不同，收集资料的对象和方法也不一样。调查目的不明确，往往会使整个统计工作陷入盲目状态。调查方案中的调查目的必须清楚、明确、具体，可操作性强。

例如，人口普查是一项重大的国情国力调查。而在1953年进行的第一次人口普查将其调查目的确定为"配合各级人民代表大会的选举，为第一个五年计划提供依据"，其调查项目就只有本户地址、姓名、性别、年龄、民族、与户主关系这六个项目。而第六次全国人口普查的目的是查清2000年以来我国人口数量、结构、分布和居住环境等方面的变化情况，为科学制定国民经济和社会发展规划、统筹安排人民的物质和文化生活、实现可持续发展战略、构建社会主义和谐社会提供科学准确的统计信息支持。其调查项目涵盖的范围较为宽泛，包括姓名、性别、年龄、民族、国籍、受教育程度、行业、职业、迁移流动、社会保障、婚姻、生育、死亡、住房情况等。因此，准确、具体的调查目的决定了调查对象、调查内容，为进一步确定调查统计范围，拟定调查表指明了方向。

除了人口普查，其他很多重大调查也都会拟定详细、具体的统计调查方案，如全国经济普查确定的调查目的是：全面掌握我国第二产业和第三产业的发展规模、结构和效益等情况，建立健全基本单位名录库及其数据库系统，为制定国民经济和社会发展规划、提高决策和管理水平奠定基础。这一调查目的明确了调查意义、调查对象、调查的范围和内容，使调查表设计有据可循，以便确保收集到正确反映调查目的的统计数据。

2. 确定调查对象和调查单位

确定调查对象和调查单位，就是要明确向谁做调查，由谁来提供统计资料。

调查对象就是所要研究的现象总体，它是由调查目的确定的。调查对象一旦确定，调查单位也就相应确定。

例如，根据第六次全国人口普查的目的，确定我国全部人口为调查对象。方案更详细地将人口普查对象规定为普查标准时点在中华人民共和国境内的自然人以及在中华人民共和国境外但未定居的中国公民，不包括在中华人民共和国境内短期停留的境外人员。调查单位也就相应确定为每个人。方案要求人口普查采用按现住地登记的原则，每个人必须在现住地进行登记。同时方案规定以户为单位进行登记，户分为家庭户和集体户。

在数据调查中，常常还需要区分两个概念，即调查单位与填报单位。填报单位也叫报告单位，它是负责向上级报告调查内容或提供统计资料的单位，即职能单位。填报单位一般是在行政上、经济上具有一定独立性的单位。而调查单位可以是人、企事业单位，也可以是物。例如，对某工业企业生产设备进行调查，调查单位是各种单台设备，报告单位则是该企业的组织统计机构。

因此，在人口普查中，调查对象是中国公民，调查单位是每一个中国公民，填报单位则是每一户。

3. 拟定调查项目和调查表

调查项目是满足调查目的、向调查单位收集数据的具体内容。调查项目由调查目的决定，一般需要事先设计和规划，是调查单位的具体数量特征。因此，调查项目是说明调查总体中调查单位基本特征的变量及其变量体系，包括品质标志和数量标志。通过设置恰当的调查项目，有目的地向调查总体收集符合调查目的和研究所需要的数量特征。

调查表和调查问卷就是在数据调查中将调查项目具体化成具体表格和问题，用以作为登记调查单位、收集调查单位原始统计资料的工具。调查表以表格形式出现，调查问卷则以有组织、有逻辑的问题和选项组合的形式出现，二者虽然形式不同，但作用相同，都是调查项目具体化的载体。

调查表的形式一般有两种：单一表和一览表。

单一表是在一份调查表上只登记一个调查单位的调查内容。单一表由于只登记一个调查单位，所以可容纳较多的调查项目（如个人身体健康情况表），便于整理、分类。

一览表是在一份调查表上登记若干个调查单位的调查内容。一览表由于其登记多个调查单位，所以调查项目不能很多。

调查表一般由表头、表体和表脚三部分构成。表头用来说明调查表的名称以及调查单位的名称、性质、隶属关系等。这些资料不是用来进行统计分析的，但在核实和复查调查单位时，是不可少的。表体是调查表的核心部分，包括数据调查的具体项目和项目的具体标志表现，项目的栏号、计量单位等。表脚包括调查者（填报人）的签名、填表日期等，以便明确责任，发现问题，也便于查询。

以第六次全国人口普查方案为例，根据调查目的和调查对象的具体情况，该方案将人口普查登记的主要内容确定为姓名、性别、年龄、民族、国籍、受教育程度、行业、职业、迁移流动、社会保障、婚姻、生育、死亡、住房情况等调查单位特征，将以上内容具体化即可形成调查所需的调查表。

调查表是根据调查提纲设计的，在调查表中要反映调查单位的基本信息、具体的调查项目，并进行编号和排序，以便数据录入和汇总。

第六次全国人口普查方案指出，本次人口普查表分为"第六次全国人口普查表短表"和"第六次全国人口普查表长表"。第六次全国人口普查表长表抽取10%的户填报；第六次全国人口普查表短表由其余的户填报。2009年11月1日至2010年10月31日期间有死亡人口的户，同时填报"第六次全国人口普查死亡人口调查表"。我国第六次全国人口普查表短表分两部分：第一部分是以户为填报单位的单一表；第二部分是以每个人为调查单位的一览表。有时候为了取得更详尽的数据数据并进行较复杂的统计分析，还需要设计调查问卷。这需要研究者根据研究目的和调查对象的特征来决定究竟采用何种形式最好，其科学性和艺术性有待在实践中体会。

4. 确定调查时间和调查期限

调查时间是指调查资料所属的时间。为及时、准确地获得统计数据资料，调查方案必须清楚地规定调查资料的时间范围或时点。例如，第六次人口普查的标准时点是2010年11月1日0时；第三次全国经济普查的时点则规定为2013年12月31日。

调查期限是具体进行调查工作的时间期限。第六次人口普查方案规定，人口普查的登记工作从2010年11月1日开始，到2010年11月10日结束。复查工作应于2010年11月15日前完成。复查工作完成后，国务院人口普查办公室统一组织事后质量抽查，该项工作应于2010年11月底完成。因此，调查期限包括收集资料和报送资料的整个工作所需要的时间。统计人员、统计机构必须在规定的调查期限内完成并争取缩短调查期限，这对保证调查资料的及时性具有重要意义。

5. 拟定调查工作的组织实施计划

要使调查工作井然有序，就必须有组织和措施上的保证。为此，还需拟定调查工作的组织实施计划。该计划包括以下内容：调查机构和调查人员；调查方式和方法；调查前的准备工作，包括宣传、教育、培训、文件印刷、人员分工等；报送资料的方法；经费的预算及开支办法；提供或公布调查成果的时间等。

仍以第六次人口普查方案为例，方案要求，各级宣传部门和人口普查机构应制定宣传工作方案，深入开展普查宣传。应组织协调新闻媒体，通过报刊、广播、电视、互联网和户外广告等多种渠道，宣传人口普查的重大意义、政策规定和工作要求，积极营造良好的人口普查氛围。各级人口普查机构要组织开展形式多样的宣传活动，动员社会各界支持、参与人口普查工作。

综上所述，在数据调查中，统计调查方案起着提纲挈领的统领作用。一个完整的统计调查方案不仅规定了调查的目的、对象、内容、形式，还对各阶段的时间节点、关键问题、经费使用情况等进行详细规划，使得各部门、各机构能够相互协调、高度一致，有条不紊地开展调查工作,同时保证数据资料在时间、指标口径上的一致性,能够有效提高数据质量。

很多统计研究人员对统计调查方案重视度不够,使得调查目的模糊,调查内容不准确,统计指标设计存在浪费和缺失现象,这可能造成数据开发和数据分析方面的困难。此外,目标分解不到位,阶段不明确,各部门、各机构调查进度不一致,数据时间和指标口径不一致,也会造成数据质量的下降。在正式进行数据调查之前,认真详尽地讨论和设计数据调查方案,才是"磨刀不误砍柴工"的正确态度。

2.3 调查问卷设计

2.3.1 调查问卷的含义及作用

1. 调查问卷的含义

调查问卷是调查者根据调查目的和要求,将所需调查内容具体化,由一系列问题、调查项目、备选答案及说明组成的,用于向被调查者收集资料的一种工具。

2. 调查问卷的作用

(1) 方便调查工作的开展和实施

调查也可以采用口头询问、电话访问等方式进行,但是这些方式都要求调查者有较高的询问技巧,同时需要记录被调查者回答的内容,这就难免出现问题回答不完整或记录不完整等情况;而采用调查问卷方式,可将所有问题在调查问卷中列出,许多问题还可给出备选答案,供被调查者选择。因此,调查问卷方式更容易让被调查者接受,而且便于在不同范围、不同地区进行调查。

(2) 易于对资料进行整理和分析

调查问卷将调查内容分解为各个具体的调查项目,并将其规范地排列在调查问卷中,大多数问题还列出了备选答案,供被调查者选答,这些做法都有利于调查内容的系统化和标准化,使后期的资料整理和分析更加方便。

(3) 节省调查时间,提高调查效率

由于调查问卷已将调查目的和内容进行了说明和编排,因此一般不需再由调查人员就有关问题向被调查者详细说明,这就节约了调查者用于解释的时间。并且,由于调查问卷的回收有较强的时间限制,故调查者可以在较短的时间内获得调查资料,从而提高了调查效率。

2.3.2 调查问卷的形式及其基本结构

1. 调查问卷的形式

由于调查者的研究目的以及调查内容和调查方式不同,故调查问卷的形式也不尽相同。调查问卷的形式主要有开放式、封闭式、半开放式三种。

开放式调查问卷是指对问题的回答不提供任何具体的答案,而由被调查者自由回答的调查问卷。使用开放式调查问卷的优点在于可以使调查得到比较符合被调查者实际的答案;缺点是有时意见比较分散,难以综合。

封闭式调查问卷是指答案已经确定,由被调查者从中选择答案的调查问卷。使用封闭式调查问卷的优点是便于综合；缺点是有时答案可能包括不全。因此，使用封闭式调查问卷时，必须把答案给全。

半开放式调查问卷是指给出部分答案（通常是主要的），而将未给出的答案或用其他一栏表示，或留以空格，由被调查者自行填写。

2. 调查问卷的基本结构

一份完整的调查问卷通常由题目、说明信、被调查者的基本情况、调查事项、填写说明、作业证明的记载等部分构成。

1）调查问卷的题目。题目是调查问卷的主题，应该准确而概括地表达调查的内容，言简意赅，具体明确，以使被调查者明确主要的调查内容和调查目的。

2）说明信。说明信是致被调查者的一封短信，是调查者与被调查者沟通的媒介，目的是让被调查者了解调查的意义，引起被调查者足够的重视和兴趣，争取他们的支持与合作。说明信要说明调查者的身份、调查的中心内容及要达到的目的和意义、调查结果的使用和依法保密的措施与承诺。说明信必须态度诚恳、口吻亲切，以打消被调查者的疑虑，达到取得真实资料的目的。

3）被调查者的基本情况。其是指被调查者的一些主要特征。一般而言，被调查者分为两大类：一是个人；二是单位。如果被调查者是个人，则其基本情况包括姓名、性别、民族、年龄、文化程度、职业、收入等项目；如果被调查者是单位，则其基本情况包括单位名称、单位代码、行政区划代码、经济类型、行业类别、职工人数、规模、资产等项目。具体列入多少项目，应根据调查目的、调查要求而定，并非多多益善。若采用不记名调查，则被调查者的姓名可在基本情况中省略。

设置这些项目，一是为了满足对调查资料进行分组研究的需要；二是以便进一步了解被调查者情况；三是为了满足查询的需要。

4）调查项目。调查项目即调查问卷的主体内容，是调查问卷最重要的组成部分。调查资料的收集主要是通过这一部分来完成的，它也是使用调查问卷的目的所在。

5）填写说明。填写说明包括填写调查问卷的要求、调查项目的含义、被调查者应该注意的事项等，其目的是让被调查者明确填写调查问卷的要求和方法。

6）作业证明的记载。其是指要在调查问卷的最后注明调查人员的姓名、访问日期、访问时间等，如有必要，则还需注明被调查者的姓名、单位或家庭住址、电话等，以便于审核和进一步追踪调查。当然对于涉及被调查者隐私的调查问卷，则视情况考虑上述内容是否要列入。

3. 调查问卷的主体内容

人们的行为包括对被调查者本人的行为或通过被调查者了解他人的行为。例如，对消费者的消费行为进行专项调查，需要调查消费者的具体消费行为。

人们的行为后果。例如，进行开征利息税社会效应专项调查，需要调查开征利息税对被调查者实际收入的影响、开征利息税后被调查者将如何处置在银行的存款等。

人们的态度、意见、感觉、偏好等。例如，进行下岗职工再就业意向专项调查，就要调查目前是否有就业愿望、不愿再就业的原因、未能就业的原因、现在寻找工作的方式、希望从事哪些新工作、对政府及有关部门实施的再就业工程的要求或建议等。

设计调查问卷的主体内容应注意以下两点：一是内容不宜设计得过多、过繁，应根据需要而确定；二是上述内容并非每个专项调查问卷中都要设置，应根据调查的需要决定。

4. 调查问卷设计应注意的问题

调查问卷设计的质量对专项调查的成败影响极大。根据调查目的、调查对象、调查方法来设计科学、有效的调查问卷，是一项技术性较强的工作。通常，在调查问卷设计之前，要初步熟悉和掌握调查对象的特点及调查内容的基本情况，然后结合实际需要与可能，全面、慎重地思考，多方征询意见，把专项调查问卷设计得科学、实用，以保证取得较好的调查效果。

在调查问卷的设计中，要注意以下几点：

1）目的要明确。要充分考虑分析和研究的需要。
2）内容要简洁。内容要简洁、重点要突出，避免可有可无的问题。
3）提问自然。用词准确、通俗易懂，适合被调查者身份，易为被调查者接受。
4）编码。调查问卷要编码，以满足专项调查数据处理的需要。

复习思考

1. 数据调查应遵循什么样的原则？
2. 调查对象、调查单位以及填报单位的关系是什么？试举例说明。
3. 专门调查包含哪几种方式？它们有何异同？
4. 在设计调查问卷时，应注意哪些问题？
5. 统计调查方案包括哪些基本内容？为什么要事先制定统计调查方案？制定统计调查方案的关键是什么？
6. 调查对象、调查单位和填报单位有哪些联系和区别？

实践技能训练

1. 对于 A 市自来水公司客户满意度调查项目，你是如何设计调查方案和统计指标体系的？

2. 针对本校学生手机消费的现状和需求进行调查，弄清楚当前大学生在手机性能、款式、价格、服务等方面的特点，为手机生产厂商的新产品研发和营销策略的制定提供决策依据，请设计出一个完整的统计调查方案和一份完整的调查问卷。（也可以根据本专业的特点进行设计）

知识能力训练

一、名词解释

1. 统计设计。
2. 数据调查。
3. 统计报表。
4. 调查方案。
5. 抽样调查。

二、单项选择题

1. 确定数据调查方案的首要问题是（　　）。
   A. 确定调查对象　　　　　　　　B. 确定调查目的
   C. 确定调查项目　　　　　　　　D. 确定调查时间

2. 经常性调查与一次性调查的划分依据是（　　）。
   A. 调查的组织形式　　　　　　　B. 调查登记的时间是否连续
   C. 调查单位包括的范围是否全面　D. 调查资料的来源

3. 数据调查按调查的组织形式划分，可分为（　　）。
   A. 全面调查和非全面调查　　　　B. 统计报表和专门调查
   C. 经常性调查和一次性调查　　　D. 普查、重点调查、典型调查和抽样调查

4. 某市工业企业2014年生产经营成果年报上报时间规定在2015年1月31日，则调查期限为（　　）。
   A. 一日　　　　　　　　　　　　B. 一个月
   C. 一年　　　　　　　　　　　　D. 一年零一个月

5. 对某市成交额比例最大的三个大型贸易市场的成交额进行调查，这种调查方式是（　　）。
   A. 全面调查　　　　　　　　　　B. 抽样调查
   C. 重点调查　　　　　　　　　　D. 典型调查

6. 某市需调查工业企业的职工工资情况，则调查单位是（　　）。
   A. 该市全部工业企业　　　　　　B. 全部工业企业的职工
   C. 全部工业企业职工的工资　　　D. 每个工业企业的职工工资

7. 在数据调查中，调查标志的承担者是（　　）。
   A. 调查对象　　　　　　　　　　B. 调查单位
   C. 填报单位　　　　　　　　　　D. 调查表

8. 调查单位就是（　　）。
   A. 负责向上级报告调查内容的单位　　B. 调查对象的全部单位
   C. 某项调查中登记其具体特征的单位　D. 城乡基层企事业单位

9. 统计资料的调查时间主要是指（　　）。
   A. 调查资料所属的时间　　　　　B. 调查工作的整个时限
   C. 对调查单位的标志进行登记的时间　D. 以上三个方面的时间概念的总称

10. 抽样调查与典型调查的主要区别是（　　）。
    A. 灵活机动的程度不同　　　　　B. 涉及的调查范围不同
    C. 对所研究总体的推算方法不同　D. 确定调查单位的方法不同

三、多项选择题

1. 下列数据调查方式中，属于非全面专门调查的是（　　）。
   A. 统计报表　　　　　　　　　　B. 普查
   C. 重点调查　　　　　　　　　　D. 典型调查
   E. 抽样调查

2. 在工业企业设备普查中（　　）。
   A. 工业企业是调查对象　　　　　　B. 工业企业的全部设备是调查对象
   C. 每台设备是填报单位　　　　　　D. 每台设备是调查单位
   E. 每个工业企业是填报单位

3. 下列调查中，调查单位与填报单位不一致的有（　　）。
   A. 关于全国冶金企业炼钢设备的情况调查　　B. 全国工业企业的生产情况调查
   C. 城镇家庭生活水平调查　　　　　　　　　D. 学校教学设备普查
   E. 城市食品部门食品质量调查

4. 我国第六次人口普查规定的标准时间是 2010 年 11 月 1 日 0 时，下列人口现象不应计算在人口总数之内的是（　　）。
   A. 2010 年 11 月 1 日出生的婴儿
   B. 2010 年 10 月 31 日 8 时出生，20 时死亡的婴儿
   C. 2010 年 10 月 31 日 21 时出生，11 月 1 日 8 时死亡的婴儿
   D. 2010 年 10 月 31 日 3 时死亡的人口
   E. 2010 年 11 月 1 日死亡的人口

5. 调查方案设计的内容有（　　）。
   A. 调查目的　　　　　　　　　　B. 调查对象和调查单位
   C. 调查项目　　　　　　　　　　D. 调查方法
   E. 调查时间

6. 普查一般属于（　　）。
   A. 全面调查　　　　　　　　　　B. 非全面调查
   C. 经常性调查　　　　　　　　　D. 一次性调查
   E. 专门组织的调查

7. 为了解某市在校大学生身体素质情况，进行大学生体能测试和调查，则该市每位大学生是（　　）。
   A. 调查对象　　　　　　　　　　B. 调查单位
   C. 填报单位　　　　　　　　　　D. 统计总体
   E. 综合单位

8. 全面统计报表是一种（　　）。
   A. 全面调查　　　　　　　　　　B. 经常性调查
   C. 一次性调查　　　　　　　　　D. 快速调查方法
   E. 报告法方法

9. 调查所得资料必须满足（　　）的要求。
   A. 及时　　　　　　　　　　　　B. 稳定
   C. 准确　　　　　　　　　　　　D. 大量
   E. 完整

四、判断题

1. 数据调查单位是指组织和开展数据调查工作的单位。（　　）

2. 数据调查时间是指根据数据调查方案的进度安排收集和汇总统计数据的时间期限。（　　）

3. 普查精确度高，且资料完整、准确，所以在实际工作中应当多采用该种调查形式。（　　）

4. 普查和抽样调查同属于专门调查。（　　）

5. 非全面调查的目的是取得不完全的调查资料。（　　）

6. 重点调查中的重点单位是指总体中占绝大部分比例的单位。（　　）

7. 由于全面调查中只存在登记性误差，而非全面调查中除存在登记性误差外，还存在代表性误差，因而全面调查的误差一定比非全面调查误差小。（　　）

8. 登记性误差是指调查中故意登记错误而造成的误差。（　　）

9. 典型调查所得到的数据有时可以用来推算总体。（　　）

10. 所谓随机原则，就是按照主观判断的方式抽取调查单位。（　　）

第3章

数据整理与显示

学习目标

【知识目标】

➤ 了解数据整理的意义及步骤
➤ 理解数据分组的概念和作用
➤ 理解分配数列的概念和种类
➤ 掌握数据分组的方法和变量数列的编制方法

【能力目标】

➤ 学会根据实际资料编制统计表、绘制统计图

案例导读

《中国互联网发展状况统计报告》（节选）[①]

截至2014年12月，中国网民规模达64 875万人，全年共计新增网民3 117万人；互联网普及率为47.9%，较2013年年底提升2.1%，如图3-1所示。

截至2014年12月，中国手机网民规模达55 678万人，较2013年年底增加5 672万人。网民中使用手机上网的人群占比由2013年的81.0%提升至85.8%，如图3-2所示。

截至2014年12月，我国网民以10～39岁年龄段为主要群体，比例合计达78.1%。其中，20～29岁年龄段的网民占比最高，达31.5%。与2013年年底相比，40岁及以上年龄段的网民比例有所增加，19岁及以下（不含儿童）网民的比例有所降低。这一方面是网络接入环境日益普及，媒体宣传范围广泛，增加了中老年群体接触互联网的机会；另一方面是人口的老龄化。这两方面因素共同导致网民的年龄结构出

[①] 资料来源：中国互联网信息中心。

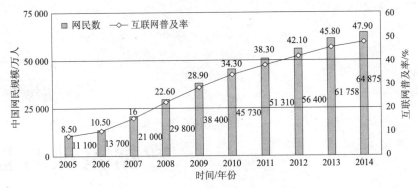

图 3-1 中国网民规模和互联网普及率

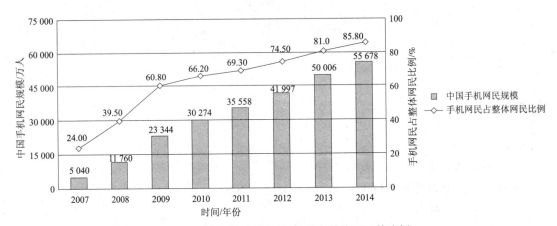

图 3-2 中国手机网民规模及其占整体网民的比例

现年轻化趋势,如图 3-3 所示。

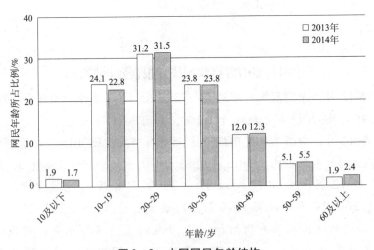

图 3-3 中国网民年龄结构

截至 2014 年 12 月,网民中具备中等教育程度的群体规模最大,初中、高中/中专/技校学历的网民占比分别为 36.8% 与 30.6%。与 2013 年年底相比,网民的学历结构基本保持稳定,如图3-4所示。

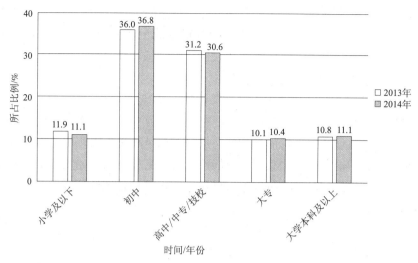

图3-4 中国网民学历结构

思考:

1. 资料中的所有数据是数据调查的直接结果吗?为什么要对搜集到的数据进行整理?
2. 你知道数据整理应经过哪些步骤吗?在整理过程中需要注意哪些问题呢?
3. 在实践中,通常会采用哪些形式来反映数据整理成果?这些形式有何优点?在运用中应注意哪些方面的问题?

3.1 数据整理概述

3.1.1 数据整理的概念和意义

1. 数据整理的概念

在运用一定的数据调查方法对统计数据进行调查搜集以后,获得了大量的原始资料。由于这些资料都是个别的、分散的,缺乏系统性,难以反映社会经济现象总体的数量特征,因此,想要完成统计研究任务,认识社会经济现象的一般规律,在完成统计数据的调查搜集以后,就必须对这些个别而原始的数据资料运用科学的方法进行加工整理。

统计数据整理即数据整理,它是根据统计研究的任务,对调查搜集到的原始数据资料进行分组、汇总、显示,使之条理化、系统化,以反映各组和总体的数量综合特征的过程。对于已整理过的次级资料进行再整理也属于数据整理。

2. 数据整理的意义

(1) 数据整理是人们对客观事物从感性认识上升到理性认识的连接点

通过调查取得的资料只是人们对事物的一种感性认识,是事物的表象。要对客观现象的总体做出正确的分析与判断,需要对调查资料进行加工整理,实现"由此及彼、由表及里",由反映个体特征向反映总体综合数量特征转化,从而由感性认识上升到理性认识,数据整理正是人们对事物从感性认识上升到理性认识的连接点。

(2) 数据整理是进行数据分析的前提

调查搜集到的原始资料往往是杂乱无序的、不系统的、零散的，不能直接用于数据分析或说明问题，这就需要对这些资料进行科学的分组（或分类）和汇总，使之成为便于进行数据分析、判断和解释的形式。数据整理是数据分析的基础和前提，数据整理是否正确，直接影响数据分析的准确性和研究结论的客观性。

(3) 数据整理在整个统计研究中占有重要地位

数据整理介于数据收集与数据分析之间，在统计研究中起着承上启下的作用，它既是数据收集阶段的延续，又是数据分析的基础和前提。数据整理是否得当，直接决定着统计研究目的能否顺利实现。不恰当的数据整理，可能使具有丰富信息的原始资料失去科学价值，也可能直接影响数据分析的准确性和可靠性。可见，数据整理是统计研究中具有重要地位的一个过程。

3.1.2 数据整理的原则和步骤

1. 数据整理的原则

为了保证数据整理的效果，数据整理必须采用正确的方法，并遵循一定原则。

目的性原则：数据整理一定要按照预定的目的，进行科学的分组、分类，只有这样才能整理出研究问题所需要的综合指标。

联系性原则：数据整理所涉及的统计指标不仅是相互联系的，还存在一定的逻辑关系，选用什么统计指标以及统计指标之间前后关联的顺序如何，都是数据整理过程要特别注意的。

简明性原则：对相同数据进行整理时可以采用不同的方法，如简单分组、复合分组、分组体系等。在使用这些方法时，应该选用最简明的一种，以取得节约和实用的效果。

2. 数据整理的步骤

数据整理是一项细致的工作，需要有计划、有组织地进行。其基本步骤如下：

(1) 设计和编制数据整理方案

一般的数据调查都是大规模的，取得的数据资料数量庞大，汇总整理需要众多的人员参与，为保证数据整理的质量，在进行整理之前，要编制数据整理方案。所谓数据整理方案，就是对数据整理阶段各个方面的工作所做的全面考虑和安排。它是统计设计在数据整理工作过程中的具体化，是数据整理工作的指导性文件，其内容包括根据统计研究的目的来确定需要整理的统计指标和统计指标体系、分组方法和分组体系、资料汇总的形式以及资料的审查内容与方法等。

(2) 对采集的数据进行预处理

在搜集数据的过程中，经常会由于某些原因出现一些差错。因此，在整理之前，必须对采集的数据进行必要的处理，包括对数据的审核、订正和排序。

(3) 对数据进行分组

数据分组是根据统计研究的目的，将审核后的原始数据按一定的标志进行分组和分类。数据分组是数据整理的关键，分组科学与否直接影响数据整理工作的质量。

(4) 对数据进行统计汇总

统计汇总就是根据统计任务的研究目的来确定汇总指标，选择适当的汇总组织形式，通过手工或计算机方式将已分组或分类的原始数据进行汇总,计算各组单位数和总体单位数,计算各组数据指标和综合指标,这就使反映总体单位特征的数据转化为反映总体数量特征的数据。

(5) 编制各种统计图表

将汇总整理的结果用统计表或统计图的形式反映出来,可清晰地、简明扼要地表述统计资料的内容。

(6) 积累和保管统计数据

数据整理是一项经常性的长期工作。因此,必须注意对数据的积累,并对其进行完善的保管,为今后提供数据做好准备。

3.1.3 数据的预处理

数据的预处理是数据整理的先行步骤,它是在对数据进行分类或分组之前针对原始数据和第二手数据所做的必要处理,包括对数据的审核、校订和排序。

1. 数据的审核

在对统计数据进行汇总整理前,先要进行严格的审核,这是数据整理的重要一环,涉及整个汇总工作的质量。数据审核的内容包括数据的准确性、及时性、完整性和适用性四个方面。

审核数据的准确性即检查原始数据是否真实、可靠,这是数据审核的重点,可采用逻辑检查和计算检查两种方法。逻辑检查就是利用逻辑理论来检查统计指标之间或数据之间是否合理、有无矛盾;计算检查就是检查数据的指标口径、计算方法和计量单位等是否符合要求,计算结果是否正确、是否符合实际情况。

审核数据的及时性即检查数据是否按规定时间报送,以及未按时报送的原因。

审核数据的完整性即是要检查被调查单位的数据是否系统、周密、合乎逻辑,是否按规定的调查项目搜集齐全,调查单位是否有重复和遗漏,报送单位是否有不报、漏报的现象等。

审核数据的适用性针对的是第二手数据。因为第二手数据可以来自多种渠道,有些数据可能是为特定目的通过专门调查而取得的,或者是已经按特定目的的需要做了加工整理。因此,对于使用者来说,首先应弄清楚数据的来源、数据的指标口径和有关背景材料,以便确定这些数据是否符合分析研究的需要,是否需要重新进行加工整理等。

2. 数据的校订

对审核过程中发现的迟报、漏报、计算错误,应及时催报、补报、改正,并针对不同的错误做出不同的处理。

对于可以肯定的一般错误,代为更正,并向有关单位核对。

对于可疑之处或无法代为更正的错误,应通知原填报单位复查更正。

对于在一个单位发现的有代表性的重大差错,除通知原填报单位更正外,还要将差错情况通报尚未报送资料的单位,以防止类似错误的发生。

凡错误情节属于违反统计法规的,应查明责任,予以适当处理。

3. 数据的排序

数据的排序就是按照一定的顺序将数据排列，以便初步显示数据的一些明显特征和规律，为研究者找到解决问题的线索。此外，排序还有助于数据的检查纠错，为分组、汇总提供依据。

对于定类数据，可以按字母的顺序或笔画数的多少顺序排序。

对于定距数据和定比数据，既可以按递增顺序排列也可以按递减顺序排列。

排序后的数据称为顺序统计量，无论是定类数据还是定距数据，其排序均可借助计算机完成。

3.2 数据分组

3.2.1 数据分组的相关概念和原则

1. 数据分组的含义和原则

(1) 数据分组的含义

数据分组又称统计分组，它是根据统计研究的任务目的，按照一定的标志将总体划分为若干性质不同的部分的一种统计方法。例如，在全部企业这个总体中，我们可以按照其生产规模将企业划分为大型企业、中型企业和小型企业三个组，每一组内各企业生产规模相同或相近，而组与组企业之间的生产规模差异较大。又如，可以把具有中国国籍的人组成人口总体，按年龄、性别、民族、文化程度等标志将其划分为不同的组，以反映中国人口结构现状。

数据分组同时具有两个方面的含义：对总体而言，是"分"，即将总体划分为性质相异的若干部分，因此，各组之间具有一定的差异性；对个体而言，是"合"，即将性质相同的个体合并到同一组，因此，每一组内的各个个体具有同质性。

(2) 数据分组的原则

1) 穷尽原则，就是使总体中的每一个单位都有组可归，或者说，各分组的空间足以容纳总体所有的单位。

2) 互斥原则，就是在特定的分组标志下，总体中的任何一个单位只能归属在某一组，而不能同时归属于几个组。

2. 数据分组的作用

(1) 划分社会经济现象的类型

社会经济现象是极其复杂多样的，客观上存在着各种不同的社会类型，各种不同类型的社会经济现象有着各自的运动形式和本质特征，受其内在规律支配，这些现象在规模、水平、速度、结构、比例关系等方面的数量表现有所不同或具有差异。利用数据分组，能根据统计研究的目的，将这些现象区分为各种性质不同的类型，以研究这些现象的数量差异和特征以及相互关系。例如，把国民经济按产业进行分组，分成第一产业、第二产业、第三产业，便于分门别类地、深入细致地研究与分析，以揭示不同产业的特征及其发展规律。

(2) 研究现象总体的内部结构

将所研究的现象总体按某一标志进行分组，计算出各组在总体中所占的比率，以反映总体内部的构成，认识总体各部分的地位，借助于总体各部分数量上的差别和联系，进而对总体做出正确的分析。例如，2011—2015 年我国三次产业分类的从业人口构成变化情况，如表 3-1 所示。

表 3-1　2011—2015 年我国三次产业分类的从业人口构成变化情况

产业类型	2011 年	2012 年	2013 年	2014 年	2015 年
第一产业/%	34.8	33.6	31.4	29.5	28.3
第二产业/%	29.5	30.3	30.1	29.9	29.3
第三产业/%	35.7	36.1	38.5	40.6	42.4
合计	100.0	100.0	100.0	100.0	100.0

通过上述分组，可以研究 2011—2015 年我国三次产业分类的从业人口构成变化情况。

（3）分析现象之间的依存关系

现象不是孤立的，而是相互依存和相互联系的，如产量和产品成本之间以及商品销售额和商品流通费用之间的关系。利用数据分组，可以确定这种关系的存在以及这种关系对现象发展的影响程度，并分析影响因素中哪些是主要的，哪些是次要的。例如，某地区农作物的收获率和耕作深度之间存在着一种依存关系，如表 3-2 所示。

表 3-2　某地区农作物的收获率和耕作深度依存关系分析

耕地按耕作深度分组/厘米	地块数/块	平均收获率/（千克·亩$^{-1}$①）
10～12	7	200
12～14	9	230
14～16	15	270
16～18	12	310
18～20	5	340

从表 3-2 可以看出，某地区农作物的收获率和耕作深度具有明显的正依存关系，即耕作深度越深，农作物的平均收获率越高。

3. 数据分组的方法

（1）分组标志的选择

数据分组的关键在于正确选择分组标志，这是数据分组的核心问题。任何一个总体单位都有许多特征，表现为不同的标志，其中作为分组根据的那个标志就是分组标志。分组标志选择得正确与否，关系到能否正确地反映总体的性质与特征、实现统计研究的目的和任务。正确选择分组标志应该遵循以下三个基本原则。

1）根据统计研究的目的和任务，选择分组标志。总体的各个单位有许多标志，应该选

---

① 1 亩 = 666.666 666 7 平方米。

择什么标志作为分组标志，依据统计研究的目的而定。例如，对于某高等院校在校学生这一总体，每一个在校学生是总体单位。学生有年龄、身高、性别、体重、民族、政治面貌和学习成绩等标志。如果要分析该校学生的年龄结构，就要选择年龄作为分组标志；如果要反映学生的学习成绩构成，就要选择每门课程的平均成绩作为分组标志；如果要研究学生的性别构成，就要选择性别作为分组标志。可见，对于不同的研究目的，需要选择不同的分组标志。

2) 选择能够反映事物本质特征的标志。明确了数据分组的目的和任务，还不等于能选择到最佳分组标志。因为在同一统计研究目的和任务下，既可以选择这个标志，也可以选择另一个标志，这就要根据被研究对象的特征来选择带有根本性的、本质性的主要标志作为分组标志，以求所选分组标志为最佳标志。例如，研究职工的生活水平时，可以选择职工的工资水平作为分组标志，也可以选择职工家庭人均收入水平作为分组标志。但选择职工家庭人均收入水平作为分组标志可以更好地反映职工的生活水平，因为职工生活水平的高低，不仅取决于职工收入的高低，还取决于职工供养人口的多少。

3) 根据事物所处的具体历史条件及经济条件，选择分组标志。在不同的历史条件和经济条件下，选择的分组标志是不一样的。例如，反映企业规模大小的标志有职工人数、生产能力、资产总额等，究竟应选择哪个标志作为分组标志，还需视具体条件而定。一般来讲，在技术不发达或劳动密集的条件下，适宜采用职工人数多少来表示企业规模大小；反之，在技术进步或技术装备比较先进的条件下，则采用生产能力、资产总额作为分组标志会更恰当、更切合实际。即使是在同一历史条件下，在不同的经济部门或生产部门中，由于它们的经济条件和生产性质、特点的不同，也应分别对待。

(2) 数据分组的种类

1) 根据分组标志的性质，分为品质标志分组与数量标志分组。品质标志分组就是根据统计研究的目的和任务，选择反映事物性质、属性差异的品质标志来作为分组标志，在品质标志变异的范围内划定各组的界限，将总体区分为若干性质不同的部分或组别。例如，研究人口构成状况时，可按性别划分为男、女两组；按文化程度划分为大学及其以上、高中、初中、小学等几个组；按民族划分为汉族和少数民族等。

一般情况下，按品质标志分组比较简单，分组标志一经确定，组的名称和组数也随之确定，如人口按性别分组，分为男、女两组。但有些品质标志分组也会比较复杂，组与组的界限不易区分，如第一产业中的林业与第二产业采掘业中的木材及竹材采运业的区分。对于这一类问题，统计工作中采用的统一分类标准有《工业产品分类目录》《工业部门分类目录》等具体规定分类（组）的标准，从而为数据整理提供统一的依据。

数量标志分组就是根据统计研究的目的和任务，选择反映事物数量差异的数量标志来作为分组标志，在数量标志变异范围内划定各组的数量界限，将总体划分为性质不同的若干部分或组别。例如，我国在研究人的成长状况时，可按年龄分组，0~6岁为婴幼儿，7~17岁为少年儿童，18~59岁为中青年，60岁（其中女性为55岁）以上为老年。按数量标志分组并不是要单纯地确定各组间的数量差异，而是要通过分组体现的数量变化来确定现象的不同性质和不同类型。

2) 根据采用分组标志的多少，分为简单分组与复合分组。简单分组就是对所研究现象总体按一个标志进行的分组。例如，职工按性别分组，可分为男、女两组；按收入分组，可分为高、中、低三组；学生按成绩分组，可分为 60 分以下、60～80 分、80～90 分、90 分以上四组。

简单分组只能说明总体在某一方面的差异情况。在实际工作中，简单分组很难满足多方面的要求。此时，就需从不同角度，运用多个分组标志进行分组，形成一个分组体系来认识事物。

对同一总体选择两个或两个以上的标志进行简单分组，这种分组方法形成平行分组体系。例如，对某校学生消费情况进行调查，可分别按年级和性别分组，得到的分组结果，如表 3-3 所示。

表 3-3 某校学生消费情况（按年级和性别分组）

分组	人数/人
一、按年级分组	
一年级	4 020
二年级	3 840
三年级	4 040
四年级	3 960
二、按性别分组	
男生	6 950
女生	8 910

平行分组体系是由几个简单分组平行排列形成的，各个简单分组都单独反映总体某一方面的特征，相互之间并不交叉。

复合分组就是对同一总体采用两个或两个以上的标志进行分组。复合分组形成复合分组体系。例如，对某校学生先按年级分组，再将各年级的学生按性别分组，就是复合分组，如表 3-4 所示。

表 3-4 某校学生情况分组（按年级和性别分组）

按年级分组	按性别分组	学生人数/人
一年级	男生	1 740
	女生	2 280
二年级	男生	1 680
	女生	2 160
三年级	男生	1 720
	女生	2 320
四年级	男生	1 810
	女生	2 150

复合分组比简单分组能更深入地说明问题，能更深入地反映总体的内部结构。但是，随着分组标志的增加，组数将成倍地增加，从而使各组的单位数减少，不易揭示总体的本质特征。因此，不宜采用过多的标志进行复合分组。究竟采用几个标志进行复合分组，要根据统计研究的目的和任务决定。

3.2.2 分配数列及频数分布

1. 分配数列的概念

分配数列又称分布数列或次数分布，是指在数据分组的基础上，将各组组别、频数或频率依次排列而形成的数列。其示例如表3-5所示。

表3-5 某地区工业企业规模分布情况

按规模分组	工业企业的个数/个	比率/%
大型	15	9.04
中型	48	28.92
小型	103	62.04
合计	166	100.00
组别	次数（频数）	比率（频率）

很显然，分配数列由两个要素构成：一个是总体按某标志所分的组；另一个是次数（频数）或比率（频率）。在分配数列中，分布在各组的总体单位数叫作次数，又称频数，通常用符号 f 表示；各组次数（频数）与总次数（总频数）之比叫作比率（频率），用 $\dfrac{f}{\sum f}$ 表示。在分配数列中，各组次数之和等于总次数，与之相对应，各组频率之和等于1或100%。

分配数列在统计研究中具有重要意义，它是数据整理结果的重要表现形式，是数据分析的一种重要方法，它反映了所研究总体中所有的单位数在各组内的分布状态和总体的分布特征，为进一步研究总体的构成、计算统计指标提供了方便。

2. 分配数列的种类

根据分组标志，分配数列可分为品质数列和变量数列。

（1）品质数列

品质数列就是按照品质标志分组所编制的分配数列，分析总体中不同属性的单位分布情况。其示例如表3-6所示。

表3-6 2015年我国人口性别构成情况

人口性别分组	人口数/万人	比率/%
男	70 414	51.22

续表

人口性别分组	人口数/万人	比率/%
女	67 048	48.78
合计	137 462	100.00

（2）变量数列

变量数列就是按照数量标志分组而编制的分配数列。它是一种区分事物数量差别的分配数列，反映了总体在一定时间上的量变状态或量变过程，并从这种量的差别来反映事物质的差别。变量数列按其各组变量值的表现形式分为单项式变量数列和组距式变量数列两种类型。

1）单项式变量数列。单项式变量数列是把每个变量值作为一组并按一定顺序排列而编制的变量数列，简称单项数列。单项数列一般在按离散型变量分组且变量值的个数较少、变量值变动幅度较小时采用。其示例如表 3－7 所示。

表 3－7　某小区居民家庭拥有汽车情况

居民家庭拥有汽车数量/辆	居民户数/户	比率/%
0	68	36.2
1	110	58.5
2	8	4.2
3 及以上	2	1.1
合计	188	100.0

但是，如果离散型变量的变量值变动很大，项数又很多，且采用简单分组，就势必会造成所分组数太多，各组又没有几个单位，各组次数过于分散，从而失去分组的意义。例如，将全国所有城市人口进行分组，由于各城市人口数差别很大，城市人口相同的情况几乎是不存在的，全国所有城市的数量又非常多，这种情况就不适合编制单项数列。

2）组距式变量数列。组距式变量数列是以变量值的一定范围为一组并按一定顺序排列而编制的变量数列，简称组距数列，示例如表 3－8 所示。组距数列应用于连续变量分组或变动幅度较大、变量值较多的离散型变量分组的情况。

表 3－8　某地区商业企业销售收入情况

销售收入/万元	商业企业的个数/个	比率/%
80～90	2	7.1
90～100	4	14.3
100～110	16	57.1
110～120	6	21.5
合计	28	100.0

编制组距数列会使资料的真实性受到一些损害。例如在统计研究中，假定人数在各组内部分布都是均匀的，这显然与客观资料的真实情况是有矛盾的。在组距数列中，组限、组距、组数和组中值等要素会影响各组次数分布，现将几个基本概念分述如下。

组限：在组距数列中，各组界限的变量值称为组限。其中，每组中最小的变量值称为下限，最大的变量值称为上限。例如表3-8中，80、90、100、110、120均为各组的组限；在"80~90"这一组中，80为该组的下限，90为该组的上限。若各组的上限与下限都齐全，则称该组为闭口组；若一组内只有上限没有下限或只有下限没有上限，则称此组为开口组。开口组一般使用"××以上"或"××以下"的形式来表示。

组距：组距是各组的最大变量值与最小变量值之差，即组距 = 上限 - 下限，组距表示各组标志值变动的范围。例如，在表3-8中，"80~90"这一组的组距 = 90 - 80 = 10（万元）。

根据各组组距是否相等，组距数列又可进一步分为等距数列和异距数列。等距数列是指各组的组距都相等的变量数列，也就是说，各组标志值的变动都限于相同的范围，它适用于标志值的变动比较均匀的情况，也适用于现象性质差异的变动比较均匀的情况，如表3-8所示。异距数列是指各组组距不相等的变量数列，它常在数据变动不均匀或者为了特定的研究目的时采用。其例示如表3-9所示。

表3-9 2015年我国人口年龄构成情况

人口按年龄分组/岁	年末人口数/万人	比率/%
0~14	22 715	16.52
15~64	100 361	73.01
65及以上	14 386	10.47
合计	137 462	100.00

在编制组距数列时，是编制等距数列还是异距数列，要根据研究目的和数据本身的特点决定，异距数列有时更能说明数据的本质特征。

组数：组数是指数列分组的数目。在所研究的总体一定的情况下，组数的多少和组距的大小是紧密联系的。一般地，组数与组距呈反比例关系。在对相同数据进行分组时，组距越大，组数越少；组距越小，组数就越多。在确定组数与组距时，原则上应力求符合数据的实际情况，能够将总体分布的特点反映出来。如果组数太多、组距过小，则会使分组资料烦琐、庞杂，难以显现总体内部的特征和分布规律；如果组数太少、组距过大，则可能会失去分组的意义，达不到正确反映客观事实的目的。在确定组数和组距时，应注意保证各组都能有足够的单位数，组数既不能太多，也不宜太少，应以能充分、准确体现数据的分布特征为宜。

组中值：组中值是各组上、下限之间的中点数值。组距数列是按变量的一段区间来分组的，分布在各组的实际变量值已被变量值变动的范围取代，因此，在统计分析时，往往用组中值来反映各组实际变量值的一般水平，即用各组变量值平均水平的数值来代表。其假定条件是：只有当变量值在各组内呈均匀分布或在组距中点值两侧呈对称分布时，组中值代表组

内变量值的一般水平才具有较高代表性。组中值的计算公式为

$$组中值 = \frac{上限 + 下限}{2}$$

这是组中值的定义公式，适用于对闭口组组中值的计算。但是在统计实践中，常遇到开口组的情形，开口组组中值的计算公式为

$$缺下限开口组的组中值 = 上限 - \frac{邻组组距}{2}$$

$$缺上限开口组的组中值 = 下限 + \frac{邻组组距}{2}$$

3. 变量数列的编制

在编制变量数列时，应根据统计研究的目的和统计资料的分布情况来确定变量数列的形式。前面介绍了变量数列分为单项式数列与组距数列，如果离散变量的变动范围不大，且出现的次数又不多，则宜编制单项式数列；如果变量的变动范围比较大，且出现的次数又比较多，不可能一一分组，则宜编制组距数列。

（1）单项式数列的编制

编制单项式数列就是把所有变量值按大小顺序排列，再将各组单位数汇总后填入各组相应的次数栏中。单项式数列的适用范围较小，实际应用也较少。应用示例如表3-10所示。

表3-10 某电力总公司拥有发电机组情况

拥有发电机组/套	发电厂数/个	比率/%
1	35	28.0
2	48	38.4
3	26	20.8
4	16	12.8
合计	125	100.0

（2）组距数列的编制

组距数列的编制过程如下：

1）将原始数据按大小顺序排列，为确定全距、组距、组数做准备。只有将原始数据按大小顺序排列后，才能看出变量值分布的集中趋势和分布特点。

2）确定全距。确定全距主要是确定变量值变动的范围和变动幅度。

$$全距 = 最大变量值 - 最小变量值$$

3）确定组数和组距。组距的大小和组数的多少，是互为条件和互相制约的。对一个具体的分组对象而言，其全距一定时，组距大，则组数少；组距小，则组数多。那么，在组距数列中，究竟分多少个组，组距多大为好呢？美国学者斯特杰斯提出了一种确定组数和组距的公式，称为斯特杰斯经验公式，即

$$n = 1 + \frac{\lg N}{\lg 2} = 1 + 3.322 \lg N; \quad d = \frac{R}{n} = \frac{R}{1 + 3.322 \lg N}$$

式中，n 表示组数；N 表示总体单位数；d 表示组距；R 表示全距，即最大变量值与最小变量值之差。

在应用上述公式时，必须满足两个条件：一是数据的分布接近正态分布；二是数据的特性适合作等距分组。上述公式仅供参考使用，切不可生搬硬套。实际分组时采用组数的多少和组距的大小应视所掌握资料的性质而定。

在实际工作中，我们一般是先确定组距，再根据全距和组距确定组数。在确定组距时，首先要考虑是采用等距数列还是异距数列。一般在变量值变动比较均匀或情况比较稳定时采用等距数列；在变量值分布不均匀或变量值变异范围很大时采用异距数列。总之，组数、组距的确定应以能够充分显示数据的分布特点为目的。

4）确定组限。在确定组限时一般要考虑以下几点：

第一，最小组的下限应小于或等于最小变量值，最大组的上限应大于或等于最大变量值。如果数据分布较集中，不存在极端值，则适宜采用闭口组；如果数据分布较分散，并且存在极端变量值，则适宜采用开口组。

第二，对于连续型变量，划分组限时相邻组的组限必须重合。即相邻两组中，前一组的上限数值与后一组的下限数值重叠。对于重叠在组限上的变量值，一般按"上限不在内"原则进行处理。例如，职工工资分为2 000元以下、2 000～3 000元、3 000～4 000元、4 000～5 000元、5 000元以上五组，3 000元既是第二组的上限，又是第三组的下限，遵循"上限不在内"原则，应把工资为3 000元的职工归到职工工资为"3 000～4 000元"这一组。

第三，对于离散变量，划分组限时相邻组的组限一般要间断，即前一组的上限与后一组的下限这两变量紧密相连但不重叠。例如，工业企业按职工人数分组时，各组的组限可以表示为100人以下、100～499人、500～999人、1 000～2 999人、3 000人以上。但是，在实际工作中，为了保证不重复、不遗漏总体单位，对于离散变量也常常采用重叠组限的方法表示。

第四，为方便计算，组限应尽可能取5或10的整倍数。

第五，计算频数与频率，编制变量数列。明确了全距、组距、组数和组限以后，就可以将各组变量值按大小顺序排列，并将各总体单位按照其变量值大小分配到各组，最后汇总各组单位数，并排列在相对应的次数栏中，有时还应根据需要计算各组的频率，并列入表中，这样组距数列的编制就完成了。

下面举例说明组距数列的编制过程。

【例3-1】以下为某单位30名职工的月工资额（单位：元），请根据资料编制组距数列。

2 120　1 680　2 200　1 820　2 180　1 820　2 220　2 140　1 980　1 880　2 380
1 740　2 360　1 940　2 060　2 120　1 700　2 120　2 020　2 100　1 920　2 100
2 140　2 420　2 100　1 900　2 120　2 560　2 220　2 020

1）将原始资料按大小顺序排列。上述资料比较分散零乱，看不出内在的特征，现将这

些数据按从小到大的顺序重新排列，使它序列化，即

1 680　1 700　1 740　1 820　1 820　1 880　1 900　1 920　1 940　1 980　2 020
2 020　2 060　2 100　2 100　2 100　2 120　2 120　2 120　2 120　2 140　2 140
2 180　2 200　2 220　2 220　2 360　2 380　2 420　2 560

2）确定全距。最小值为 1 680 元，最大值为 2 560 元，因此

$$全距 = 2\,560 - 1\,680 = 880（元）$$

3）确定组数和组距。从资料看，变量值个数较多，所以首先可以肯定本资料不宜编制单项数列，而要编制组距数列。编制组距数列就必须确定组距和组数，因为月工资额主要集中在 2 000~2 200 元，故可将组距先确定为 200 元，则组数为 4.4（880÷200=4.4），取整为 5，因此分为五组。

4）编制组距数列，如表 3-11 所示。

表 3-11　某单位职工月工资额情况

月工资额/元	职工人数/人	比率/%
1 600~1 800	3	10.0
1 800~2 000	7	23.3
2 000~2 200	13	43.3
2 200~2 400	5	16.7
2 400~2 600	2	6.7
合计	30	100.0

通过对总体各单位分组而形成的组距数列，显示了各单位标志值在各组间的分布状况，从而使杂乱无章的原始数据显示出一定的规律性。从表 3-11 可以看出，月工资额在 2 000~2 200 元的职工占全部职工人数的 43.3%，而月工资额较低或较高的职工所占比例较小，表现出近似"两头小，中间大"的钟形分布特征，这也是统计分布的一种常态。

4. 累计频数与累计频率

在次数分布的基础上，将各组的频数或频率依次累加以后所形成的分布就叫作累计频数分布，它能够反映截止到某组的累计的频数或频率的多少。各组频数依次累加之和叫作累计频数；各组频率累加之和叫作累计频率。累计频数或累计频率有向下累计和向上累计两种形式。其中，向下累计是从变量值高的组向变量值低的组逐组累计频数或频率，每组的累计频数或累计频率表示大于该组下限值的频数或频率共有多少；向上累计是从变量值低的组向变量值高的组逐组累计频数或频率，每组的累计频数或累计频率表示小于该组上限值的频数或频率共有多少。现以【例 3-1】来说明累计频数和累计频率的计算，结果如表 3-12 所示。

表 3-12 某单位职工月工资额情况（累计频数和累计频率的计算）

月工资额/元	职工人数/人	频率/%	向上累计		向下累计	
			频数/人	频率/%	频数/人	频率/%
1 600 ~ 1 800	3	10.0	3	10.0	30	100.0
1 800 ~ 2 000	7	23.3	10	33.3	27	90.0
2 000 ~ 2 200	13	43.3	23	76.6	20	66.7
2 200 ~ 2 400	5	16.7	28	93.3	7	23.4
2 400 ~ 2 600	2	6.7	30	100.0	2	6.7
合计	30	100.0	—	—	—	—

累计频数和累计频率可以更简便地概括总体各单位的分布特征。例如，表3-12中第三组的向上累计频数和向上累计频率分别为23人和76.6%，表示月工资额低于2 200元的职工有23人，占职工总数的76.6%；第三组的向下累计频数和向下累计频率分别为20人和66.7%，表示月工资额高于2 000元的职工有20人，占职工总数的66.7%。

5. 频数分布的特征

社会经济现象性质的不同，使得各种统计总体有不同的频数分布，从而形成各种不同类型的分布特征。概括起来，各种不同性质的社会经济现象的频数分布类型主要有钟形分布、U形分布和J形分布三种。

（1）钟形分布

钟形分布的特征是"两头小、中间大"，即靠近中间的变量值分布的频数多，靠近两端的变量值分布的频数少，其分布曲线图宛如一口古钟。

钟形分布的种类很多，如果频数分配是完全对称的，则称为对称分布或正态分布。正态分布是实际生活中最重要、最常见的分布，许多现象（如商品市场价格、农作物平均产量、零件公差等）总体的分布都趋于正态分布；如果频数分配并不是完全对称，则称为非对称分布或偏态分布，通常有右偏分布和左偏分布两种。钟形分布示例如图3-5所示。

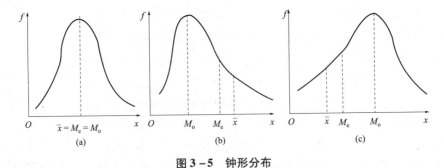

图 3-5 钟形分布

(a) 正态分布；(b) 右偏分布；(c) 左偏分布

钟形分布在社会经济现象中最为常见，也最符合人们认识问题的习惯。例如，一个班级的学生考试成绩，差的和好的总是少数，居于中游者人数最多；再如，农作物单位面积产量的分布、机械零件公差的分布等，基本上都表现为钟形分布的分布特征。了解这些分布状态，将有助于我们进一步认识事物的本质及其发展变化的规律性。

(2) U形分布

U形分布的特征是"两头大，中间小"，即接近两端的变量值分布的频数多，接近中间的变量值分布的频数少，绘成曲线图，像英文字母"U"，如图3-6所示。

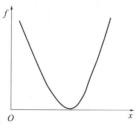

图3-6 U形分布

有些社会经济现象的分布表现为U形分布，如人口不同年龄死亡率的分布。据科学分析，在人口总体中，0~4岁死亡率最高，5岁起死亡率开始下降，10~14岁达到最低，15岁起死亡率又缓慢上升，50岁后死亡率显著增快，60岁以上又达到最高，其分布趋于U形分布。

(3) J形分布

J形分布有正J形分布和反J形分布两种类型。正J形分布是频数随着变量值的增大而增多，反J形分布是频数随着变量值的增大而减少，如图3-7所示。例如，投资额按利润率大小分布，一般呈正J形分布；人口总体按年龄大小分布，一般呈反J形分布。

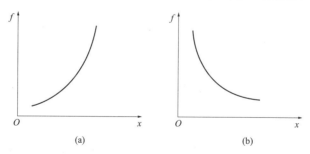

图3-7 正J形分布和反J形分布
(a) 正J形分布；(b) 反J形分布

3.3 数据的图表显示

统计的语言是数据，统计数据可以通过统计表和统计图来显示。

3.3.1 统计表

1. 统计表的概念和作用

统计表是表现统计资料的一种最常用的形式。把调查所得的统计资料，经过统计汇总，按一定项目和顺序填入表格,这种表格就称为统计表。理论上,统计表有广义统计表和狭义统计表两种。广义统计表包括统计工作各阶段所用的一切表格,如调查表、整理表、计算表、分析表等;狭义的统计表专指表现数据整理结果所用的表格。

利用统计表来反映统计资料的主要作用有:第一,可以使统计资料条理化、系统化、清晰地表达统计数据之间的相互联系;第二,能简洁、明了、紧凑地显示统计数据资料,具有用叙述方式来显示统计数据时所无法比拟的优势;第三,便于计算和检查统计数据中数字的完整性和正确性。

2. 统计表的结构

统计表的结构可以从表式和内容两个方面认识。

从形式上看,统计表由总标题、横行标题、纵栏标题和指标数值四个部分构成。总标题是统计表的名称,它简明扼要地概括了全表的基本内容,并指明时间和范围,一般放置在统计表格的上端正中。横栏标题是横行的名称,常用于列示各组的名称,一般位于表的左方。纵栏标题是纵栏的名称,通常用于表示统计指标的名称,一般位于表的上方。指标数值位于横行标题和纵栏标题的交叉处,用于说明总体及其组成部分的数量特征,如表3-13所示。

表3-13 某年社会消费品零售总额

按经济类型分组	企业数/个	消费品零售额/亿元
国有经济	891	197.41
集体经济	1 169	137.64
私营经济	793	37.92
其他经济	3 754	743.17
合计	6 607	1 116.14

从内容上看,统计表由主词和宾词两部分构成。主词是统计表所要说明的总体及其组成部分,一般列在表的左方;宾词是统计表用来说明总体数量特征的各个统计指标,一般列在表的右方。必要时,主词和宾词可以变换位置或合并排列。

此外,统计表还有补充资料、注解、资料来源、填表单位、填表人等附加内容。

3. 统计表的分类

根据不同的分类标志,可以将统计表划分为不同的类型。

(1) 按作用,统计表可以分为调查表、整理表和分析表

调查表是指在统计中用于登记、搜集和表现原始资料的表格;整理表是指在统计资料整

理过程中用于统计汇总和表现汇总结果的表格;分析表是指在数据分析中用于对汇总结果进行定量分析的表格。这种表格往往与整理表结合在一起,成为整理表的延续。

(2) 按总体分组情况,统计表可以分为简单表、分组表和复合表

简单表是指总体未做任何分组而形成的统计表,即统计表的主词仅罗列总体各单位的名称或按时间顺序排列的统计表,如表 3-14 所示。

表 3-14　2012—2015 年我国煤炭消费总量统计表

年份	煤炭消费总量/万吨标准煤
2012	275 464.53
2013	280 999.36
2014	279 328.74
2015	275 200.00

分组表又称简单分组表,是指总体仅按一个标志进行分组而形成的统计表。利用分组表可以揭示不同类型现象的特征,说明现象的内部结构,分析现象之间的相互关系,如表 3-15 所示。

表 3-15　某车间工人日产零件情况

按日产量分组/件	工人人数/人	比率/%
8	1	6
9	2	10
10	3	17
11	5	28
12	4	22
13	3	17
合计	18	100

复合表又称复合分组表,是指统计表的主词按两个或两个以上的标志进行交叉层叠分组而形成的统计表。利用复合表可以反映所研究对象受几种因素的共同影响而发生的变化,可以更加准确地把握现象变化的规律,详细地认识问题和说明问题,如表 3-16 所示。

表 3-16　某地区 2015 年年末人口分布情况

按城乡和性别分组	人口数/万人	比率/%
某地区人口总数	3 826	100.00
城镇人口	2 783	72.70

续表

按城乡和性别分组	人口数/万人	比率/%
其中：男性	1 419	37.10
女性	1 364	35.60
农村人口	1 043	27.30
其中：男性	532	13.90
女性	511	13.40

4. 统计表的编制规则

为了使统计表能更清晰地反映所研究现象的数量特征，便于分析比较，在编制统计表时应遵守科学、实用、简练、醒目、美观的原则，具体要注意以下几个方面：

第一，统计表的总标题以及横行、纵栏标题应简明扼要，要以简练、准确的文字表述统计数据的内容及其所属的空间、时间范围。

第二，统计表应设计成由纵、横交叉线条组成的长方形表格，长与宽之间保持适当的比例。表中的顶线和底线一般用粗线，中间的其他线用细线，这样使人看起来清楚、醒目。通常情况下，统计表的左右两端不封口，纵栏标题之间一般用竖线隔开，而横行标题之间通常不必用横线隔开。

第三，如果栏数较多，则应当按顺序编号。习惯上，主词栏部分分别编以"甲、乙、丙、丁……"为序号，宾词栏部分分别以"（1）、（2）、（3）、（4）……"为序号。各栏之间如果有计算关系，则可以用数学公式表示，如（3）=（2）-（1），表示第3栏等于第2栏减去第1栏。

第四，统计表中必须注明数字资料的计量单位。当全表只有一个计量单位时，可以把它写在表的右上方。如果表中需要分别注明不同的计量单位，则横行的计量单位可以专设一栏，纵栏的计量单位要与纵栏标题写在一起，用小字标写，并加"（ ）"。

第五，表中数字要填写整齐，数位对准。当数字为0时要写出"0"；不应填写数字的空格用"—"线表示；无法取得的资料用"…"号表示；如果某项数字与相邻项数字相同，则仍应填写数字，不得用"同上""同左"或"："等字样或符号代替。

第六，合计栏的设置。统计表各纵列若需合计，则一般应将合计列在最后一行，并用横线与上面内容隔开；各横行若需合计，则一般应将合计列在最前一栏或最后一列，并用竖线隔开。

第七，为了保证统计资料的科学性与严肃性，必要时可在统计表下方添加注解或说明。

编制实用、美观的统计表的关键在于实践。只有经常观察、揣摩、动手编制，才能熟练掌握。

3.3.2 统计图

1. 统计图的概念

统计图是根据统计资料，并借助几何线、形、现象的形象和地图等形式，显示社会经济现象的数量方面，表现其状态、构成、相互关系、发展趋势和分布状况等的图形。利用统计图能够更加形象具体、简明生动、一目了然地展示统计资料，便于人们直观地认识事物的特征。计算机技术的不断发展、计算计制图功能的日益强大，使得统计图的制作更加方便和精确。

2. 常见的统计图

统计图的种类繁多，常用的有直方图、折线图、曲线图、条形图、圆形图等。

（1）直方图

直方图是用直方形的宽度和高度来表示频数分布的图形。绘制直方图时，横轴表示各组组限，纵轴表示频数（或频数，一般标在左方）和比率（或频率，一般标在右方），若直方图没有比率则只保留其左侧的频数，依据各组组距的宽度与次数的高度绘成直方形。现以某班 50 名学生统计学考试成绩资料（见表 3-17）为例，用直方图来描述学生考试成绩的分布状况，如图 3-8 所示。

表 3-17 某班学生统计学考试成绩资料

按考试成绩分组/分	人数/人	比率/%
60 以下	3	6.0
60~70	8	16.0
70~80	23	46.0
80~90	11	22.0
90~100	5	10.0
合计	50	100.0

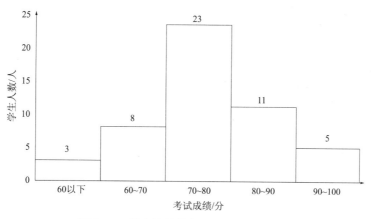

图 3-8 学生统计学考试成绩分布直方图

（2）折线图

折线图是将各组组中值上方高度等于频数或频率的点依次连接而形成的一种折线图像。折线图的绘制方法有两种：一种是在直方图的基础上，将每个长方形的顶端中点用折线连接而形成图形；另一种是在直角坐标系中以横轴表示变量，纵轴表示频数或频率，取各组组中值及对应的频数或频率的坐标点，将各坐标点依次连接而形成图形。图 3-9 就是根据表 3-18 所示资料绘制的折线图。

表 3-18 2007—2015 年某企业产品销售量及增长率

年份	销售量/台	增长率/%
2007	12 439	4.00
2008	12 947	4.08
2009	13 455	3.92
2010	13 963	3.78
2011	14 800	5.99
2012	14 979	1.21
2013	15 487	3.39
2014	15 995	3.28
2015	16 503	3.18

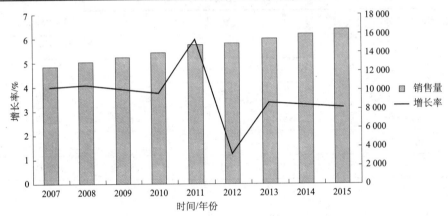

图 3-9 2007—2015 年某企业产品销售量及增长率折线图

(3) 曲线图

当变量数列的组数无限增多时,折线便近似地表现为一条平滑曲线。曲线图的绘制方法与折线图基本相同,只是在连接各组频数坐标点时应当用平滑曲线,而不用折线。下面用表 3-17 中的资料绘制曲线图,结果如图 3-10 所示。

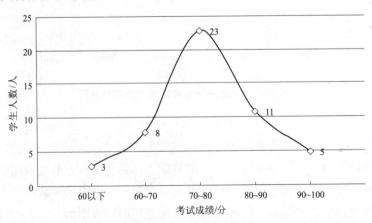

图 3-10 学生统计学考试成绩分布曲线图

(4)条形图

条形图也称为柱形图,它是以宽度相等的条形的高度或长度来表示统计数据大小或多少的一种统计图。至于具体的形状,可以是条,也可以是立体的圆柱、方柱或锥体。条形图可以横置,也可以纵置,纵置时叫柱形图。也就是说,当各类别放在纵轴时,称为条形图;当各类别放在横轴时,称为柱形图,如图3-11所示(依据表3-19绘制)。它主要用于说明或比较同一统计指标在不同时间、地点、单位的变化发展情况。

表3-19 2011—2015年我国城镇新增就业人数

年份	2011	2012	2013	2014	2015
人数/万人	1 221	1 266	1 310	1 322	1 312

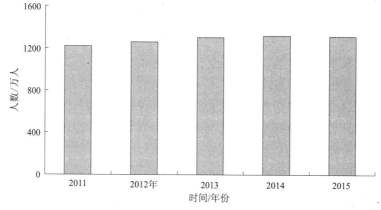

图3-11 2011—2015年我国城镇新增就业人数条形图

(5)圆形图

圆形图也叫饼图,是用圆周形及圆内扇形的面积来表示数值大小的图形。圆形图主要用于表示总体中各组成部分所占比率,对于研究结构性问题十分有用,如图3-12(依据表3-20绘制)所示。在绘制圆形图时,总体中各部分所占的百分比用圆内的各个扇形面积表示,这些扇形的中心角度是按各部分百分比占360°的相应比例确定的。当需要展示总体中各组成部分所占比率的结构性问题时,建议采用圆形图。

表3-20 2015年我国客运量统计

分类	客运量/万人	比率/%
铁路	253 484	13.04
公路	1 619 097	83.34
水运	27 072	1.39
民航	43 618	2.24
合计	1 943 271	100.00

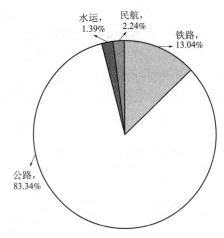

图 3-12　2015 年我国客运量圆形图

复习思考

1. 什么是统计数据整理？其基本程序包括哪些具体步骤？
2. 什么是数据分组？其作用是什么？
3. 数据分组可以进行哪些分类？为什么说数据分组的关键在于分组标志的选择？
4. 社会经济现象的频数分布有哪些主要类型？分布特征如何？
5. 统计表的结构与内容包括哪些方面？统计表的编制规则有哪些？
6. 如何正确选择数据分组标志？

实践技能训练

1. 对所在大学的学生进行上网时间调查，并根据获得的原始资料进行数据整理，设计各种统计表并绘制统计图以反映学生上网时间、上网目的、上网途径等的分布情况，在此基础上了解学生上网的综合情况，并编写数据调查分析报告。

2. 在实践中学习。常用的统计表有哪些形式？请查阅 2015 年度的《中国统计年鉴》或你所在地方的地方统计年鉴，并对其中的统计表式进行分类、整理，以巩固所学知识。

知识能力训练

一、名词解释

1. 数据整理。
2. 数据分组。
3. 频数分布。
4. 频数。
5. 频率。

二、单项选择题

1. 数据整理阶段最关键的问题是（　　）。

A. 对原始资料的审核　　　　　　B. 统计汇总

C. 数据分组　　　　　　　　　　D. 编制统计图表

2. 数据分组的关键在于（   ）。
   A. 区别事物的性质
   B. 正确选择分组标志与划分各组界限
   C. 正确确定组限与组数
   D. 正确选择分组数列的种类
3. 在组距数列中，下限就是（   ）。
   A. 每个组的最小值
   B. 每个组的最大值
   C. 全距中的最大值
   D. 全距中的最小值
4. 按某一标志分组的结果，表现为（   ）。
   A. 组内同质性、组间同质性
   B. 组内差异性、组间差异性
   C. 组内同质性、组间差异性
   D. 组内差异性、组间同质性
5. 划分连续型变量的组限时，其相邻两组的组限（   ）。
   A. 必须重叠
   B. 必须间断
   C. 既可以间断，也可以重叠
   D. 应当是相近的
6. 下列分组中，按品质标志分组的是（   ）。
   A. 学生按学习成绩分组
   B. 人口按年龄分组
   C. 产品按等级分组
   D. 企业按年销售额分组
7. 某企业职工按工资水平分为四组：2 000 元以下；2 000～3 000 元；3 000～4 000 元；4 000 元以上。第一组和第四组的组中值分别是（   ）。
   A. 1 500 元和 4 500 元
   B. 2 500 元和 3 500 元
   C. 2 000 元和 4 000 元
   D. 2 000 元和 4 500 元
8. 企业按经济类型和按职工人数分组，这两个数据分组是（   ）。
   A. 按数量标志分组
   B. 前者按数量标志分组，后者按品质标志分组
   C. 按品质标志分组
   D. 前者按品质标志分组，后者按数量标志分组
9. 在分配数列中，频率是指（   ）。
   A. 各组的频率相互之比
   B. 各组频数相互之比
   C. 各组分布频率与总频率之比
   D. 各组分布频数与总频数之比
10. 在分配数列中，频数是指（   ）。
    A. 各组单位数与总体单位数之比
    B. 各组分布频数的比率
    C. 各组单位数
    D. 总体单位数

三、多项选择题

1. 下列分组按品质标志分组的有（   ）。
   A. 家庭按收入水平分组
   B. 固定资产按用途分组
   C. 工人按地区分组
   D. 工人按文化程度分组
   E. 企业按固定资产原值分组
2. 下列分组按数量标志分组的有（   ）。
   A. 产值按计划完成程度分组
   B. 工人按工龄分组
   C. 工人按出勤率状况分组
   D. 学生按健康状况分组

E. 企业按经济类型分组

3. 某单位100名职工按工资额分为3 000元以下；3 000～4 000元；4 000～6 000元；6 000～8 000元；8 000元以上五组，这一分组（   ）。

A. 是等距分组 B. 分组标志是连续变量
C. 末组的组中值为8 000元 D. 相邻的组限是重叠的
E. 某职工工资为6 000元，应计在6 000～8 000元组内

4. 统计表是表现统计资料最常用的形式，从构成形式上看，它一般包括（   ）。

A. 总标题 B. 横行标题
C. 纵栏标题 D. 计量单位
E. 指标数值

5. 下列只能编制组距数列的有（   ）。

A. 家庭按拥有计算机数分组 B. 职工按月工资额分组
C. 商场按营业收入分组 D. 学生按每周上网时间分组
E. 城市按地区生产总值分组

6. 正确选择分组标志的原则是（   ）。

A. 要根据事物发展的规律选择分组标志
B. 选择最能体现事物本质特征的标志作为分组标志
C. 要根据研究的目的和任务选择分组标志
D. 根据数量标志和品质标志选择分组标志
E. 要结合现象的历史条件和经济条件来选择分组标志

7. 统计表按分组的情况可分为（   ）。

A. 简单表 B. 调查表
C. 分组表 D. 整理表
E. 复合表

8. 在某一个频数分布数列中（   ）。

A. 各组的频数之和等于100
B. 各组频率大于0
C. 频数越小，则该组的标志值所起的作用越小
D. 频率表明各组标志值对总体的相对作用程度
E. 总频数一定，频数和频率呈反比

四、判断题

1. 数据分组的关键问题是确定组距和组数。（   ）
2. 简单分组和复合分组的区别在于选择分组标志的多少不同。（   ）
3. 在确定组限时，最大组的上限应大于最大变量值。（   ）
4. 数据整理的关键是编制统计图表。（   ）
5. 变量数列编制中，在条件不变的情况下，组数分得越多，组距也越大。（   ）
6. 连续型变量可以作单项式分组或组距式分组，而离散型变量只能作组距式分组。（   ）
7. 把表现事物发展变化的一系列统计指标，按时间的先后顺序排列而成的分布数列称

为变量数列。（   ）

8. U 形分布的特征是"两头大，中间小"。（   ）

9. 进行组距分组时，当标志值正好等于相邻两组的上下限值时，一般将此标志值归入上限的一组。（   ）

10. 正确选择分组标志的原则之一，是选择能够反映事物本质或主要特征的标志。（   ）

五、计算题

1. 某企业职工某月工资额统计如表 3 - 21 所示，计算表中的组距和组中值。

表 3 - 21 某企业职工某月工资额统计

月工资额/元	组距	组中值
2 000 元以下		
2 000 ~ 2 500		
2 500 ~ 3 000		
3 000 ~ 3 500		
3 500 ~ 4 000		
4 000 以上		

2. 2015 年，某省高考学生共计 85 073 人，按学科分组，其中报考文科的考生为 31 608 人，报考理科的考生为 53 465 人。试问：

（1）这是按什么标志进行的分组？请编制分组表，并计算报考文科与理科人数占全部考生人数的比率。

（2）若按学历分组，则可分为本科与专科；若按院校所在地分组，则可分为本市与外埠；若按年龄分组，则可分不不同年龄段。请问它们分别是按什么标志分组的？

3. 某班学生统计学考试成绩（单位：分）如下：

93　50　78　85　66　71　63　83　52　95
78　72　85　78　82　90　80　55　95　67
72　85　77　70　90　70　76　69　58　89
80　61　67　99　89　63　78　74　82　88
98　62　81　24　76　86　73　83　85　81

根据上述资料：

（1）编制组距数列，说明每一组的上、下限及组中值；

（2）绘制频数分布曲线图，据此分析成绩分布的特点；

（3）编制累计频数分布表，并计算 60 分以下及 80 分以上的学生人数。

4. 对 50 只电子元件的耐用时间进行测试，所得数据（单位：小时）如下：

887　925　990　948　950　864　1 060　927　948　860
1 029　926　978　818　1 000　919　1 040　854　1 100　900
865　905　954　890　1 006　926　900　999　886　1 130
895　900　800　938　864　920　865　982　917　860

950 930 896 976 921 987 830 940 651 850

根据上述资料：

(1) 编制变量分配数列；

(2) 编制向上累计和向下累计频数、频率数列；

(3) 根据所编制的变量数列绘制条形图和曲线图。

5. 研究某市两所大学的人员构成状况，2015 年甲大学共有教职工 2 400 人，其中男教职工 1 400 人，女教职工 1 000 人；男教职工中：行政人员 700 人，教师 600 人，工人 100 人；女教职工中：行政人员 400 人，教师 520 人，工人 80 人。2011 年乙大学共有教职工 1 200 人，其中男教职工 550 人，女教职工 650 人；男教职工中：行政人员 120 人，教师 350 人，工人 80 人；女教职工中：行政人员 150 人，教师 400 人，工人 100 人。

请根据上述资料编制复合分组表。

第4章

数据特征描述

学习目标

【知识目标】
- 了解总量指标的概念、表现形式和作用
- 掌握相对指标的意义、表现形式和计算方法
- 掌握平均指标的概念、作用和计算方法
- 掌握标志变异指标的概念及计算方法

【能力目标】
- 学会利用综合指标对社会经济现象进行全面分析
- 学会利用平均指标、标志变异指标解决实际问题

案例导读

全面建设小康社会统计监测指标的主要内容（节选）

全面建设小康社会是党的十六大确立的我国在21世纪头20年的奋斗目标，十七大又在此基础上提出了新的、更高的要求。为了反映全面建设小康社会的进展情况，国家统计局统计科学研究所于2008年6月研究制定了《全面建设小康社会统计监测方案》，从监测目的、监测内容、评价方法、指标体系、计算方法等方面进行了统一规范。本文重点从指标体系和计算方法进行介绍，以方便各有关部门加强相关方面工作的推进和数据的收集积累，适时监测全面小康建设的推进程度，清醒认识各方面与全面小康建设存在的差距，并及时制定推进措施。

一、全面建设小康社会统计监测的内容

全面建设小康社会统计监测的内容主要包括经济发展、社会和谐、生活质量、民主法制、文化教育、资源环境6个方面，23项指标。采取单指标评价法和多指标综合评价法相结合的方法进行推进进程的计算和监测。

二、全面建设小康社会统计监测指标体系权重标准值

全面建设小康社会统计监测指标体系权重标准值如表 4－1 所示。

表 4－1　全面建设小康社会统计监测指标体系权重标准值

统计监测指标	单位	权重	标准值（2020 年）
（一）经济发展	%	29	
1. 人均 GDP	元	12	≥31 400.00
2. R&D 经费支出占 GDP 的比重	%	4	≥2.50
3. 第三产业增加值占 GDP 的比重	%	4	≥50.00
4. 城镇人口比重	%	5	≥60.00
5. 失业率（城镇）	%	4	≤6.00
（二）社会和谐	%	15	
6. 基尼系数	—	2	≤0.40
7. 城乡居民收入比	以农为 1	2	≤2.80
8. 地区经济发展差异系数	%	2	≤60.00
9. 基本社会保险覆盖率	%	6	≥90.00
10. 高中阶段毕业生性别差异系数	%	3	=100.00
（三）生活质量	%	19	
11. 居民人均可支配收入	元	6	≥15 000.00
12. 恩格尔系数	%	3	≤40.00
13. 人均住房使用面积	平方米	5	≥27.00
14. 5 岁以下儿童死亡率	‰	2	≤20.00
15. 平均预期寿命	岁	3	≥75.00
（四）民主法制	%	11	
16. 公民自身民主权利满意度	%	5	≥80.00
17. 社会安全指数	%	6	≥100.00
（五）文化教育	%	14	
18. 文化产业增加值占 GDP 的比重	%	6	≥5.00
19. 居民文教娱乐服务支出占家庭消费支出的比重	%	2	≥16.00
20. 平均受教育年限	年	6	≥10.50
（六）资源环境	%	12	
21. 单位 GDP 能耗	吨标准煤/万元	4	≤0.84
22. 常用耕地面积指数	%	2	≥100.00
23. 环境质量指数	%	6	=100.00

思考：
1. 上述统计监测指标哪些是总量指标，哪些是相对指标，哪些是平均指标？
2. 这些统计监测指标是如何计算出来的？
3. 这些统计监测指标分别反映的内容是什么？

4.1 总量指标

4.1.1 总量指标的概述

1. 总量指标的概念

总量指标是反映社会经济现象在一定时间、地点、条件下的总规模或总水平的统计指标。总量指标的数学表现形式为绝对数，因此也称为绝对数指标。总量指标的绝对数与数学中的绝对数不同，它是一个带有计量单位的有名数，而不是抽象的数。例如，2014 年我国初步核算的名义 GDP 是 63.6 万亿元，按人民币兑美元平均汇率计算，较 2013 年多了 8 665 亿美元。这些统计数据都包含了明确的计量单位、统计时间、主体范围及核算方法等，并不是一个简单抽象的数字。

总量指标也可表现为不同时间、不同空间条件下客观现象总体总量之间的绝对差额，如绝对增长量或减少量、商品进出口差额等。当它作为增长量出现时，数值为正；当它作为减少量出现时，数值为负。如前例中，2014 年我国初步核算的名义 GDP 较 2013 年多了 8 665 亿美元。

2. 总量指标的特点

（1）总量指标数值的表现形式是绝对数

总量指标是对数据调查得来的原始资料经过分组和汇总而得到的各项总计数字，是带有明确计量单位的，隐含了相应统计时间、主体范围及计算方法等。

（2）总量指标数值的大小会随着总体范围的大小而增减

总量指标是汇总数据整理的直接成果。对同种总量指标，其值的大小受总体范围大小的制约。一般来说，总体范围越大，指标值越大；总体范围越小，指标值越小。如全国 GDP 比一个省的地区生产总值大；企业一年的生产量往往也会比一个月的生产量多。

（3）只能对有限总体精确计算总量指标

只能对有限总体精确计算总量指标，因为无限总体的单位数未知，无法汇总得到反映其总体规模和总水平的总量指标，但无限总体的总量指标可以用抽样等方法来进行推算或估计。

3. 总量指标的作用

总量指标是社会经济统计工作中最常用和最基本的统计指标，在实际统计工作中应用十分广泛，可以用来反映一个国家、地区、部门或单位的基本情况。

（1）总量指标是认识事物的起点

总量指标能反映一国国情国力，反映某地区、部门或单位的规模、水平、基本经济情况和经济实力等。例如，一个国家的粮食总产量、外汇储备、土地面积、石油储量等总量指标,标志着该国的生产水平和经济实力;一个地区的商品零售额、零售商业机构数等标志着该地区的消费水平。

(2) 总量指标是制定政策、编制计划、进行经济管理的重要依据

无论是国家进行宏观管理还是企业进行经济核算都必须从客观实际出发,把反映客观事物现状和历史的相关总量指标作为重要的参考依据。例如,国家在制定宏观经济政策、编制国民经济计划时都必须运用总量指标;企业在分析经济效益时离不开收入、成本、利税总额等总量指标。因为一个国家、地区、部门或单位,制定政策、编制计划、进行经济管理的根本目的是取得最佳的社会经济效益。要想取得最佳的社会经济效益,就必须使它的人、财、物得到最佳利用,这样就必须先知道人、财、物有多少,利用了多少,还有多大潜力等这些总量指标,否则就不可能做到人、财、物的最佳利用,也不可能取得最佳的社会经济效益。

(3) 总量指标是计算相对指标和平均指标的基础

相对指标和平均指标一般是由两个有联系的总量指标对比计算而来的,是总量指标的派生指标。例如,人口密度指标是用人口数与土地面积对比求得的;平均工资指标是工资总额与职工人数对比求得的。因此,总量指标是计算其他综合指标的基础性指标。总量指标的计算是否科学、精确、合理,会直接影响其他派生指标(相对指标和平均指标)的正确性。

4. 总量指标的种类

(1) 总量指标按反映总体内容的不同,可分为总体单位总量指标和总体标志总量指标

总体单位总量指标简称单位总量指标,是指总体所包含的单位数,是反映总体自身规模大小的总量指标。

总体标志总量指标简称标志总量指标,是反映总体中各单位某一数量指标值总和的总量指标。例如,在某地工业企业基本情况调查中,该地工业企业总数是单位总量指标;该地工业企业的职工人数、机器设备台数、总产值、利税总额等是标志总量指标。

单位总量指标和标志总量指标的确定并不是一成不变的。判断一个总量指标究竟是单位总量指标还是标志总量指标,首先需确定谁是总体,谁是总体单位。在研究对象和研究目的发生变化时,要根据总体和总体单位的改变而进行有针对性的变动。例如,在上例工业企业调查中,如果研究目的具体到对该地工业企业的职工进行基本情况调查,由于总体不再是该地的工业企业,而是该地工业企业的所有职工,所以该地工业企业职工的总数(人数)就相应地成为单位总量指标;职工的收入总额、职工的工种数、职工的工作小时数等指标就成为标志总量指标。

(2) 总量按反映时间状态的不同,分为时期指标和时点指标

时期指标是反映现象总体在一个时期内发展变化累计起来的总结果的总量指标,如一定时期内出现的人数、产量、产值、增加值、商品销售量、商品销售额等。

时点指标是反映现象在某一时刻(瞬间)的数量状况的总量指标,如人口数、企业数、设备台数、商品库存量等。

时期指标和时点指标都是总量指标,这是它们的共同点。它们的区别主要在于:

1) 时期指标的数值是通过连续登记取得的,它表示现象在一定时期内发生的总量。例如,某产品4月份的总产量是把4月1—30日每天的产量加总得到的总产量;而时点指标的数值是不能连续计数的,只能在某一时刻登记得到,它表示现象发展到某一点时所处的水

平。例如,年末职工人数是年初职工人数经过一年的增减变动后,到年末(当年 12 月 31 日)的实有职工人数。

2)时期指标具有累加性,即几个较短时期的时期指标数值可以相加得到该指标在相应调查时间内发生的总量,如几年的总产量是各月总产量之和;而时点指标不具有累加性,各时点指标值相加是没有实际经济意义的。

3)一般来说,同一总体的时期指标数值的大小与时期的长短有直接关系,而时点指标数值的大小与时点的间隔长短没有直接关系。因此,在运用时期指标时应明确指标数值所属的时期长度,运用时点指标时则要注意具体的时点。

4.1.2 总量指标的计量单位

总量指标的计量单位主要有实物单位、货币单位和劳动单位。

1. 实物单位

实物单位是直接根据事物的属性和特点而采用的自然物理计量单位。它包括自然单位、度量衡单位和标准实物单位等。

自然单位是根据研究对象的自然属性来表示其数量的单位。例如,人口以"人"为单位;汽车以"辆"为单位;牲畜以"头"为单位。

度量衡单位是按照统一的度量衡制度规定来度量客观事物数量的一种计量单位。例如,粮油以"千克"为单位;布匹以"米"为单位;耕地以"公顷①"为单位等。当产品用一种计量单位不能充分表达其数量时,也可用双重单位或复合单位表示。例如,发电机用"千瓦/台"表示;船舶用"排水量/艘"表示;货物周转量用"吨公里②"表示;发电量用"千瓦·时"表示等。

标准实物单位是把品种、规格或成分不同的同类物品按照统一折算标准折算成某一标准品来表示的一种计量单位。例如,不同马力③的拖拉机,由于各台拖拉机的动力(即马力)不同,如果只是简单地采用混合台数,就不能准确地反映其数量大小,故应按照统一实物单位(1 标准台 = 15 马力)折算,汇总成标准台数。这里,标准台数就是能够精确反映拖拉机总马力实物量的指标。

2. 货币单位

货币单位是用货币来度量社会财富或劳动成果的一种计量单位。货币单位具有广泛的综合性和概括能力,不同物量换算成货币单位后便可以直接加总。所以,以货币单位计量的价值指标(或货币指标)具有广泛的综合性和高度的概括能力,能综合反映现象总体在一定条件下的总规模、总水平和总成果。货币单位在经济领域的运用十分广泛。例如,社会经济生活中经常见到的 GDP、国民总收入、企业生产成本、利税总额等就是以货币单位计量的价值指标。但是,以货币单位计量的价值指标有局限性,主要表现在价值指标偏离了物质内容,比较抽象,甚至不能确切反映实际情况。

---

① 1 公顷 = 10 000 平方米。
② 1 公里 = 1 千米。
③ 1 马力 = 0.735 千瓦。

价值指标是由物量与价格相乘后得到的指标，其数量值大小受物量和价格两个因素的影响。如果要比较不同时期物量的变化，就需要剔除价格变动的影响。

按选择价格，价值指标可分为按现行价格计算和按可比价格计算。按现行价格计算就是指按当期的实际价格计算；按可比价格计算，就是要剔除不同时期价格的变动，使物量对比不受价格变动的影响而具有可比性。可比价物量指标的具体计算方法，在我国以2001年为界，前后发生了较大的变化。2001年以前，我国一直主要使用固定的价格来直接估价，即"不变价格法"。从中华人民共和国成立到2001年，曾经使用的不变价格有1952年不变价、1957年不变价、1970年不变价、1980年不变价和1990年不变价。不变价格法很大程度上是计划经济制度的产物，在实际应用中有计算工作量大，价格目录编制不完整的局限；从2002年起，国家统计局放弃了这种直接估价的方法，代之以价格指数缩减法来计算各项可比价物量指标。

3. 劳动单位

劳动单位是以劳动时间表示的计量单位，是一种复合单位，如出勤工日、实际工时、定额工时等，其既包括用工时间，又包括用工人数。劳动单位计量的劳动指标也有一定的综合能力。但由于不同行业、不同类型、不同经营水平的企业具有不同的劳动生产率，因此，劳动指标仅限于在一个单位内部或同行业内使用，一般不直接跨行业对比。

4.1.3 总量指标的计算原则

总量指标的计算方法有直接计算法和间接推算法两种。直接计算法就是在全面调查的基础上逐步汇总而得到总量指标；间接推算法是根据非全面资料或各种关系推算出总量指标，如平衡关系推算法、因素关系推算法和比例关系推算法等。在计算总量指标时应遵循以下原则：

1. 科学性原则

计算总量指标时应以科学的理论来确定总量指标的含义、范围和计算方法。总量指标数值的计算不同于单纯的数字加总，每一个总量指标都有明确、具体的社会经济内容，都是具有固定质的数量表现。因此，必须正确地确定总量指标所表现的各种社会经济现象的概念、构成和计算方法。特别是物量指标，它直接反映产品的使用价值和经济内容，是由现象的性质和用途决定的，不同性质的现象不能简单地相加汇总，只有在性质上表现为相同的现象才能汇总计算其物量指标。

2. 可比性原则

计算总量指标时应注意历史条件变化对指标内容和范围的影响，使不同时期的总量指标具有可比性。

3. 统一性原则

总量指标的指标口径（即计算的范围、计算方法、计量单位等）要统一。在计算物量指标时，不同实物单位代表不同类现象，若计量单位不统一，则容易造成统计上的差错或混乱。所以，重要的总量指标的实物单位应采用全国统一规定的指标目录中的计量单位。

4.2 相对指标

4.2.1 相对指标概述

1. 相对指标的概念及作用

（1）相对指标的概念

相对指标是把两个有联系的指标加以对比而得到的综合指标，它是用来反映某些相关事物之间数量联系程度的描述指标。

相对指标也称为相对数，通常表现为相对比率，能从数量上反映事物在不同时间、空间、或事物本身内部或事物之间的联系程度或对比关系，如男女性别比、积累与消费比、计划完成百分比等。

（2）相对指标的表现形式

相对指标的计量单位分有名数和无名数两种。

有名数是将相对指标中的分子指标和分母指标的计量单位同时使用，形成双重单位或复合单位。例如，人口密度用"人/平方千米"表示；城市人拥有公共汽车用"辆/万人"表示。

无名数是一种抽象化的数值，常以系数、倍数、成数、百分数、千分数和番数等表示。

系数和倍数是将对比的基数抽象化为1而计算的相对数。两个指标对比，其分子数值和分母数值相差不大时常用系数，子项较母项大时常用倍数。

成数是将对比的基数定为10而计算的相对数。例如，某地区某年的粮食产量比前一年增长了二成，即增产了2/10。

百分数是将对比的基数定为100而计算的相对数。千分数是将对比的基数定为1 000而计算的相对数，当对比的分子数值比分母数值小很多时宜用千分数表示。

两个相比较的数值中，一个是另一个数的 2^m 倍，则称 m 是番数。例如，某地区某年的工业增加值为200亿元，计划5年后翻一番，则该地区5年后的工业增加值应达到400（200×2^1）亿元；若计划翻两番，则为800（200×2^2）亿元；翻3番即为1 600（200×2^3）亿元。

（3）相对指标的特点

相对指标是相互联系的指标对比的结果，它有两个特点：首先，它是抽象化的数值，反映现象之间的相对程度；其次，相对指标数值的大小与研究总体范围的大小无直接联系。

（4）相对指标的作用

1）利用相对指标可以清楚地反映现象内部结构或现象之间的数量对比关系。

【例4-1】甲、乙两企业职工性别统计如表4-2所示。

表4-2 甲、乙两企业职工性别统计

企业	甲	乙
职工人数/人	2 000	3 200
其中：男职工人数/人	500	500
男职工所占比例/%	25.00	15.63

2）相对指标和总量指标的结合。利用相对指标并结合总量指标可以更全面地认识事物总体。例如，知道了某企业某年的总产值为 5 000 万元，这只说明该企业该年的产值总量和产出规模，不能说明这个企业的产值发展速度的快慢和生产效益的高低等，如将企业该年产值与上年实际产值（4 000 万元）对比，计算出相对指标，就可以知道该企业的发展速度（5 000/4 000 = 125%）。如果再计算出该企业该年的资金利税率、劳动生产率等相对指标，就能了解该企业生产效益的高低，同时这些相对指标使该企业具有了与其他企业横向对比的基础。

3）相对指标是管理和考核企业的重要指标。相对指标是进行经济管理和考核企业活动成果的重要指标，如资金利税率、成本利润率等。

4.2.2 相对指标的种类及计算

按统计研究任务和对比基础的不同，相对指标通常分为结构相对指标、比例相对指标、比较相对指标、强度相对指标、动态相对指标、计划完成度相对指标。

1. 结构相对指标

结构相对指标简称结构相对数，在数据分组的基础上，以总体中的某部分数值除以总体全部数值而得的比率。其计算公式为

$$结构相对数 = \frac{总体部分数值}{总体全部数值} \times 100\%$$

结构相对数用无名数表示（一般用百分数表示）。各组比率之和必为 100% 或 1。其分子和分母可以同是总体单位数，也可以同是总体的标志数值，当然分子的数值仅是分母数值的一部分。

【例 4 - 2】如表 4 - 3 所示，2016 年某地的工业增加值为 227 991 万元，而 2016 年该地的 GDP 为 636 463 万元，其中第一产业、第二生产和第三产业的增加值分别为 58 332 万元、271 392 万元、306 739 万元，试计算 2016 年第一产业、第二产业和第三产业所占比率。

表 4 - 3　2016 年某地的工业增加值构成情况

项目	第一产业	第二产业		第三产业	合计
		小计	其中：工业		
增加值/万元	58 332	271 392	227 991	306 739	636 463
比率/%	9.17	42.64	35.82	48.19	100.0

计算结果表明，2016 年该地工业增加值占 GDP 比率的 35.82%；第一产业、第二产业和第三产业所占比率分别为 9.17%、42.64% 和 48.19%，三个产业比率之和为 100%。

结构相对指标的作用：

1）说明总体内部结构，反映现象的本质和特征。

2）通过不同时间的比较，说明现象发展变化的过程。

3）根据各部分在总体中所占比率是否合理，反映工作质量的好坏。

2. 比例相对指标

比例相对指标简称比例相对数,是总体内部各组成部分之间对比求得的比例,它反映了总体中各组成之间的比例关系和数量联系程度。其计算公式为

$$比例相对数 = \frac{总体中某部分数值}{总体中另一部分数值} \times 100\%$$

比例相对数的指标值通常用百分比或几比几的形式来表示,一种是将作为比较基础的数值抽象化为 1、10、100 或 1 000,看被比较的数值是多少。例如,某年某地出生婴儿中,男婴有 1 700 人,女婴有 1 600 人,则该地的新生儿性别比 = 男婴数/女婴数 = 1 700/1 600 = 1.062 5(或 106.25∶100)。这说明,如果女婴出生人数为 100,则男婴的出生人数是女婴的 1.062 5 倍,有时也简称新生儿性别比为 1.062 5。同时,也可用 $P∶M∶N$ 的连比形式来反映总体中若干组之间的比例关系,如在上例中 2016 年某地各产业的比例相对数可以表示为 9.17∶42.64∶48.19。

比例相对指标与结构相对指标既有联系又有区别,二者的作用相同,所反映的都是总体内部结构的比例关系。但二者对比的方法略有不同,比例相对指标侧重于总体内部分与部分的对比,而结构相对指标侧重于部分与总体的对比。例如,出生婴儿性别比为 105∶100,如果换算为结构相对数指标就是:在出生婴儿中男性占 51.22%,女性占 48.78%。在实际工作中,比例相对指标和结构相对指标往往结合使用。

3. 比较相对指标

比较相对指标简称比较相对数,是同类现象在同一时期的不同国家、地区、部门或单位之间的对比,用来说明现象在各种不同区域条件下静态数量的横向对比联系。其主要用来反映某一类现象在同一时期、不同空间发展上的均衡状况。其计算公式为

$$比较相对数 = \frac{某条件下某类指标数值}{另一条件下同类指标数值} \times 100\%$$

公式中,分子与分母在指标含义、指标口径、计算方法和计量单位等方面都必须一致。用以比较的指标可以是总量指标,也可以是相对指标或平均指标。比较相对数一般用百分数或倍数表示,根据分析说明的目的和方式不同,比较相对数的分子和分母可以互换位置。

【例 4 - 3】如表 4 - 4 所示,为 2014 年中国城乡居民人均可支配收入数据,试分析城乡收入差距。

表 4 - 4 2014 年中国城乡居民人均可支配收入数据①

指标	城镇居民	农村居民	全国居民
人均可支配收入/元	28 844	10 489	20 167
扣除物价因素后比 2013 年增长/%	6.8	9.2	8.0

计算结果表明,2014 年中国城镇居民人均可支配收入是农村居民的 2.75 倍,或者说农村居民人均纯收入是城镇居民人均可支配收入的 36.36%,不到 40%,这说明城乡居民收入

---

① 资料来源:《中华人民共和国 2014 年国民经济和社会发展统计公报》。

差距较大。

在社会经济管理中，比较相对数用途广泛，它既可用于不同国家、地区、单位之间的比较，也可用于先进与落后的比较，还可用于与标准水平或平均水平进行比较。通过比较相对数可以揭示同类现象之间先进与落后的差异程度，找出差距。但要求对比的分子与分母在时间、指标口径、计量单位等方面具有可比性。

4. 强度相对指标

强度相对指标简称强度相对数。它是两个性质不同但有一定联系的指标数值对比得到的比率，主要用来反映现象的强度、密度和普遍程度等。其计算公式为

$$强度相对数 = \frac{某一指标数值}{另一有联系而性质不同的指标数值} \times 100\%$$

计算强度相对指标时，必须从社会经济现象的本质方面去寻找它们之间的内在联系，以使两个指标的对比具有意义。

【例4-4】《中华人民共和国2014年国民经济和社会发展统计公报》显示，2014年年末全国共有医疗卫生机构982 443个，其中医院25 865个；卫生技术人员739万人，其中执业医师和执业助理医师282万人，注册护士292万人；医疗卫生机构床位652万张，其中养老床位551.4万张。2014年年末全国大陆总人口为136 782万人，其中65周岁及以上老年人为13 755万人。

计算强度相对指标如下：

每千人拥有医疗卫生机构数 = 0.72（个/千人）

平均每个医院服务人口数 = 5.29（万人/个）

每千人拥有医生数 = 2.06 ≈ 2（人/千人）

每千人拥有护士数 = 2.13 ≈ 2（人/千人）

每千人拥有医疗卫生机构床位数 = 4.77 ≈ 5（张/千人）

65周岁及以上老年人拥有养老床位数 = 40.09 ≈ 40（张/千人）

强度相对指标的表现形式一般为有名数，也有用系数、倍数等表示的无名数。如果分子指标和分母指标原有的计量单位不同，就会形成以复合单位和双重单位表示的有名数。例如，人口密度用"人/平方千米"表示；每千人拥有医生数用"人/千人"表示；人均GDP用"元/人"表示，人均粮食产量用"千克/人"表示等。当分子指标和分母指标原有的计量单位相同时，强度相对指标时就用倍数、系数、百分数和千分数等无名数表示。例如，机器设备利用程度用设备利用率表示；产值利润率、资金利税率、商品流通费用率用百分数表示；人口出生率、人口死亡率和人口自然增长率用千分数表示等。

多数强度相对指标的分子、分母可以互换位置从而形成正指标和逆指标。当强度相对数的指标值大小与现象的强度、密度和普通程度成正比时为正指标；反之，则为逆指标。如每千人拥有医疗卫生机构数及每千人拥有医疗卫生机构床位数等是正指标，该指标值越大表示人们就医越便利，社会卫生服务越有保障；反之，为逆指标，即该指标值越大表明医院越拥挤，社会卫生服务越没有保障。

有些强度相对指标经常用"人均"之类的字眼，但这不是平均指标。例如，人均GDP、人均粮食产量等都有"人均"二字，但都不是平均指标。因为平均指标是有特殊含义的，

平均指标必须是同一总体的某一标志总量指标与单位总量指标的对比，而强度相对指标的分子和分母有可能来自两个不同的总体。

强度相对指标的分子、分母一般是总量指标，但也可以根据平均指标和相对指标计算。例如，企业年内月平均销售额与月平均存货额对比，可以得到月平均存货周转率；GDP 增长率与能源消费增长率之比称为能源弹性系数等。

强度相对指标是反映总体内涵和质量的重要指标，因此运用十分广泛，其作用表现为：

1）可以用来反映现象的密度和普遍程度，如人口密度、铁路（公路）密度、商业网点密度、森林覆盖率等。

2）可以用来评价一国或某一地区的经济发展水平高低和经济实力的强度，如人均 GDP、人均粮食产量、人均主要工业产品产量、人均国民总收入、人均财政收入、人均固定资产投资额、人均公共教育经费等。这些指标不仅能体现当地的经济实力，还能反映某些经济指标与人口的比例关系。

3）可以用来反映社会经济活动的条件优劣，评价经济活动效果。例如，人均耕地面积、人均森林蓄积量、人均水资源拥有量、人均主要矿产资源保有储量等可以反映资源条件的丰裕度；万元资金利税率、投资效果系数、投资系数等则是考核、评价经济活动效果的重要指标。

4）可以用多个有关联的强度相对指标来反映现象之间的依存关系。例如，利用企业的利润总额、营业收入、成本费用、资产、资本金等计算营业收入利润率、成本费用利润率、资产利润率、资本金利润率等强度相对指标，以从不同角度说明该企业的盈利水平及盈利能力。

5. 动态相对指标

动态相对指标简称动态相对数，是指某一指标在不同时间上的数值对比，表明现象在不同时间上的纵向变化。通常把需要研究时间的指标称为报告期水平；把作为对比基础时间的指标称为基期水平。其计算公式为

$$动态相对数 = \frac{报告期指标数值}{基期指标数值} \times 100\%$$

【例 4-5】根据《中国统计年鉴（2014）》查得，以当年价格核算的 GDP 如表 4-5 所示，要求计算动态相对数。

表 4-5 2010—2014 年中国 GDP 动态相对数

年份	GDP/亿元	动态相对数/%
2010	401 512.8	—
2011	473 104.0	117.83
2012	519 470.1	109.80
2013	568 845.2	109.50
2014	636 463.0	111.89

动态相对数在统计分析中应用十分广泛,而且形式多样,本书将在第 8 章做详细介绍。

6. 计划完成程度相对指标

计划完成程度相对指标简称计划完成相对数,它是现象在某一时期内的完成数值与计划规定数值对比形成的比率。它是用来检查监督执行程度的相对指标。其计算公式为

$$\text{计划完成相对数} = \frac{\text{实际完成数}}{\text{计划任务数}} \times 100\%$$

计划完成相对数常以百分数表示,其分子是反映计划执行结果的实际数值,分母则是下达计划任务的指标数值。因此,要求分子与分母在指标含义、计算方法、计量单位以及时间和空间范围等方面完全统一。同时,由于计划任务数是衡量计划完成情况的标准,故在计算该指标时,分子与分母不可互换。

(1)计划完成程度指标的计算

根据研究目的和任务不同,计划任务指标可能是计划总量指标(绝对数)、相对数指标(相对数)或平均指标(平均数)几种不同形式。由此,计划完成相对数的计算方法也可分为三种。

1)当计划任务数是总量指标时。其计算公式为

$$\text{计划完成相对数} = \frac{\text{实际完成数}}{\text{计划任务数}} \times 100\%$$

【例 4 - 6】某公司计划上半年完成销售额 5 000 万元,实际上半年销售额达到了 5 500 万元,请问该公司上半年的销售额计划完成相对数为多少?

解:

该公司上半年的销售额计划完成相对数 = 5 500 ÷ 5 000 × 100% = 110%

即该公司上半年销售额超额 10% 完成了计划。

2)当计划任务数是相对指标和平均指标时。其计算公式为

$$\text{计划完成相对数} = \frac{\text{实际完成数}}{\text{计划任务数}} \times 100\%$$

【例 4 - 7】某饲料场计划将产品的单位成本控制在 300 元,并要求工人的劳动生产率达到 4 000 元。实际产品生产后,算出产品的单位成本为 270 元,工人的劳动生产率为 4 200 元。请问该饲料场是否完成了产品的单位成本和工人的劳动生产率计划?

解:

产品的单位成本计划完成相对数 = 270 ÷ 300 × 100% = 90%

工人的劳动生产率计划完成相对数 = 4 200 ÷ 4 000 × 100% = 105%

计算结果表明,该饲料厂饲料的单位成本实际比计划降低了 10%,即超额完成了产品的单位成本控制计划,平均每单位饲料节约生产成本 30 (270 - 300 = - 30)元。同时,该厂工人的劳动生产率超额 5% 完成了计划,工人的劳动生产率比实际计划提高了 200 (4 200 - 4 000 = 200)元。

从上述可以看出,对计划完成程度相对指标进行评价,并判断计划任务是超额完成还是未完成,需要根据计划指标的不同类型并结合实际做出结论。一般而言,对销售额和产值等总量指标,计划完成相对数大于 100% 表示超额完成计划,小于 100% 表示未完成

计划。由于劳动生产率、资金利税率、人均收入、每百人拥有医疗卫生机构床位数等平均指标和相对指标的实际经济含义是指标值越大代表效益越好或服务越便利，因此又经常被称为"正指标"。正指标的计划任务数常被认为是实际要求完成的最低限，因此，要求实际执行时应尽量超过该计划指标值，这时计划完成程度等于或大于100%为完成或超额完成计划，小于100%为未完成计划；反之，被称为"逆指标"（指标值越小越好），即下达计划任务时规定一个最高限，要求实际执行中不超过计划指标，如产品的单位成本、原材料消耗等，这时计划完成程度等于或小于100%为完成或超额完成计划，大于100%为未完成计划。

3）当计划任务数是以本年计划数比上年实际数提高或降低多少的相对数表示时，如成本降低率、劳动生产率、原材料利用率提高率，可采用如下公式来计算提高率或降低率的计划完成程度，即

$$计划完成相对数 = \frac{1 \pm 实际提高（降低）率}{1 \pm 计划提高（降低）率} \times 100\%$$

【例4-8】某企业计划第二季度主要产品的单位成本降低5%，实际降低了6.5%，请问是否完成计划？如果第一季度该企业主要产品的单位成本为500元/吨，那么第二季度的单位成本实际是多少元？计划是多少元？

解：

$$计划完成程度 = \frac{1 - 6.5\%}{1 - 5\%} \times 100\% = 98.42\%$$

即该企业第二季度超额1.58%完成了计划。从而可知，若第一季度该企业主要产品的单位成本为500元/吨，那么第二季度主要产品的单位成本实际是467.75［500×(1-6.5%)=467.75］元/吨，第二季度计划单位成本是475［500×(1-5%)=475］元/吨，第二季度实际成本比第一季度单位成本节约了32.5（467.5-500=-32.5）元，比计划单位成本节约了7.5元。

【例4-9】某企业计划下半年的劳动生产率比上半年提高10%，实际比上半年提高12%，请问是否完成计划？

解：

$$计划完成程度 = \frac{1 + 12\%}{1 + 10\%} = 101.82\%$$

计算结果表明，该企业下半年的劳动生产率超额1.82%完成了计划任务。

(2) 计划执行进度的考核

计划执行进度的考核就是逐日、逐月或逐季地考核计划执行的进展情况，并分析计划执行过程中的均衡性，以保证顺利完成计划任务。计划执行进度用自期初累计至报告期止的实际完成数与全期计划任务数之比表示。其计算公式为

$$计划执行进度 = \frac{累计完成数}{全期计划数} \times 100\%$$

当计划执行进度大于时间进度时，说明进度提前；当计划进度小于时间进度时，说明进度推迟。

评价计划执行进度的快慢，要以相应的时间进度为标准，使计划进度与时间的推进相适

应。当计划任务在一年内均衡时，1~6月要求完成年度计划的50%，即时间过半任务过半，1~9月的累计量要求占全年计划的75%。

【例4-10】如表4-6所示，是某企业三个分公司的计划完成情况，分析并考核各公司的均衡性。

表4-6 某企业三个分公司的计划完成情况

分公司	全年计划销售额/万元	截至第三季度累计完成的销售额/万元	计划执行进度/%
A公司	600	459	76.5
B公司	400	298	74.5
C公司	100	68	68.0
合计	1 100	825	75.0

从上表的执行进度看，截至第三个季度，该企业总体计划执行进度等于75%，时间和进度协调，销售额进度是均衡的。从三个分公司考核，各分公司的计划进度却不均衡：A公司超额1.5%完成了计划进度，B公司和C公司的计划进度分别为74.5%和68%，都未完成计划进度，尤其是C公司只完成了计划的68%，这与均衡发展的要求有相当大的差距。因此，该企业通过进度情况调查发现，C公司目前需要查找原因，加大营销力度，以保证整个企业顺利完成全年的销售计划。

(3) 长期计划的检查

长期计划一般是指五年和五年以上的计划。由于计划任务的规定有不同的性质，有的任务是规定计划期末应达到的水平，有的任务是按全期应完成的累计数来规定。由此产生了两种检查长期计划的方法：水平法和累计法。

1) 水平法。当计划任务数是规定计划期最后一年应达到的水平时，检查长期计划应用水平法。其计算公式为

$$\text{计划完成程度} = \frac{\text{计划末年的实际水平}}{\text{计划规定的末年水平}} \times 100\%$$

【例4-11】某企业五年计划规定，第五年企业的主要产品产量要达到600万吨，实际第五年产量达到了630万吨，请问企业是否完成了产量计划？

解：

$$\text{计划完成程度} = \frac{630}{600} \times 100\% = 105\%$$

即该企业超额5%完成了五年的产量计划。

采用水平法检查长期执行情况，当计划超额完成时一般还需要确定计划完成的提前期。提前期是指长期计划内可以打破日历年度的界限，如从前往后考察只要在计划期内连续12个月完成的水平达到了计划规定的末年水平，剩下的时间就是提前完成的时间。

【例4-12】上例中，计划最后一年的产量达到600万吨，如果实际执行情况如表4-7所示，则该企业提前多少时间完成计划？

表4-7 某企业五年主要产品产量计划完成情况

单位：万吨

时间	第一年	第二年	第三年		第四年				第五年			
			上半年	下半年	一季度	二季度	三季度	四季度	一季度	二季度	三季度	四季度
产量	500	540	230	320	110	130	150	170	120	160	170	180

从表4-7的数据可知，第四年的第三个季度至第五年的第二个季度（连续一年）正好达到了计划规定末年完成的水平600（150+170+120+160=600）万吨，所以第五年剩下的两个季度就是该企业完成五年计划的提前期，即提前半年完成计划。

但实际工作中，这种正好提前半年或一个月的现象很少见，若将上例中第五年的第二个季度的160万吨改为170万吨，则请问计划完成的提前期是多少？

显然，完成计划连续一年的时间应在第四年的第二个季度至第五年的第二个季度之间。具体方法如下：

假设第五年的第二个季度用了 x 天，则第五年的第二个季度还剩（$90-x$）天。为了满足12月，就必须加上第四年第二个季度的 x 天，即正好生产出600万吨的时间因是在第四年的第二个季度的第（$90-x$）天到第五年的第二个季度的第 x 天。列出计算公式，有

$$\frac{130}{90}(90-x) + 150 + 170 + 120 + \frac{170}{90}x = 600$$

解方程得：$x=67.5$ 天，余 $90-68=22$（天），即表示提前6个月零22天完成了五年计划。

注：日历日数按标准天数每月30天、每季度90天、每年360天计算。

2）累计法。当计划任务是规定整个计划期内累计完成的数量时，检查长期计划应用累计法。其计算公式为

$$计划完成程度 = \frac{实际累计完成数}{计划规定累计数} \times 100\%$$

按累计法确定提前完成计划的时间，是用计划全部时间减去自计划执行日起至实际累计完成规定数量的日期止的时间。

【例4-13】某钢铁企业计划五年内生产钢材420万吨，实际五年内生产了500万吨并在第五年的二月累计已达到了420万吨，试计算该企业钢材产量的五年完成计划。

解：

$$计划完成程度 = \frac{500}{420} \times 100\% = 119.05\%$$

即该企业提前10个月超额19.05%完成了五年的钢材产量生产计划。

4.2.3 计算和运用相对指标的原则

1. 与总量指标结合应用原则

总量指标能够反映事物发展的总规模和总水平，却不易看清事物内部构成及事物之间的差异；而相对指标是用一个抽象化的比值来反映现象的相对程度，能揭示和反映事物内部构成及事物间的相互联系，但掩盖了现象的总量水平，看不出相对指标背后绝对量的大小。因

此，相对指标与总量指标各有优缺点。认识事物和分析社会经济现象时，只有将相对指标与总量指标结合运用，才能更深入地说明社会经济现象发展变化的真实情况。例如，2014年中国GDP总额为63.3万亿元，较上年增长7.4%；2007年中国GDP总额为26.8万亿元，较上年增长14.2%。如果单纯用相对指标进行比较，则显然是不全面的。此时应该结合总量指标增长1%绝对值综合分析评价经济发展情况。即2007年按当年人民币平均汇率折算，则新增GDP约合7 944亿美元，这意味着2007年每增长1%所对应GDP新增量是599亿美元。而2014年按当年人民币平均汇率计算，较2013年新增GDP约8 665亿美元，每增长1%所对应的GDP新增量高达1 117亿美元。由此可见，虽然2007年GDP增长率是2014年GDP增长率的两倍，但每增长1%所对应的GDP新增量2014年是2007年的1.87倍，说明经济效率是提高了而非降低了。

2. 多种相对指标及平均指标结合应用原则

一种相对指标只能说明某一方面的情况，而在面对和研究复杂现象总体时，往往需要比较全面地从各方面反映现象的发展变化及其客观规律性。所以，在实际工作中，只有根据实际情况及所掌握的资料，灵活运用不同类型的多种指标才能从不同角度分析事物，认识事物的全貌。例如，在评价我国全面小康生活的指标体系中，既要有反映城乡居民收入水平和消费水平的总量指标，又要有反映城乡对比与差距方面的相对指标。只有把这些指标结合起来进行考察，才能对我国城乡居民生活水平有一个全面的认识，才能客观、深入地评价全面小康生活的现状和程度。

4.3 平均指标

4.3.1 平均指标的概念

描述数据分布集中趋势的主要指标是平均指标，又称平均数。平均数是概括描述同质总体分布的一般水平和集中趋势的数值。它将总体各单位标志值的个体差异抽象化，反映了总体在一定的时间、地点、条件下各单位某一数量标志所达到的一般水平，如学生的平均体重、工人的平均工资等。

集中趋势是在变量数列的分配中，接近平均数的标志值较多，远离平均数的标志值较少，而且正负离差大体相等，整个变量数列呈现出以平均数为中心上下波动的趋势。

在实际统计分析中，平均指标具有广泛的作用：一是可以用来反映总体各单位变量分布的集中趋势和一般水平；二是便于比较同类现象在不同空间、不同单位条件下一般水平的差异；三是能够比较同类现象在不同时期的发展水平、变化趋势和规律；四是可以用来分析现象之间的依存关系。

4.3.2 平均指标的分类及计算

平均数按计算方法、表现形式和作用的不同，可分为数值平均数和位置平均数两大类。

1. 数值平均数

数值平均数是根据数据分布的全部标志值（或称变量值）计算的平均数，也称均值,是反映数据分布集中趋势的重要指标。它又包括算术平均数、调和平均数和几何平均数。

(1) 算术平均数

算术平均数是分析社会经济现象一般水平的基本指标。其计算公式为

$$算数平均数 = \frac{总体标志总量}{总体单位总量}$$

公式中,分子与分母同属一个总体,分母是分子(标志值)的承担者,即分子与分母具有一一对应关系。例如,一个车间有 5 名工人,他们的工龄分别是 5 年、5 年、12 年、18 年、20 年,则 5 名工人的平均工龄为

$$平均工龄 = \frac{5+5+12+18+20}{5} = 14 \text{(年)}$$

这种分子与分母的一一对应关系是平均指标与强度相对指标的根本区别所在。强度相对指标的分子与分母是两个不同质的指标之比,没有一一对应关系,如人均 GDP、商业网点密度、人口密度等。

同时,算术平均数根据所掌握的资料不同,有简单算术平均数和加权算术平均数两种计算形式。

1) 简单算术平均数。简单算术平均数适用于未分组的原始资料,是用变量数列中所有数值求和再除以该组数列的个数而得到的数值平均数。其计算公式为

$$\bar{x} = \frac{x_1 + x_2 + \cdots + x_n}{n} = \frac{\sum x}{n}$$

式中,x_1,x_2,$\cdots$,x_n 表示各个变量值;n 表示变量值个数;$\sum$ 表示求和符号。

【例 4 - 14】某生产车间有 6 名工人,若他们的月工资分别为 2 000 元、2 600 元、2 600 元、2 800 元、2 850 元和 2 900 元,试计算该车间工人的平均月工资。

解:该车间工人的平均月工资为

$$\bar{x} = \frac{2\,000 + 2\,600 + 2\,600 + 2\,800 + 2\,850 + 2\,900}{6} = 2\,625(元)$$

2) 加权算术平均数。加权算术平均数简称加权平均数,适用于总体单位数较多、数据资料已分组的情况。其计算公式为

$$\bar{x} = \frac{\sum xf}{\sum f} \text{ 或 } \bar{x} = \sum \left(x \frac{f}{\sum f}\right)$$

式中,$\bar{x}$ 表示算术平均数;x 表示各单位标志值(变量值);f 表示各组单位数(项数);$\sum f$ 表示权数之和;$\frac{f}{\sum f}$ 表示各组权数占总权数的比重。

【例 4 - 15】某班有 50 名学生,期末英语考试成绩如表 4 - 8 所示,求该班英语考试的平均成绩。

表 4-8　某班学生期末英语考试平均成绩计算表

按成绩分组/分	组中值 x	频数 f	xf	频率$(f/\sum f)$/%	$x\dfrac{f}{\sum f}$
60 以下	55	2	110	4	2.2
60~70	65	5	325	10	6.5
70~80	75	13	975	26	19.5
80~90	85	25	2 125	50	42.5
90 以上	95	5	475	10	9.5
合计	—	50	4 010	100	80.2

解：根据资料可以计算出

$$\bar{x} = \frac{\sum xf}{\sum f} = \frac{4\ 010}{50} = 80.2(分)$$

或

$$\bar{x} = \sum \left(x \cdot \frac{f}{\sum f}\right) = 55 \times 4\% + \cdots + 95 \times 10\% = 80.2(分)$$

即该班英语考试的平均成绩为 80.2 分。

由加权算术平均数的计算公式可以看出，决定平均数大小的影响因素主要有两个：一是各组变量值（标志值 x_i），它决定平均数的变动范围；二是各组频数（f_i）。频数多的标志值对平均数的影响要大些，频数少的标志值对平均数的影响也相应的小。标志值频数的多少，对平均数的大小有权衡轻重的影响作用，所以称其为权数。但必须指出，权数对于算术平均数的影响作用，不是决定于频数本身数值的大小，而是决定于权数比重$\left(\dfrac{f}{\sum f}\right)$的大小。权数比重是指各组单位数占总体单位数的比重，也叫权数系数或相对数权数。哪一组单位数所占比重大，哪一组标志值对平均数的影响就大。当各组的单位数相等或各组单位数所占比重相等时，权数对各组的作用都一样，加权就失去了意义，此时，加权算术平均数等于简单算术平均数。

在计算加权算术平均数时，还会遇到权数的选择问题。选择权数的原则是：务必使各组的标志值与其乘积等于各组的标志总量，并且具有实际的经济意义。一般来说，在分配数列条件下，次数就是权数，但也有例外，特别是用相对数或平均数计算加权算术平均数时，要特别注意。

(2) 调和平均数

调和平均数又称倒数平均数，是各变量值倒数的算术平均数的倒数，调和平均数也常被看成算术平均数的变形。在实际工作中，经常会遇到只有各组标志总量和各个组变量值，缺少总体单位数的资料，这时可用调和平均法计算平均数，其计算结果与算术平均数的计算结果完全相同。调和平均数有两种计算方法：简单调和平均数和加权调和平均数。

1) 简单调和平均数。简单调和平均数是各单位标志值倒数的简单算术平均数的倒数。

其计算公式为

$$\bar{x}_h = \frac{1+1+\cdots+1}{\dfrac{1}{x_1}+\dfrac{1}{x_2}+\cdots+\dfrac{1}{x_n}} = \frac{n}{\sum\dfrac{1}{n}}$$

式中，$\bar{x}_h$ 表示调和平均数；x 表示各单位标志值（变量值）；n 表示总体单位数。

【例 4-16】某商品的价格在甲超市为 2.0 元/公斤①，乙超市为 2.5 元/公斤，丙超市为 3.0 元/公斤。今在以上超市各用 10 元购买该商品，求平均价格。

解：根据资料可以算出

$$\bar{x}_h = \frac{10+10+10}{\dfrac{10}{2.0}+\dfrac{10}{2.5}+\dfrac{10}{3.0}} = 2.5 \text{（元/公斤）}$$

2）加权调和平均数。加权调和平均数适用于已分组的资料。如果掌握各组的标志值水平和各组的标志总量，而不知道各组的总体单位数，则应采用加权调和平均数的方法来计算调和平均数。其计算公式为

$$\bar{x}_h = \frac{m_1+m_2+\cdots+m_n}{\dfrac{m_1}{x_1}+\dfrac{m_2}{x_2}+\cdots+\dfrac{m_n}{x_n}} = \frac{\sum m}{\sum\dfrac{m}{x}}$$

式中，$\bar{x}_h$ 表示调和平均数；x 表示各单位标志值（变量值）；m 表示权数。

【例 4-17】某产品在不同地区的销售情况如表 4-9 所示，试计算销售的平均价格。

表 4-9 某产品在不同地区的销售情况

地区	产品单价/元	销售额/元	销售量/件
A	1.75	2 100	1 200
B	2.50	3 500	1 400
C	1.25	3 000	2 400
合计	—	8 600	5 000

解：根据资料可以算出

$$\bar{x}_h = \frac{\sum m}{\sum\dfrac{m}{x}} = \frac{8\,600}{5\,000} = 1.72\text{（元/件）}$$

值得注意的是，调和平均数常常作为算术平均数的变形来使用。所以，它的计算内容也和算术平均数一样，是标志总量除以总体单位数。调和平均数的权数是算术平均数中的标志值乘以总体单位数所得的标志总量，即 $m = xf$（m 称为权数），将 $f = m/x$ 代入加权算术平均数公式，可得出两种平均数计算式的关系为

---

① 1 公斤 = 1 千克。

$$\bar{x} = \frac{\sum m}{\sum \frac{m}{x}} = \frac{\sum xf}{\sum f}$$

上例中，用加权算术平均数求得的平均价格：$\bar{x} = \frac{\sum xf}{\sum f} = 1.72$（元/件），由此可见，调和平均数是作为算术平均数的变形，虽然它与算术平均数计算方法不同，但其实质是一样的，都是标志总量除以总体总量，所以计算结果也完全一致。一般来说，若掌握的是变量值和总体单位数的资料，则采用算术平均数公式计算平均数；若掌握的是变量值和总体标志总量而缺少总体单位资料，就应采用调和平均数公式计算平均数。

无论是加权算术平均数或加权调和平均数，均存在权数的选择问题。在计算平均数时，若变量值是绝对数，则其次数就是权数。但是，在根据相对数或平均数资料来计算平均指标时，选择权数则需考虑权数与标志值（或标志值的倒数）相乘应具有现实的经济意义，即要选择与标志值存在直接数量关系的资料作权数。

【例 4 – 18】某地 10 家企业的利润计划完成程度和计划利润额如表 4 – 10 所示，试计算利润平均计划完成程度。

表 4 – 10　某地 10 家企业的利润计划完成程度和计划利润额

利润计划完成程度 x/%	企业数/个	计划利润额 f/万元	组中值/%	实际利润额 xf/万元
80 ~ 90	2	500	85	425
90 ~ 100	5	1 600	95	1 520
100 ~ 110	3	800	105	840
合计	10	2 900	—	2 785

解：根据资料可知，利润平均计划完成程度为

$$\bar{x} = \frac{\sum xf}{\sum f} = \frac{2\ 785}{2\ 900} = 96.03\%$$

运用调和平均数时，应注意几个问题：一是调和平均数是根据变量值倒数求平均数，故变量值不能为 0；二是调和平均数和算术平均数一样，易受极端数值影响。若数列中存在极大值，则平均数增大；若存在极小值时，则平均数减小。但和算术平均数相比，调和平均数受极端值的影响要小些。

(3) 几何平均数

几何平均数是 n 个变量值连乘积的 n 次方根，常用于计算平均比率和平均速度。由于掌握的资料的不同，几何平均数分简单几何平均数和加权几何平均数两种。

1) 简单几何平均数。简单几何平均数就是 n 个变量值连乘积的 n 次方根。其计算公式为

$$\bar{x}_G = \sqrt[n]{x_1 x_2 \cdots x_n} = \sqrt[n]{\prod x}$$

式中，$\bar{x}_G$ 表示为几何平均数；x 表示各单位标志值（变量值）；n 表示变量值项数。

【例4-19】某地区2012—2016年经济发展速度分别为108%、110%、112%、115%和116%，试计算该地区2012—2016年经济的平均发展速度。

解：根据几何平均数的应用条件，可以计算出

$$\bar{x}_G = \sqrt[5]{108\% \times 110\% \times 112\% \times 115\% \times 116\%} = 112.16\%$$

2）加权几何平均数。当计算几何平均数的各个变量的次数不相等时，要应用加权几何平均数。其计算公式为

$$\bar{x}_G = \sqrt[f_1+f_2+\cdots+f_n]{x_1^{f_1} x_2^{f_2} \cdots x_n^{f_n}} = \sqrt[\Sigma f_i]{\prod x_i^{f_i}}$$

【例4-20】某人有一笔款项存入银行10年，前2年的年利率为6%，第3年～第5年的年利率为5%，后5年的年利率为3%。如果按复利计算，则这笔款项的平均年利率为多少？

解：在计算平均年利率时，应首先将年利率加上100%，换算为各年的本利率，然后计算出平均本利率，再减去100%，得到平均年利率，即

$$\bar{x}_G = \sqrt[10]{1.06^2 \times 1.05^3 \times 1.03^5} = 104.2\%$$
$$104.2\% - 100\% = 4.2\%$$

在我国统计实务中，几何平均数应用范围较窄，其主要用于计算平均发展速度，属于动态平均数；计算静态平均数时，很少使用此法。在计算几何平均数时应注意，当数列中有一项为0时，不能计算几何平均数。

2. 位置平均数

算术平均数、调和平均数和几何平均数都是根据总体全部标志值计算的，均属于数值平均数。在平均指标中，还有根据处于特殊位置上的标志值来确定和计算的位置平均数，即众数和中位数。众数和中位数都不受总体中极端值的影响。假如某现象的次数分布数列不对称，且极端值的影响很大，这时算术平均数或调和平均数会失去代表值的意义。这种情况下，采用众数和中位数就更有代表性。

（1）中位数

将总体中各单位的标志值按大小顺序排列，位于中间位置的标志值就是中位数。中位数将数列的标志值分成两个部分，一半标志值比它小，一半标志值比它大，因而中位数也叫分割值。例如，估计一群人的平均身高，在无测量工具的情况下，则可对人群依高低排队，排在队伍中间的人的身高就可看作平均身高的近似值。

中位数不受极端值的影响，因此在许多场合用它来反映现象的一般水平。例如，某数列为8、10、18、20、30，其中位数是18；若将最大数扩大1 000倍，则中位数仍为18。这说明中位数不受极端值影响。

确定中位数时，必须将总体各单位的标志值按大小顺序排列，最好是编制出变量数列。这里有两种情况：

1）对于未分组的原始资料，需先将标志值按大小排序。设排序的结果为 $x_1 \leq x_2 \leq \cdots \leq x_n$，则中位数就可以按下面的方式确定，即

$$M_e = \begin{cases} x_{\frac{n+1}{2}} & （n\text{ 为奇数}） \\ \dfrac{x_{\frac{n}{2}} + x_{\frac{n}{2}+1}}{2} & （n\text{ 为偶数}） \end{cases}$$

2) 对于已分组的资料,由组距数列确定中位数。应先按 $\frac{\sum f}{2}$ 的公式求出中位数所在组的位置,再按下限公式或上限公式确定中位数。

$$下限公式:M_e = L + \frac{\frac{\sum f}{2} - S_{m-1}}{f_m} \times d$$

$$上限公式:M_e = U - \frac{\frac{\sum f}{2} - S_{m-1}}{f_m} \times d$$

式中,M_e 表示中位数;L 表示中位数所在组下限;U 表示中位数所在组上限;f_m 表示中位数所在组的次数;$\sum f$ 表示总次数;d 表示中位数所在组的组距;S_{m-1} 表示中位数所在组以下的累计次数;S_{m+1} 表示中位数所在组以上的累计次数。

【例 4-21】根据表 4-11 所示数据,计算 50 名工人日加工零件数的中位数。

表 4-11 50 名工人日加工零件数

按零件数分组/个	频数/个	向上累计/人	向下累计/人
105~110	3	3	50
110~115	5	8	47
115~120	8	16	42
120~125	14	30	34
125~130	10	40	20
130~135	6	46	10
135~140	4	50	4

解:由表 4-11 可知,中位数的位置 = 50/2 = 25,即中位数在 120~125 这一组,L = 120,S_{m-1} = 16,U = 125,S_{m+1} = 20,f_m = 14,d = 5,从而根据中位数公式可得

$$M_e = 120 + \frac{\frac{50}{2} - 16}{14} \times 5 = 123.21(件)$$

$$M_e = 125 - \frac{\frac{50}{2} - 20}{14} \times 5 = 123.21(件)$$

应用中位数时应注意,因中位数是它在所有标志值中所处的位置确定的全体单位标志值的代表值,不受分布数列的极大值或极小值影响,故在一定程度上提高了中位数对分布数列的代表性。但有些离散型变量的单项式数列,当频数分布偏态时,中位数的代表性会受到影响。

(2)众数

众数是总体中出现次数最多或最普遍的标志值。它是位置平均数,不受数列中极端变量

值的影响,这是区别于算术平均数的一个重要标志。但它与算术平均数的作用一样,也可以反映总体各单位某一数量标志值的一般水平,只是精确度有所区别。

在实际工作中,众数被广泛运用。例如,为了掌握农贸市场某种商品的价格水平,往往利用该种商品最普遍的成交价格为代表;又如,服装、鞋帽等商品的生产和销售,为了满足广大消费者的需要,使这些商品的产销平均协调,有关生产与销售部门就必须了解消费者需求量最大的服装、鞋帽的尺码、规格、型号等,以作为制订生产和销售计划的重要依据;再如,某班40名学生中,20岁的3名,19岁的5名,18岁的29名,17岁的3名,由于18岁的人数最多,故18岁为该班学生年龄标志的众数,它可以代表该班学生年龄的一般水平。

若总体单位数多且有明显集中趋势,则计算众数既方便又意义明确;若总体单位数少,或虽多但无明显集中趋势,就没有众数;若变量数列中有两个或几个变量值的次数都比较集中,就可能有两个或几个众数,这时称为复众数。

确定众数时,首先要将数据资料进行分组,编制变量数列。然后,再根据变量数列的不同种类采用不同的方法。

1)根据单项数列求众数,不需要任何计算,可以直接从分配数列中找出出现次数或频率最高的一组标志值,这就是所求的众数。

2)对组距数列求众数。此时,众数的计算公式有两种,即

$$上限公式: M_0 = U - \frac{(f - f_{+1})}{(f - f_{-1}) + (f - f_{+1})} \times i$$

$$下限公式: M_0 = L + \frac{(f - f_0)}{(f - f_{-1}) + (f - f_{+1})} \times i$$

式中,f 表示众数所在组次数;f_{-1} 表示众数所在组前一组的次数;f_{+1} 表示众数所在组后一组的次数;L 表示众数所在组组距的下限;U 表示众数所在组组距的上限;I 表示组距。

【例4-22】根据表4-12所示资料,计算众数。

表4-12 某年级某学科学生成绩统计

按成绩分组/分	学生人数/人
60以下	10
60~70	40
70~80	80
80~90	120
90以上	30
合计	280

解:由表4-12可知,众数在80~90这一组,从而有

下限公式:众数 $= 80 + \frac{120 - 80}{(120 - 80) + (120 - 30)} \times 10 = 83.08$(分)

上限公式:众数 $= 90 - \frac{120 - 30}{(120 - 80) + (120 - 30)} \times 10 = 83.08$(分)

4.3.3 平均指标的适用范围和应用原则

1. 平均指标的适用范围

数值平均数利用了所有数据信息,是实际应用最广泛的集中趋势测度值。尤其是在数据呈对称分布或接近对称分布时,均值、中位数和众数会相等或接近相等,这时一般选用均值作为集中趋势的代表值。但均值的主要缺点是易受数据极端的影响,特别是当数据分布偏斜度较大时,位置平均数的代表性反而会比均值好。位置平均数的特点是不受极端的影响,如中位数主要适宜作为顺序数据的集中趋势测度值,众数则适宜作为分类数据的集中趋势测度值。

2. 平均指标的应用原则

(1) 平均指标只适用于同质总体

平均数只有在同质总体中进行计算,才能正确反映社会经济现象的一般水平。同质性是指社会经济现象的各个单位在被平均的标志上具有相同性。否则,就会混淆不同质总体的数量特征,从而不能正确反映总体所具有的数量特征。

(2) 用组平均数补充说明总平均数

由于平均数易受极端值的影响,所以,应用时要注意把平均数与组平均数结合起来分析。由于平均数的重要特征是把总体各单位的差异抽象化,掩盖了各单位的数量差异及其分配状况。因此,对于总体单位的分布状况,根据分析研究的需要,可以用分配数列补充说明总平均数,以便多视角地观察问题。

【例 4-23】根据表 4-13,求平均计划完成程度。

表 4-13 某集团下属 10 家企业计划完成情况

计划完成程度/%	企业数/个	计划产值/万元	组中值	实际产值/万元
90~100	2	600	95	570
100~110	5	4 000	105	4 200
110~120	3	1 500	115	1 725
合计	10	6 100	—	6 495

解:根据资料可知,平均计划完成程度为

$$\bar{x} = \frac{\sum xf}{\sum f} = \frac{6\ 495}{6\ 100} = 106.5\%$$

(3) 根据具体条件选择平均方法

不同的平均数,其计算方法、特点和使用条件等存在较大不同,因此,在使用平均数时,一定要根据变量数列的性质和已知条件等选用合适的数值平均数或位置平均数。

4.4 标志变异指标

4.4.1 标志变异指标的概念及种类

1. 标志变异指标的概念

标志变异指标是用来说明总体各单位的标志值之间差异程度的综合指标,它反映的是总体分布的离散趋势,也称为标志变动度。它主要包括全距、平均差、标准差以及全距系数、平均差系数、标准差系数等。

在对统计数据进行综合分析时,将集中趋势指标和离散趋势指标互相配合、互相补充,可以对统计数据进行较全面的观察。

2. 标志变异指标的作用

(1) 标志变异指标是衡量平均指标代表性大小的重要尺度

平均指标作为总体某一数量标志的代表值,其代表性的大小取决于总体各单位标志值差异程度的大小。一般来说,标志变异指标越大,平均数的代表性越小;标志变异指标越小,平均数的代表性越大;标志变异指标为0,平均数就具有完全的代表性。

例如,甲乙两组都有四名学生,其英语考试成绩如下:

甲组:100 80 40 0;乙组:61 60 60 59

两组平均分相等,均为60分,但两组的差异很大,甲组两极分化,平均分60分实际没有多大的代表性;乙组则相当均匀,平均数60分基本上能代表这一组的水平(因乙组学生的成绩都在平均值附近)。

(2) 标志变异指标是反映社会经济活动过程的均衡性与协调性的重要指标

在经济发展过程中出现的升降起伏、波动较大的非均衡变化的现象,生产过程中出现的前松后紧或前紧后松的无节奏状况等,可利用标志变异指标对之进行测定和分析。一般来说,变异指标越小,现象变动越均匀稳定;反之,则均衡或稳定性较差。

【例4-24】某厂甲、乙两车间第一季度生产计划执行情况如表4-14所示。

表4-14 某厂甲、乙两车间第一季度生产计划执行情况

名称	本季度计划数/吨	各月完成数/吨		
		1月	2月	3月
甲车间	100	32	34	34
乙车间	100	20	30	50

虽然甲、乙两车间第一季度都完成了生产计划,但甲车间每月都完成本季度计划的30%左右,计划执行情况是均衡的;乙车间则前松后紧,一月份只完成本季度计划的20%,第三个月则完成计划的50%,占全部计划任务的一半,表现得很不均衡。

(3) 标志变异指标是设计抽样方案的依据之一

在抽样调查中,根据样本指标来推断总体指标,只有得知了标志变异指标才能确定推断的准确程度及误差大小。

3. 标志变异指标的种类

(1) 标志变异绝对指标

常用的标志变异绝对指标有全距、平均差、标准差。这些变异指标主要反映标志值变动的绝对程度,用绝对数表示。通常只有在平均数相等、计量单位相同的条件下,才适宜采用这类指标采进行直接比较。

(2) 标志变异相对指标

标志变异相对指标是通过各类标志变异的绝对指标与相应的平均数之比来表明标志变异的相对程度,又称为标志变异系数或离散系数,用 V 表示。常用的离散系数有全距系数、平均差系数和标准差系数,它们可以消除数列平均水平高低对标志变异程度大小的影响,反映不同水平和不同性质的变量数列的变异程度。

4.4.2 标志变异指标的计算方法

1. 标志变异绝对指标的计算方法

(1) 全距

全距又称极差,是指数列中最大的标志值与最小的标志值的差。其计算公式为

$$全距 = 最大的标志值 - 最小的标志值$$

例如,某车间有甲、乙两个生产小组,每组各有 7 人,他们的日产零件数如下:

甲组:40　50　60　70　80　90　100

乙组:64　66　68　70　72　74　76

则

$$甲组日产零件数的全距 = 100 - 40 = 60（件）$$
$$乙组日产零件数的全距 = 76 - 64 = 12（件）$$

甲、乙两个生产小组的工人平均日产量相等,都为 70 件,但从全距的计算可看出,甲组工人日产量差异大于乙组工人日产量差异。全距数值越小,反映变量值越集中,标志变动度越小;全距数值越大,反映变量值越分散,标志变动度越大。

对于根据组距数列求全距,可以用最高组的上限与最低组的下限之差,求全距的近似值。但当有开口组时,若不知极端数值,则无法求全距。

全距是测定总体差异程度的一种粗略方法,它的优点是计算简便,在实际工作中常用于产品质量的检验和控制。因为在正常生产条件下,产品质量比较稳定,全距在一定范围内波动,若全距超过给定的范围,就说明有不正常情况发生。所以,利用全距有助于及时发现问题,以便采取措施,保证产品质量。但全距在计算时,只考虑两个极端变量值的水平,而不管中间数值的差异情况,也不受次数分配的影响,因而不能全面反映总体各单位标志值的差异程度。

(2) 平均差

平均差指各标志值与其算术平均数离差的绝对值的算术平均数。

由于各标志值对算术平均数的离差之和等于0,因此,计算平均差时,我们采用离差的绝对值($|X-\bar{X}|$)来计算。平均差能够综合反映总体中各单位标志值变动的影响。一般来说,平均差越大,表明标志变异程度越大,平均数的代表性越小;反之,则表明标志变异程度越小,平均数代表性越大。以 A.D 代表平均差,其计算公式为

在资料未分组的情况下:$A.D = \dfrac{\sum |X-\bar{X}|}{N}$

在资料分组的情况下:$A.D = \dfrac{\sum |X-\bar{X}|f}{\sum f}$

在平均数相等、计量单位相同的条件下,可直接采用平均差比较不同总体变量值的离散程度。

【例4-25】甲、乙两个生产小组工人日产量如表4-15所示,试比较两组平均数代表性的大小。

表4-15 甲、乙两个生产小组工人日产量

甲组			乙组		
日产量/件	离差	离差绝对值	日产量/件	离差	离差绝对值
20	-4	4	10	-14	14
22	-2	2	20	-4	4
25	1	1	25	1	1
26	2	2	30	6	6
27	3	3	35	11	11
合计	—	12	合计	—	36

解:根据表4-15可以算出

甲组平均日产量 = (20+22+25+26+27)÷5 = 24(件)

A.D = 12÷5 = 2.4(件)

乙组平均日产量 = (10+20+25+30+35)÷5 = 24(件)

A.D = 36÷5 = 7.2(件)

计算结果表明,甲组工人日产量平均差异程度为2.4件,乙组工人日产量平均差异为7.2件,甲组的平均差比乙组平均差小,所以乙组平均数的代表性比甲组平均数的代表性小。

【例4-26】某车间100个工人的日产量如表4-16所示。试计算工人的平均日产量,并比较差异程度。

表 4-16 某车间 100 个工人的日产量

日产量/件	工人数/人	组中值	每日总产量/件	离差绝对值	离差绝对值加权
10 以下	10	5	50	18.8	188.0
10~20	24	15	360	8.8	211.2
20~30	40	25	1 000	1.2	48.0
30~40	20	35	700	11.2	224.0
40 以上	6	45	270	21.2	127.2
合计	100	—	2 380	—	798.4

解：根据表 4-16 可得

$$\bar{x} = 2\,380 \div 100 = 23.8\ （件）$$

$$A.D = 798.4 \div 100 = 7.98\ （件）$$

计算结果表明，该车间工人的平均日产量为 23.8 件，但工人之间的生产水平是有差异的，平均来说，差异程度为 7.98 件。

平均差不同于全距，它是根据全部变量值计算出来的，所以对整个变量值的离散趋势有较充分的代表性。但平均差计算采用取离差绝对值的方法来消除正负离差，因而不适于代数方法的演算，从而使其应用受到限制。因此，常用标准差和方差来说明标志变异程度的大小。

(3) 标准差

标准差就是总体各单位的标志值与其算术平均数离差平方的算术平均数的平方根，故又称为均方根差。标准差的平方称为方差。

标准差是测定标志变异程度最常用、最主要的指标。标准差的意义与平均差基本相同，都表示各标志值对算术平均数的平均距离。不同之处在于数学处理方法上有所区别：平均差采用绝对值来消除各标志值与算术平均数之间离差的正负值问题，而标准差采用平方的方法来消除正、负离差的影响，考虑了总体中各单位标志值的变动影响，更符合数学的运算要求。所以说，标准差不仅具有平均差的优点，而且还弥补了平均差的不足，它是综合反映标志变动度最合理的指标，在实际工作中得到极为广泛的运用。

标准差有两种计算方法：

1) 简单平均法（适用于资料未分组的情况）。其计算公式为

$$\sigma = \sqrt{\frac{\sum (x - \bar{x})^2}{n}}$$

【例 4-27】两组学生统计学成绩如表 4-17 所示，试比较两组平均成绩的代表性大小。

表 4-17 两组学生统计学成绩

组别 成绩/分	第一组		组别 成绩/分	第二组	
	离差	离差平方		离差	离差平方
60	-15	225	20	-55	3 025
70	-5	25	80	5	25
80	5	25	100	25	625
90	15	225	100	25	625
合计	—	500	合计	—	4 300

解:根据表 4-17 可以得出

$$\bar{x}_1 = \frac{60+70+80+90}{4} = 75（分）$$

$$\bar{x}_2 = \frac{20+80+100+100}{4} = 75（分）$$

$$\sigma_1 = \sqrt{\frac{500}{4}} = 11.2（分）$$

$$\sigma_2 = \sqrt{\frac{4\,300}{4}} = 32.8（分）$$

计算结果表明,在两组学生平均成绩相等的情况下,第一组的标准差小于第二组标准差,这说明第一组平均成绩的代表性大于第二组。

2)加权平均法(适用于分组资料)。其计算公式为

$$\sigma = \sqrt{\frac{\sum(x-\bar{x})^2 f}{\sum f}}$$

【例 4-28】已知甲组工人的平均工资为 767 元,标准差为 22 元;乙组工人的工资如表 4-18 所示,试比较两组平均工资的代表性大小。

表 4-18 乙组工人的工资

按工资水平分组/元	工人人数/人	组中值/元	工资总额/元	离差平方	离差平方乘以次数
500~600	2	550	1 100	47 089	94 178
600~700	3	650	1 950	13 689	41 067
700~800	5	750	3 750	289	1 445
800~900	6	850	5 100	6 889	41 334
900 以上	2	950	1 900	33 489	66 978
合计	18	—	13 800	—	245 002

解:根据表 4-18 可以算出

$$\bar{x}_乙 = \frac{13\,800}{18} = 767（元）$$

$$\sigma_乙 = \sqrt{\frac{245\,002}{18}} = 116.7\text{(元)}$$

计算结果表明,在两组工人平均工资相等的情况下,乙组的标准差大于甲组的标准差,这说明乙组工人平均工资的代表性较甲组小。

2. 标志变异相对指标的计算方法

以上介绍的各种标志变异指标是反映标志变异度的绝对指标。在计算标志变异指标时,其数值的大小不仅受标志值之间差异程度的影响,还受标志水平高低的影响,仅适用于两个平均数相等时比较代表性大小。因此,在比较两个数列的标志变异度、衡量其平均指标的代表性时,如果两个总体或数列的性质不同、平均水平不同,就不能采用变异绝对指标直接比较其离散程度的大小,而应采用标志变异指标的相对指标,即离散系数。离散系数是极差、平均差和标准差与其算术平均数的对比值,分别称为极差系数、平均差系数和标准差系数,在实际工作中,标准差系数应用最为普遍,其计算公式为

$$V = \frac{\sigma}{\bar{x}} \times 100\%$$

【例4-29】甲商店职工的平均工资为900元,标准差为20元;乙商店职工的平均工资为600元,标准差为18元,试比较两商店平均工资的代表性大小。

分析:从标准差来看,甲商店的标准差比较大,似乎可以判断乙商店的平均工资代表性优于甲商店。但两商店的平均工资不相等,不能通过变异绝对指标直接比较,只能根据标准差系数来判定。

解:根据资料可以算出

$$V_甲 = \frac{20}{900} = 2.2\%$$

$$V_乙 = \frac{18}{600} = 3\%$$

$$V_甲 < V_乙$$

计算结果表明,甲商店职工的平均工资的代表性较大。

【例4-30】某商场两个售货小组某周内日销售额如表4-19所示,分别计算甲、乙两组一周内日销售额的全距、平均差、标准差,并比较哪个组日平均销售额的代表性大。

表4-19 某商场两个售货小组某周内日销售额

星期	甲组			乙组		
	日销售额/万元	离差	离差平方	日销售额/万元	离差	离差平方
一	12	5	25	8	7	49
二	13	4	16	10	5	25
三	14	3	9	7	8	64
四	15	2	4	14	1	1

续表

星期	甲组			乙组		
	日销售额/万元	离差	离差平方	日销售额/万元	离差	离差平方
五	16	1	1	18	3	9
六	24	7	49	20	5	25
日	25	8	64	28	13	169
合计	119	30	168	105	42	342

解：根据表 4-19 可以算出

$$\bar{x}_甲 = \frac{119}{7} = 17 \text{（万元）} \qquad \bar{x}_乙 = \frac{105}{7} = 15 \text{（万元）}$$

$$R_甲 = 25 - 12 = 13 \text{（万元）} \qquad R_乙 = 28 - 7 = 21 \text{（万元）}$$

$$A.D._甲 = \frac{30}{7} = 4.28 \text{（万元）} \qquad A.D._乙 = \frac{42}{7} = 6 \text{（万元）}$$

$$\sigma_甲 = \sqrt{\frac{168}{7}} = 4.9 \text{（万元）} \qquad \sigma_乙 = \sqrt{\frac{342}{7}} = 6.99 \text{（万元）}$$

$$V_甲 = \frac{4.9}{17} = 28.82\% \qquad V_乙 = \frac{6.99}{15} = 46.6\%$$

由于 $V_甲 < V_乙$，所以甲组平均数代表性大于乙组。

【例 4-31】已知某地两企业某月职工人数与工资如表 4-20 所示，试计算甲、乙两企业工人的平均工资，并比较说明两个企业职工工资的差异程度和平均工资的代表性大小。

表 4-20 某地两企业某月职工人数与工资

工资/元	职工人数/人		组中值	甲		乙	
	甲	乙	x	xf	$(x-\bar{x})^2 f$	xf	$(x-\bar{x})^2 f$
500 以下	15	20	450	6 750	502 335	9 000	531 380
500~600	20	22	550	11 000	137 780	12 100	87 318
600~700	40	38	650	26 000	11 560	24 700	52 022
700~800	17	15	750	12 750	232 713	11 250	281 535
800 以上	8	5	850	6 800	376 712	4 250	280 845
合计	100	100	325	63 300	1 261 100	61 300	1 233 100

解：根据表 4-20 可以算出

$$\bar{x}_甲 = \frac{63\ 300}{100} = 633 \text{（元）} \qquad \bar{x}_乙 = \frac{61\ 300}{100} = 613 \text{（元）}$$

$$\sigma_甲 = \sqrt{\frac{1\ 261\ 100}{100}} = 112.3 \text{（元）} \qquad \sigma_乙 = \sqrt{\frac{1\ 233\ 100}{100}} = 111.05 \text{（元）}$$

$$V_\text{甲} = \frac{112.3}{633} = 17.74\% \qquad V_\text{乙} = \frac{111.05}{613} = 18.12\%$$

由于 $V_\text{甲} < V_\text{乙}$，所以甲组平均数代表性大。

复习思考

1. 总量指标可以做哪些分类？其中，时期指标和时点指标各有什么特点？
2. 为什么说调和平均数是算术平均数的变形？二者有何区别？
3. 什么是权数？它在加权算数平均数和加权调和平均数中有何不同？
4. 强度相对指标和平均指标有何异同？举例说明。
5. 标志变异指标有哪些种类？其中最常用的是什么指标？
6. 如何区分时期指标和时点指标？

实践技能训练

1. 对某专业两个班的某门课程的成绩进行调查，要求计算出两个班的平均分数、标准差及标准差系数，并比较说明哪个班的平均分数代表性大。
2. 对两所同类学校职工的工资进行调查，要求计算出平均工资并比较差异程度，说明它们代表性的大小。

知识能力训练

一、名词解释

1. 总量指标。
2. 相对指标。
3. 平均指标。
4. 标志变异指标。
5. 中位数。
6. 众数。
7. 标准差。
8. 标准差系数。

二、单项选择题

1. 下列指标属于总量指标的是（   ）。
   A. 出勤率   B. 及格率
   C. 人均粮食占有量   D. 学生人数
2. 下列指标属于时点指标的是（   ）。
   A. 商品销售额   B. 商品销售量
   C. 平均每人销售额   D. 商品库存额
3. 将对比的基数抽象化为10，则计算的相对指标称为（   ）。
   A. 倍数   B. 成数
   C. 百分数   D. 千分数

4. 计划规定成本降低了3%，实际降低了5%，则计划完成（　　）。
   A. 98.1% B. 102.1%
   C. 101.9% D. 97.94%

5. 在出生婴儿中，男性占53%，女性占47%，这些是（　　）。
   A. 结构相对指标 B. 强度相对指标
   C. 比较相对指标 D. 比例相对指标

6. 计算平均指标最常用的方法和最基本的形式是（　　）。
   A. 算数平均数 B. 调和平均数
   C. 众数 D. 中位数

7. 在分配数列中，当标志值较小而权数较大时，计算的加权算数平均数（　　）。
   A. 接近于标志值较大的一方 B. 接近于标志值较小的一方
   C. 接近于中间水平的标志值 D. 不受权数影响

8. 在只掌握各组标志值和各组标志总量的情况下，宜采用（　　）。
   A. 加权算术平均数 B. 几何平均数
   C. 加权调和平均数 D. 简单算数平均数

9. 标志变异指标中易受极端数值影响的是（　　）。
   A. 全距 B. 平均差
   C. 标准差 D. 标准差系数

10. 两个总体的平均数不等，但标准差相等，则有（　　）。
    A. 两个平均数代表性相同 B. 较大的平均数代表性小
    C. 较小的平均数代表性小 D. 无法判定

三、多项选择题

1. 下列统计指标属于总量指标的是（　　）。
   A. 工资总额 B. 商业网点密度
   C. 商品库存量 D. 人均GDP
   E. 进出口总额

2. 下列属于时点指标的有（　　）。
   A. 某地区人口 B. 某地区人口死亡数
   C. 某城市大学在校学生人数 D. 某农场每年年末生猪存栏数
   E. 某企业月末在册职工人数

3. 分子与分母绝对不可计算互换的相对数指标有（　　）。
   A. 计划完成程度的相对指标 B. 结构相对指标
   C. 比例相对指标 D. 比较相对指标
   E. 强度相对指标

4. 下列属于结构相对指标的是（　　）。
   A. 男性比重 B. 产品合格率
   C. 国民收入积累率 D. 恩格尔系数
   E. 汇率

5. 下列统计指标属于强度相对指标的有（　　）。

   A. 人口密度 　　　　　　　　　　　B. 人均国民收入

   C. 人口死亡率 　　　　　　　　　　D. 经济发展速度

   E. 平均亩产

6. 平均指标的作用有（　　）。

   A. 说明总体的一般水平

   B. 测定总体单位分布的离散程度

   C. 对不同时间、不同地点、不同部门的同质总体平均指标进行对比

   D. 测定总体单位分布的集中趋势

   E. 可分析现象之间的依存关系

7. 加权算数平均数的大小（　　）。

   A. 受各组频率或频数的影响 　　　　B. 受各组标志值大小的影响

   C. 受各组标志值和权数的共同影响 　D. 只受各组标志值大小的影响

   E. 只受权数的大小影响

8. 下列属于位置平均数的有（　　）。

   A. 算数平均数 　　　　　　　　　　B. 调和平均数

   C. 集合平均数 　　　　　　　　　　D. 众数

   E. 中位数

9. 与平均指标具有相同作用的变异指标有（　　）。

   A. 全距 　　　　　　　　　　　　　B. 平均差

   C. 标准差 　　　　　　　　　　　　D. 变异系数

   E. 以上都是

10. 平均指数与指标变异的关系是（　　）。

    A. 平均指标是对总体单位指标值一般水平的测试，代表程度取决于标志变异指标的大小

    B. 标志变异指标越大，平均指标代表性越小

    C. 标志变异指标越小，平均指标代表性越大

    D. 平均指标和标志变异指标分别反映统一总体的集中趋势和离散趋势

    E. 二者无关系

四、判断题

1. 总量指标是综合指标。（　　）
2. 相对指标和平均指标是质量指标。（　　）
3. 用标准差的大小能比较两个不同数值平均数代表性的大小。（　　）
4. 数值平均数不受极值的影响。（　　）
5. 位置平均数包含中位数和众数。（　　）

五、计算题

1. 某地区 2015 年三次产业增加值如表 4-21 所示。

表4-21 某地区2015年三次产业增加值

产业分类	增加值/亿元
第一产业	17 247
第二产业	61 778
第三产业	37 669
合计	116 694

根据表中的资料,计算该地区增加值的结构相对指标。

2. 某厂计划第一季度产品单位成本比上年同期降低8%,实际执行结果比上年同期降低了10%,问该厂第一季度产品单位成本的计划完成程度如何?

3. 某年某月甲、乙两个集贸市场某种农产品价格及成交量、成交额如表4-22所示。

表4-22 甲、乙两个集贸市场某种农产品价格及成交量、成交额

等级	价格/(元·千克$^{-1}$)	甲实际成交额/万元	乙实际成交量/万千克
甲	5.0	1	4
乙	6.0	4	3
丙	7.0	5	1
合计	—	10	8

试比较该农产品在甲、乙两个集贸场的价格水平,并说明其高低的原因。

4. 某车间工人月加工零件统计情况如表4-23所示。

表4-23 某车间工人月加工零件统计情况

按加工零件数分组/件	工人数/人
100以下	5
400~600	12
600~800	20
800~1 000	35
1 000以上	18
合计	100

试确定该车间工人加工零件的众数和中位数。

5. 甲、乙两单位人数及月工资资料如表4-24所示。

表4-24 甲、乙两单位人数及月工资资料

月工资/元	甲单位人数/人	乙单位人数比重/人
2 000以下	4	2

续表

月工资/元	甲单位人数/人	乙单位人数比重/人
2 400～2 600	25	8
2 600～2 800	84	30
2 800～3 000	126	42
3 000 以上	28	18
合计	267	100

根据表中的资料：

（1）比较甲、乙两单位哪个单位的工资水平高。

（2）说明哪个单位的工资更具有代表性。

第 5 章

统计指数分析

学习目标

【知识目标】

➢ 了解统计指数的基本概念和基本原理
➢ 了解统计指数的作用、分类和编制原则
➢ 掌握综合指数、平均指数和平均指标指数的编制方法
➢ 掌握指数体系和因素分析方法

【能力目标】

➢ 能运用指数体系和因素分析方法分析、解决实际经济问题

案例导读

2015 年 12 月全国居民消费价格指数（CPI）

数据显示，2015 年 12 月居民消费价格指数环比上涨 0.5%，同比上涨 1.6%。2015 年全国居民消费价格指数上涨 1.4%。

2015 年 12 月，全国居民消费价格总水平同比上涨 1.6%。其中，城市上涨 1.7%，农村上涨 1.5%；食品价格上涨 2.7%，非食品价格上涨 1.1%；消费品价格上涨 1.5%；服务价格上涨 2.1%。2015 年，全国居民消费价格总水平比上年上涨 1.4%。

2015 年 12 月，全国居民消费价格总水平环比上涨 0.5%。其中，城市上涨 0.5%，农村上涨 0.5%；食品价格上涨 1.5%，非食品价格持平；消费品价格上涨 0.7%；服务价格持平。

从全年看，2015 年全国居民消费价格指数上涨 1.4%，其中食品价格上涨 2.3%；非食品价格上涨 1.0%。食品中，猪肉、鲜菜、水产品价格分别上涨 9.5%、7.4% 和 1.8%；非食品中，服务价格上涨 2.0%，其中保姆和小时工等家庭服务、理发、学前教育、洗浴、衣着清洗价格分别上涨 7.9%、5.4%、5.1%、5.0% 和 4.9%。

各类商品及服务价格同比变动情况：

2015 年 12 月，食品价格同比上涨 2.7%，影响居民消费价格总水平上涨约 0.91%。其中，鲜菜价格上涨 11.8%，影响居民消费价格总水平上涨约 0.38%；肉禽及其制品价格上涨 6.2%，影响居民消费价格总水平上涨约 0.46%（其中，猪肉价格上涨 14.0%，影响居民消费价格总水平上涨约 0.42%）；水产品价格上涨 2.5%，影响居民消费价格总水平上涨约 0.07%；粮食价格上涨 1.2%，影响居民消费价格总水平上涨约 0.03%；蛋价下降 11.1%，影响居民消费价格总水平下降约 0.10%；鲜果价格下降 6.9%，影响居民消费价格总水平下降约 0.16%。

2015 年 12 月，非食品价格同比上涨 1.1%。其中，烟酒及用品、医疗保健和个人用品、衣着、娱乐教育文化用品及服务、家庭设备用品及维修服务、居住价格分别上涨 3.9%、2.5%、2.0%、1.3%、0.8% 和 0.8%；交通和通信价格下降 1.3%。

据测算，在 2015 年 12 月 1.6% 的居民消费价格总水平同比涨幅中，上年价格上涨的翘尾因素消失为 0，新涨价因素约为 1.6%。

各类商品及服务价格环比变动情况：

2015 年 12 月，食品价格环比上涨 1.5%。其中，鲜菜价格上涨 13.7%，影响居民消费价格总水平上涨约 0.43%；鲜果价格上涨 2.3%，影响居民消费价格总水平上涨约 0.05%；蛋价上涨 1.3%，影响居民消费价格总水平上涨约 0.01%；水产品价格上涨 1.3%，影响居民消费价格总水平上涨约 0.03%；肉禽及其制品价格下降 0.3%，影响居民消费价格总水平下降约 0.02%（其中，猪肉价格下降 0.5%，影响居民消费价格总水平下降约 0.02%）。

2015 年 12 月，非食品价格环比持平。其中，医疗保健和个人用品价格上涨 0.2%；交通和通信、娱乐教育文化用品及服务价格分别下降 0.2% 和 0.1%；烟酒及用品、衣着、家庭设备用品及维修服务、居住价格均持平。

上述资料中提到的指数是研究现象差异或变动的重要统计指标，目前广泛应用于社会经济生活各个方面。

思考：

1. 上述统计指数是如何计算出来的？
2. 这些统计指数反映了什么样的内容，有什么规律吗？
3. 你能说出其他几种常用生活指数吗？

5.1 统计指数概述

5.1.1 统计指数的概念及作用

1. 统计指数的概念

为了阐明统计指数的概念，我们把研究的现象总体分为简单现象总体和复杂现象总体。如表 5-1 所示，如果单独考察该企业各种商品销售量的变动状况，则用报告期的销售量与基期销售量对比，如甲商品报告期销售量是基期销售量的 106.25%，表示甲商品报告期销售量相比基期销售量增加了 6.25%。这里研究的是单一事物，这种由单一事物构成的总体

（即在数量可以直接加总的事物所构成的总体），称为简单现象总体。

表 5-1 某企业商品销量及销售价格资料

商品	计量单位	销售量			价格/元		
		基期 q_0	报告期 q_1	$\dfrac{q_1}{q_0}$/%	基期 p_0	报告期 p_1	$\dfrac{p_1}{p_0}$/%
甲	件	800	850	106.25	12	11	91.67
乙	台	1 500	1 385	92.33	6	8	133.33
丙	件	300	300	100.00	15	15	100.00
丁	吨	235	250	106.38	18	20	111.11

但是在表 5-1 中，如果考虑的不是某种单一商品的销售量变动状况，而是考虑整个企业所有商品销售量的总变动状况，则此时不能用简单的加总。因为该企业各种商品的计量单位不一样，使用的价值不一样，不能直接简单的加总对比。这种在数量上不能直接相加或不能直接对比的事物所形成的总体，称为复杂现象总体。通常情况下，复杂现象总体的计算公式为

$$\text{质量指标综合指数}: \bar{k}_p = \frac{\sum p_1 q_1}{\sum p_1 q_0}$$

$$\text{数量指标综合指数}: \bar{k}_q = \frac{\sum q_1 p_0}{\sum q_0 p_0}$$

统计指数有广义和狭义之分。广义统计指数泛指一切说明现象数量变动或差异程度的相对数。上面简单现象总体的数量变动是广义统计指数，即一般动态相对数。因此，前面所学的结构相对数、比例相对数、比较相对数、强度相对数、动态相对数、计划完成相对数都属于广义统计指数。狭义统计指数只是相对数的特殊部分，是特指不能直接加总的复杂现象总体的综合变动程度的相对数。例如，2014 年全国居民消费价格指数为 120%，即居民消费价格比 2013 年上涨 20%，它反映 2014 年全部消费品及服务价格综合变动的程度；又如，多种产品的成本指数和不同商品的销售量指数都是反映所研究现象综合变动情况的相对数，都属于狭义统计指数范畴。

本章主要讲述狭义统计指数。

2. 统计指数的性质

根据狭义统计指数的概念可知，统计指数具有以下性质：

（1）综合性

狭义统计指数不是反映一种事物的变动，而是综合反映多种事物所构成的复杂总体变动，因此是一种综合性的指数。例如，消费品价格指数是综合反映所有消费品和服务价格的变动，而不是某一种消费价格的变动。

（2）平均性

统计指数所表示的综合变动是多种事物平均意义上的变动，其数值是各个事物变动的一

般程度代表值。如表 5-1 中,甲、乙、丙、丁四种商品价格,报告期较基期有不同程度的变化,所计算的该销售商品价格总指数为 108.8%,反映出这四种商品的报告期价格较基期价格平均上涨了 8.8%,而不是哪一种商品的价格变动。

3. 统计指数的作用

(1) 综合反映复杂社会经济现象总体的变动方向和程度

无论是哪种统计指数,计算的结果一般都用百分数表示。这个百分数大于 100%(或小于)100%,表示上升(或下降)的方向。比 100% 大多少或小多少,则表示升降的程度。不仅如此,用统计指数的子项减母项,还可以计算差异的绝对值变动情况。

(2) 分析多因素影响的总变动中各个影响因素的影响大小和方向

现象总体的数量变动往往是两个或两个以上影响因素共同作用的结果。例如,销售额由销售量和销售价格构成,销售额的变动就是销售量变动和销售价格变动共同作用的结果,可以从相对数和绝对数两个方面分析销售量和销售价格变动对销售额的影响程度和影响方向。

(3) 测定研究现象在长时间内的发展变化趋势

利用连续编制的指数动态数列,可以分析社会经济现象长时间的发展变化趋势。

5.1.2 统计指数的分类

1. 按统计指数考察的范围不同,可分为个体指数和总指数

个体指数是反映单项事物变动的相对数。例如,表 5-1 单独反映甲、乙、丙、丁四种商品销售量变化的统计指数就是个体指数。常见的个体指数有某种商品的价格指数、某产品的成本指数等。

总指数是综合反映复杂现象总体数量变动的相对数,即前面提到的狭义统计指数,如零售物价总指数、农副产品批发价格指数、工业产品产量指数等。

另外,还有介于个体指数与总指数之间的统计指数,称为组指数或类指数。实际上,其也可以被看成较小范围的一种总指数,是说明总体中某一组或某一类现象的变动方向和程度的相对数。

2. 按统计指数化指标的性质不同,可分为数量指标指数和质量指标指数

数量指标指数是说明数量指标变动程度的相对数,如产品产量指数、商品销售量指数、职工人员指数等。

质量指标指数是说明质量指标变动程度的相对数,如商品价格指数、产品单位成本指数、工资水平指数等。

3. 按总指数的表现形式不同,可分为综合指数、平均指数、平均指标对比指数

综合指数是在确定了同度量因素后,通过两个有联系的综合指标对比计算的总指数。

平均指数是从个体指数出发,对个体指数应用加权平均的方法计算出来的统计指数,常作为综合指数的变形而使用。常见的平均指数有加权算术平均数指数、加权调和平均数指数。综合指数和平均指数是计算总指数的两种形式。

平均指标对比指数是通过两个加权算术平均指标对比计算的指数,也称可变构成指数。这三类统计指数既有区别,又有联系,适用于统计指数计算的不同情况。

4. 按统计指数的对比性质,分为动态指数和静态指数

动态指数是说明现象在不同时期指标数值对比而形成的统计指数,如价格指数、商品销售量指数、产品成本指数、工业产品指数等。

静态指数是同一时期不同地区(或不同单位)同一指标的对比而求得的统计指数,如计划完成指标指数、地区经济综合评价指数。

5. 按选择的基期不同,分为定基指数和环比指数

统计指数往往随时间的推移而编制,从而形成了在时间上前后衔接的指数数列。定基指数是指在指数数列中,以某一固定时期的水平作为对比基数的统计指数;环比指数是指在指数数列中,以前一时期的水平作为对比基数的统计指数。

5.2 综合指数

5.2.1 综合指数编制的原理

1. 确定指数化因素

指数化因素是指通过编制综合指数来反映其变化程度的那个因素,如物量指数的销售量。与指数化因素相对应的另一个概念是同度量因素,同度量因素是将原来不能同度量的指数化因素转变为能度量的那个媒介因素。例如,在编制销售量总指数时,需要引入销售价格,用不同商品销售量乘以各自对应的销售价格,把不能同度量的销售量转化为可以同度量的销售额后,就可以直接相加了,这里销售价格就是同度量因素。

通常,将指数化因素是数量指标的综合指数称为数量指标指数,指数化因素是质量指标的综合指数称为质量指标指数。

2. 确定同度量因素

编制综合指数时,首先必须解决不同事物数量的不同度量问题,设法找到一个媒介因素(即同度量因素),以解决复杂现象总体的指数化指标不能直接加总的问题。同度量因素有两个作用,如编制商品零售价格总指数时,需要以商品销售量为同度量因素,由于销售量高的商品其销售额也高,相应地对总指数的影响就大,因此,同度量因素也称为权数。而在编制销售量指数时,销售量是指数化因素,单位商品销售价格是同度量因素。

3. 确定同度量因素的时期

确定同度量因素的时期应从实际情况出发,根据编制综合指数的具体目的、任务和研究对象的经济内容来确定。

同度量因素的时期选择不同,有不同的综合指数计算公式,国际上通用的是拉氏指数和派氏指数。

(1) 拉氏指数

拉氏指数是德国统计学家拉斯佩尔于1864年提出的一种综合指数计算方法。利用它计

算综合指数时,将同度量因素固定在基期,如计算价格综合指数时,以基期的数量指标(如产量或销售量)作为同度量因素;在计算数量指标指数时,也以基期的质量指标(如价格)作为同度量因素。其计算公式为

$$质量指标指数:\bar{k}_p = \frac{\sum p_1 q_0}{\sum p_0 q_0}$$

$$数量指标指数:\bar{k}_q = \frac{\sum q_1 p_0}{\sum q_0 p_0}$$

式中,$\bar{k}_p$ 表示质量指标指数;$\bar{k}_q$ 表示数量指标指数;q 表示数量指标;p 表示质量指标;1 表示报告期;0 表示基期。

拉氏指数将同度量因素固定在基期水平,故又称为基期加权综合指数。拉氏指数可以消除权数变动对指数的影响,从而使不同时期的综合指数具有可比性。

(2)派氏指数

派氏指数是 1874 年德国另一位经济学家哈曼·派许提出的一种计算综合指数的方法。利用它计算综合指数时,将同度量因素固定在报告期。如计算综合价格指数时,以报告期的数量指标(如产量或销售量)作为同度量因素。其计算公式为

$$质量指标指数:\bar{k}_p = \frac{\sum p_1 q_1}{\sum p_0 q_1}$$

$$数量指标指数:\bar{k}_q = \frac{\sum q_1 p_1}{\sum q_0 p_1}$$

因派氏指数将同度量因素固定在报告期水平,故又称为报告期加权综合指数。派氏指数不能消除权数变动对指数的影响,因而不同时期的综合指数缺乏可比性。但派氏指数能反映质量指标(如商品价格)和数量指标(如销售量)的同时变动,具有较明显的经济意义。

在实际统计工作中,常用拉氏公式来计算数量指标(如产量和销售量)指数;用派氏公式来计算质量指标(如价格、成本)指数。

我国综合指数编制理论和实践遵循的一般原则是:数量指标指数用拉氏公式,即以基期质量指标作为同度质量因素;质量指标指数用派氏公式,即以报告期数量指标作为同度量因素。

5.2.2 综合指数编制的方法

1. 数量指标指数的编制

数量指标指数是反映现象总体规模或水平变动情况的指数,如工业产品产量指数、商品销售量指数、职工人数指数等。现以某企业生产资料为例来说明数量指标指数的编制原理和方法。

【例 5-1】某企业生产三种产品,试根据相关数据编制产量总指数,有关资料如表 5-2 所示。

表 5-2　某企业产品产量和单位成本

产品名称	计量单位	产量		单位成本/元	
		基期 q_0	报告期 q_1	基期 p_0	报告期 p_1
甲	件	350	400	0.8	0.9
乙	套	700	650	0.3	0.4
丙	台	500	550	0.7	0.6

根据表中数据可知，三种产品的产量有增有减，要反映每种产品产量的变动，可以通过计算个体指数说明，则三种商品的个体产量指数分别为

$$甲产品的个体产量指数：k_q = \frac{q_1}{q_0} = \frac{400}{350} = 114.29\%$$

$$乙产品的个体产量指数：k_q = \frac{q_1}{q_0} = \frac{650}{700} = 92.86\%$$

$$丙产品的个体产量指数：k_q = \frac{q_1}{q_0} = \frac{550}{500} = 110\%$$

这些个体指数只能说明甲、乙、丙三种产品的报告期产量相比基期产量分别增加了 14.29%、减少了 7.14% 和增加了 10%。三种产品产量的增减变化方向和程度不同，若要概括说明三种产品产量的综合变动，就要编制产量总指数。

产量总指数的编制步骤如下：

（1）引入同度量因素

三种产品品种不一样，计量单位不同，所以这三种产品产量不能直接相加得到总产量。而价值量是可以相加的，需要引入同度量因素单位成本，将不能直接相加的产量过渡到能相加的总成本价值量。因"产量×单位成本=总成本"，故可知单位成本起了媒介的作用，可以作为同度量因素引入。这里指数化指标是产量，即产量为指数化因素，单位成本为同度量因素。

（2）对比两个时期的总成本

产量总指数的计算公式为

$$\overline{k}_q = \frac{\sum q_1 p}{\sum q_0 p}$$

式中，$\overline{k}_q$ 表示产量总指数；p 表示单位成本；q 表示产量。

该公式为计算数量指标指数的一般计算公式，在分子与分母的对比中，只反映了数量指标（即产量）一个因素的变化，所以对比的结果说明了产量综合变动的方向和程度。

（3）确定同度量因素的时期

以不同时期的单位成本作为同度量因素，会有不同的计算结果。其计算公式为

$$\overline{k}_q = \frac{\sum q_1 p_0}{\sum q_0 p_0} \text{ 或 } \overline{k}_q = \frac{\sum q_1 p_1}{\sum q_0 p_1}$$

具体计算结果如表 5-3 所示。

表 5-3　产品产量综合指数计算

产品名称	计量单位	产量		单位成本/元		总成本/元			
		基期 q_0	报告期 q_1	基期 p_0	报告期 p_1	q_0p_0	q_1p_1	q_1p_0	q_0p_1
甲	件	350	400	0.8	0.9	280	360	320	315
乙	套	700	650	0.3	0.4	210	260	195	280
丙	台	500	550	0.7	0.6	350	330	385	300
合计	—	—	—	—	—	840	950	900	895

将表 5-3 的数据代入公式，计算企业的产量综合指数，有

$$\bar{k}_q = \frac{\sum q_1 p_0}{\sum q_0 p_0} = \frac{900}{840} = 107.14\%$$

$$\sum q_1 p_0 - \sum q_0 p_0 = 900 - 840 = 60(元)$$

或

$$\bar{k}_q = \frac{\sum q_1 p_1}{\sum q_0 p_1} = \frac{950}{895} = 106.15\%$$

$$\sum q_1 p_1 - \sum q_0 p_1 = 950 - 895 = 55(元)$$

1）将同度量因素"单位成本"固定在基期，其计算结果表明：三种产品的报告期产量相比基期产量平均增加了 7.14%；由于产量增加了 7.14%，故报告期企业总成本较基期企业总成本也增加了 7.14%；分子与分母相减的差额反映产量的变动对总成本绝对值的影响。

本例中，公式的分子与分母分别是三种产品报告期和基期的总成本额。其差为

$$\sum q_1 p_0 - \sum q_0 p_0 = 900 - 840 = 60(元)$$

这说明三种产品产量的增加使总成本增加了 60 元。这是假定价格不变的情况下纯粹由产量的变动带来的。这样的产量综合指数反映了产量的变动及其对总成本的影响程度。

2）将同度量因素"单位成本"固定在报告期，其计算结果表明：三种产品的报告期产量相比基期产量平均增加了 6.15%；由于产量增加了 6.15%，故报告期企业总成本较基期企业总成本也增加了 6.15%；分子与分母相减的差额反映产量的变动对总成本绝对值的影响。

本例中，公式的分子与分母分别是三种产品在报告期和基期的总成本额。其差为

$$\sum q_1 p_1 - \sum q_0 p_1 = 950 - 895 = 55(元)$$

这说明三种产品产量的增加使总成本增加了 55 元。这是假定价格在报告期水平的情况下，由产量的变动带来的。

从计算结果可以看出，同度量因素固定在基期和报告期的计算结果和计算意义是不同的。它们之间的不同在于是否包括"共变量影响因素"，用同度量因素的报告期水平减同度量因素的基期水平即可看出"共变量影响因素"的作用，即

$$\left(\sum q_1 p_1 - \sum q_0 p_1\right) - \left(\sum q_1 p_0 - \sum q_0 p_0\right) = \sum (q_1 - q_0)(p_1 - p_0) = -5(元)$$

将同度量因素"单位成本"固定在报告期，不仅包含"单位成本"从基期变为报告期

的作用，还包含"产品产量与单位成本"同时变动所带来的"共变量影响因素"的作用，即"产品产量"增加使总成本增加60元；"产品产量与单位成本"变动使总成本减少5元；二者的共同作用使总成本增加55元。

将同度量因素"单位成本"固定在基期，可单纯反映"产品产量"变动的影响，即由于"产品产量"平均增加了7.14%，所以总成本增加60元。

按照综合指数编制的一般原则，编制数量指标指数时，应将同度量因素固定在基期，即用拉氏指数。因此，产量综合指数应选择公式

$$\bar{k}_q = \frac{\sum q_1 p_0}{\sum q_0 p_0}$$

2. 质量指标指数的编制

质量指标指数是反映质量指标综合变动情况的相对数。价格指数是最常见的质量指标指数。仍以表5-2和表5-3的资料为例来说明质量指标指数的编制原理和方法。

【例5-2】根据表5-3的计算结果，编制产品的单位成本总指数。根据表5-3的数据资料，同样可以计算三种产品单位成本的个体指数，即

甲产品单位成本的个体指数：$k_p = \dfrac{p_1}{p_0} = \dfrac{0.9}{0.8} = 112.5\%$

乙产品单位成本的个体指数：$k_p = \dfrac{p_1}{p_0} = \dfrac{0.4}{0.3} = 133.33\%$

丙产品单位成本的个体指数：$k_p = \dfrac{p_1}{p_0} = \dfrac{0.6}{0.7} = 85.87\%$

计算结果表明，甲、乙、丙三种产品报告期单位成本相比基期单位成本分别增加了12.5%、33.33%和降低了14.13%。三种产品单位成本的增减的方向和程度不同。若要概括说明三种产品单位成本的综合变动，就必须编制产品单位成本总指数。

单位成本总指数的编制步骤如下：

（1）引入同度量因素

将不能直接相加的单位成本分别乘以相应的产量得到总成本，就过渡到能够相加的总成本价值量。因"产量×单位成本=总成本"，故可以看出，产量起了媒介的作用。所以，同度量因素是产量，单位成本是指数化因素。

（2）对比两个时期的总成本

单位成本总指数的计算公式为

$$\bar{k}_p = \frac{\sum p_1 q}{\sum p_0 q}$$

式中，$\bar{k}_p$ 表示单位成本总指数；p 表示单位成本；q 表示产量。

该公式为计算质量指标指数的一般计算公式，在分子与分母的对比中，只反映质量指标（如单位成本）一个因素的变化，所以对比的结果说明了质量指标（此处为单位成本）综合变动的方向和程度。

(3) 确定同度量因素的时期

以不同时期的产量作为同度量因素，会有不同的计算结果。其计算公式为

$$\bar{k}_p = \frac{\sum p_1 q_0}{\sum p_0 q_0} \text{ 或 } \bar{k}_p = \frac{\sum p_1 q_1}{\sum p_0 q_1}$$

将表 5-3 的数据代入上式，可计算产品的单位成本总指数为

$$\bar{k}_p = \frac{\sum p_1 q_0}{\sum p_0 q_0} = \frac{895}{840} = 106.55\%$$

$$\sum p_1 q_0 - \sum p_0 q_0 = 895 - 840 = 55(元)$$

或

$$\bar{k}_p = \frac{\sum p_1 q_1}{\sum p_0 q_1} = \frac{950}{900} = 105.56\%$$

$$\sum p_1 q_1 - \sum p_0 q_1 = 950 - 900 = 50(元)$$

1) 将同度量因素"产量"固定在基期，其计算结果表明：三种产品的报告期单位成本相比基期单位成本平均增加了 6.55%；由于单位成本增加了 6.55%，故报告期企业总成本较基期企业总成本也增加了 6.55%；分子与分母相减的差额反映单位成本的变动对总成本绝对值的影响。

上例中，公式的分子与分母分别是三种产品报告期和基期的总成本额。其差为

$$\sum p_1 q_0 - \sum p_0 q_0 = 895 - 840 = 55(元)$$

这说明三种产品单位成本的增加使总成本增加了 55 元。这是假定产量不变的情况下纯粹由单位成本的变动带来的。这样的单位成本总指数反映了单位成本的变动及对总成本的影响程度。

2) 将同度量因素"产量"固定在报告期，其计算结果表明：三种产品的报告期单位成本相比基期单位成本平均增加了 5.56%；由于单位成本增加了 5.56%，故报告期企业总成本较基期也增加了 5.56%；分子与分母相减的差额反映单位成本的变动对总成本绝对值的影响。

本例中，公式的分子与分母分别是三种产品报告期和基期的总成本额。其差为

$$\sum p_1 q_1 - \sum p_0 q_1 = 950 - 900 = 50(元)$$

这说明三种产品单位成本的增加，使总成本增加了 50 元。这是假定产量在报告期水平的情况下，由单位成本的变动带来的。

从计算结果可以看出，同度量因素固定在基期和报告期的计算结果和计算意义是不同的。它们之间的不同在于是否包括"共变量影响因素"，用同度量因素的报告期水平减同度量因素的基期水平即可看出"共变量影响因素"的作用，即

$$\left(\sum p_1 q_1 - \sum p_0 q_1\right) - \left(\sum p_1 q_0 - \sum p_0 q_0\right) = \sum (p_1 - p_0)(q_1 - q_0) = -5(元)$$

将同度量因素"产量"固定在报告期，不仅包含"产量"从基期变为报告期水平的作用，还包含"产品产量与单位成本"同时变动所带来的"共变量影响因素"的作用，即由于"单位成本"增加，总成本增加 55 元；由于"产品产量与单位成本"变动，总成本减少 5 元；二者的共同作用使总成本增加 50 元。

将同度量因素"产量"固定在基期,可单纯反映"单位成本"变动的影响,即"单位成本"平均增加 6.55% 使总成本增加 55 元。

按照综合指数编制的一般原则,编制质量指标指数时,应将同度量因素固定在报告期,即用派氏指数。因此,价格综合指数应选择公式

$$\bar{k}_p = \frac{\sum p_1 q_1}{\sum p_0 q_1}$$

5.2.3 其他形式的综合指数公式简介

在统计指数理论的发展与完善过程中,还先后产生了一些编制综合指数的其他计算方法,这些方法也影响着现代指数的编制。

1. 马歇尔 – 埃奇沃斯指数

以基期和报告期的平均值为同度量因素,采用交叉加权的形式编制综合指数的计算方法称为马 – 埃公式。这个公式是由英国经济学家马歇尔和埃奇沃斯两人共同设计出来的,按此公式计算的指数值介于拉氏指数和派氏指数之间。其具体计算公式为

$$\text{数量指标指数:} \bar{k}_q = \frac{\sum q_1 \frac{p_0 + p_1}{2}}{\sum q_0 \frac{p_0 + p_1}{2}}$$

$$\text{质量指标指数:} \bar{k}_p = \frac{\sum p_1 \frac{q_0 + q_1}{2}}{\sum p_0 \frac{q_0 + q_1}{2}}$$

马 – 埃公式虽然从形式上采用了不偏不倚的做法,但失去了拉氏公式和派氏公式的经济意义。

2. 理想指数(费雪指数)

这是由美国统计学家费雪提出的一种计算综合指数的方法。它采用交叉计算公式,实际上是拉氏指数和派氏指数的几何平均数。其具体计算公式如下

$$\text{数量指标指数:} \bar{k}_q = \sqrt{\frac{\sum q_1 p_0}{\sum q_0 p_0} \times \frac{\sum q_1 p_1}{\sum q_0 p_1}}$$

$$\text{质量指标指数:} \bar{k}_p = \sqrt{\frac{\sum q_0 p_1}{\sum q_0 p_0} \times \frac{\sum q_1 p_1}{\sum q_1 p_0}}$$

由于该指数公式能通过他本人提出的对指数公式测验的重要要求,故自称为理想公式。该公式同马 – 埃公式一样,虽然不偏不倚,但同样缺乏明确的经济意义,而且所用资料更多,计算比较复杂。目前,只有购买力平价指数是采用这种计算方法计算的。

3. 价格指数缩减法

通过前面的学习,已知综合指数的本质是同一指标在不同时间的动态比较,既可以是单

一事物计算指数以表示其动态特征（广义统计指数），又可以是多项事物计算指数测算其综合变动（狭义统计指数）。最基本的指数包括数量指标指数（如产量指数、销售量指数、消费量指数等）和质量指标指数（如各种价格指数）。

一般而言，价格指数是由一个数量指标指数和一个质量指标指数共同构成的。价值额指数按现价计算，容易取得。只要得到价格指数，就可以利用指数体系推算出物量指数，即

$$\bar{k}_{pq} = \bar{k}_q \times \bar{k}_p \Rightarrow \bar{k}_q = \frac{\bar{k}_{pq}}{\bar{k}_p}$$

在市场经济体制中，价格本身就是国民经济运行状况的重要指示信号，价格指数是国民经济动态表现的重要组成部分。另外，价格指数本身也具有独立的统计意义，可以反映某一类别物价的变动情况，比如消费品价格指数就是反映消费品和服务价格的波动程度的。

我国现在主要编制两类价格指数：第一类是生产者价格指数，如农产品价格指数、工业品出厂价格指数等；第二类是购买者价格指数，如居民消费价格指数、固定资产投资价格指数等。

价格指数缩减法就是在报告期价值的基础上，利用一套对应的价格指数进行缩减，得到报告期可比价物量指标，即

$$\frac{\sum p_1 q_1}{\frac{\sum p_1 q_1}{\sum p_0 q_1}} = \sum p_1 q_1 \times \frac{\sum p_0 q_1}{\sum p_1 q_1} = \sum p_0 q_1$$

直到2001年，我国计算可比价物量指标，只使用固定价格直接估价法（也称为不变价格法），辅之以物量指数外推法。也就是事先编制一套固定在某时期的价格作为不变价格，然后在一段较长时间内以该固定价格进行直接估价。我国使用过的不变价格有：1952年不变价格、1957年不变价格、1970年不变价格、1980年不变价格和1990年不变价格。不变价格在使用中主要存在计算工作量浩繁、价格目录覆盖面不全等问题。自2002年起，国家统计局废弃了这种直接估价的方法，启用价格指数缩减法计算各项可比价物量指标。

目前，世界上大多数国家都采用价格指数缩减法计算可比价物量指标。

5.2.4 综合指数的应用

综合指数应用很广，很多统计指数都采用这种方法编制。下面介绍几种常用的综合指数。

1. 工业生产指数

工业生产指数是概括反映一个国家或地区各种工业产品产量的综合变动程度的相对数。它是衡量经济增长水平的重要指标之一。世界各国都非常重视工业生产指数的编制，但采用的方法不完全相同。我国工业生产指数采用固定加权综合指数的形式进行编制，即

$$\bar{k}_q = \frac{\sum q_1 p_n}{\sum q_0 p_n}$$

式中，p_n 表示不变价格。

西方各国通常采用平均指数的形式编制工业生产指数，其计算公式为

$$\bar{k}_p = \frac{\sum \frac{q_1}{q_0} W}{\sum W}$$

式中，$\frac{q_1}{q_0}$ 表示各种工业品的个体产量指数；W 表示相应产品的基期价值量。

编制工业生产指数的一般程序为：挑选代表产品；确定代表产品的权数；收集数据，并计算个体产量指数；对个体产量指数进行加权算术平均。

2. 股票价格指数

（1）编制股票价格指数的意义

股票价格指数是用以表示多种股票平均价格水平及其变动并衡量股市行情的指标。在股票市场上，成百上千种股票同时进行交易，各种股票价格各异、价格种类多样。因此，需要有一个尺度标准来衡量股市价格的涨落、观察股票市场的变化。用股票价格数指标来衡量整个股票市场总的价格变化，能够比较正确地反映股票行情的变化和发展趋势。股票价格指数一般是由一些有影响的金融机构或金融研究组织编制的，并且定期、及时公布。世界各大金融市场都编制或参考股票价格指数，将一定时点上成千上万种此起彼落的股票价格表现为一个综合指标，以代表该股票市场的一定价格水平和变动情况。

（2）股票价格指数的计算

股票价格指数是反映不同时点的股价变动情况的相对指标。通常是将报告期的股票价格与基期价格相比，并将二者的比值乘以基期的指数值（通常设为100），即为该报告期的股票价格指数。股票价格指数的计算方法有三种：相对法、综合法、加权综合法。

1）相对法。相对法又称平均法，就是先计算各样本股票指数，再求其总的算术平均数。其计算公式为

$$股票指数 = \frac{\sum 样本股票指数}{n}$$

英国的普通股票价格指数就使用这种计算法。

2）综合法。综合法是先将样本股票的基期价格和报告期价格分别加总，然后相比求出股票价格指数。其计算公式为

$$股票价格指数 = \frac{\sum 报告期股价}{\sum 基期股价}$$

例如，假定某股票市场的报告期的成本股价分别是：8、12、14、18；基期的成本股价分别是：5，8，10，15，则

$$股价指数 = \frac{8+12+14+18}{5+8+10+15} = \frac{52}{38} = 136.8\%$$

计算结果表明，报告期的股价比基期的股价上涨了36.8%。

从平均法和综合法计算股票价格指数来看，二者都未考虑到"由于各种采样股票的发行量和交易量不相同，所以对整个股市股价的影响不一样"等因素，因此，计算出来的指数亦不够准确。为使股票价格指数计算精确，需要加入权数，这个权数可以是交易量，也可

以是发行量。

3）加权综合法。加权股票价格指数是根据各期样本股票的相对重要性予以加权，其权数（q）可以是成交股数、股票发行量等。按时间划分，权数可以是基期权数，也可以是报告期权数。目前，世界上大多数股票价格指数都采用派氏指数计算。其计算公式为

$$\bar{k}_p = \frac{\sum p_1 q}{\sum p_0 q}$$

5.3 平均数指数

5.3.1 平均数指数的概念和种类

平均数指数是个体指数的加权平均数。由于综合指数的编制对数据资料要求较高，故需要不断地收集和更新指数化因素和同度量因素，既要知道基期的价值总量 $\sum p_0 q_0$、报告期的价值总量 $\sum p_1 q_1$，还要掌握假定的价值总量 $\sum p_0 q_1$ 或 $\sum p_1 q_0$。但在实际工作中，$\sum p_0 q_1$ 或 $\sum p_1 q_0$ 往往难于收集，这就为实际应用带来了困难。因此，实际工作中编制总指数时，往往采用另一种形式——平均数指数。平均数指数编制遵循"先对比，后平均"的原则，即从个体指数出发，运用加权算术平均法或加权调和平均法对个体指数进行平均。

5.3.2 平均数指数的编制原理及方法

1. 编制原理

（1）计算所研究现象各个项目的个体指数

为了对复杂现象总体进行对比分析，首先计算所研究现象各个项目的个体指数，得到的数量相对数和质量相对数是编制总指数的基础。

（2）对个体指数进行加权平均

以个体指数为变量，并以相应的总值指标作为权数对个体指数进行加权平均，就得到说明总体现象数量对比关系的总指数。

（3）求平均数指数

平均数指数并不是个体指数加总求得的，而是在个体指数基础上，给出一定的权数进行加权平均求得的。因为总体中的不同个体常常具有不同的重要程度，如各种商品在指数中的相对重要程度。所以，在平均数指数编制中必须对个体指数进行加权，所加入的权数通常是价值总量，即 $p \times q$。

2. 平均数指数的编制方法

平均数指数按指数化指标的性质和平均方法不同，分为加权算术平均数指数和加权调和平均数指数两种。

（1）加权算术平均数指数

加权算术平均数指数是对个体指数采用加权算术平均的方法计算的总指数。加权算术平均数指数的计算步骤如下：

1)计算个体指数。将报告期的数量指标除以基期的数量指标,求得个体数量指数 $k_q = \dfrac{q_1}{q_0}$,或将报告期的质量指标除以基期的质量指标,得到个体质量指数 $k_p = \dfrac{p_1}{p_0}$。

2)取得价值总量 $q \times p$ 的资料。其中以基期价值总量 $q_0 p_0$ 最为常用。

3)求加权算术平均指数。以个体指数为变量$\left(\dfrac{q_1}{q_0} 或 \dfrac{p_1}{p_0} \Rightarrow x\right)$,基期价值总量为权数($q_0 p_0 \Rightarrow f$),采用加权算术平均的方法$\left(\bar{x} = \dfrac{\sum xf}{\sum f}\right)$求得总指数。加权算术平均数指数的计算公式为

数量指标指数:$\bar{k}_q = \dfrac{\sum k_q q_0 p_0}{\sum q_0 p_0}$

式中,$k_q = \dfrac{q_1}{q_0}$。

质量指标指数:$\bar{k}_p = \dfrac{\sum k_p q_0 p_0}{\sum q_0 p_0}$

式中,$k_p = \dfrac{p_1}{p_0}$。

【例5-3】据表5-2所示资料,将某工业企业产量和单位成本个体指数资料列表计算,如表5-4所示。

表5-4 某工业企业产量和总成本

产品	总成本/元		产量个体指数/%	单位成本个体指数/%
	基期 $p_0 q_0$	报告期 $q_1 p_1$	$k_q = \dfrac{q_1}{q_0}$	$k_p = \dfrac{p_1}{p_0}$
甲	280	360	114.29	112.50
乙	210	260	92.86	133.33
丙	350	330	110.00	85.71

用 q、p 分别表示产量和单位成本,将数据代入公式,可得

$$\bar{k}_q = \dfrac{\sum \dfrac{q_1}{q_0} q_0 p_0}{\sum q_0 p_0} = \dfrac{1.1429 \times 280 + 0.9286 \times 210 + 1.1 \times 350}{280 + 210 + 350} = 107.14\%$$

$$\sum \dfrac{q_1}{q_0} q_0 p_0 - \sum q_0 p_0 = 900 - 840 = 60(元)$$

$$\bar{k}_p = \dfrac{\sum \dfrac{p_1}{p_0} q_0 p_0}{\sum q_0 p_0} = \dfrac{1.125 \times 280 + 1.3333 \times 210 + 0.8571 \times 350}{280 + 210 + 350} = 106.55\%$$

$$\sum \frac{p_1}{p_0} q_0 p_0 - \sum q_0 p_0 = 895 - 840 = 55(元)$$

计算结果表明,三种产品的报告期产量相比基期产量平均增加了 7.14%,由此而增加的总成本是 60 元。三种产品报告期单位成本相比基期单位成本平均增加了 6.55%,由此而增加的总成本是 55 元。按加权算术平均数指数计算的结果与前面拉氏指数计算的结果完全相同。事实上,在资料完全相同的情况下,基期加权的算术平均数指数恒等于拉氏指数,二者的关系为

$$\bar{k}_q = \frac{\sum k_q q_0 p_0}{\sum q_0 p_0} = \frac{\sum \frac{q_1}{q_0} q_0 p_0}{\sum q_0 p_0} = \frac{\sum q_1 p_0}{\sum q_0 p_0}$$

$$\bar{k}_p = \frac{\sum k_p q_1 p_0}{\sum q_0 p_0} = \frac{\sum \frac{p_1}{p_0} q_0 p_0}{\sum q_0 p_0} = \frac{\sum q_0 p_1}{\sum q_0 p_0}$$

需要注意的是,作为一种独立指数形式的平均数指数,其与综合指数的形式是不一样的。综合指数的计算通常采用全面资料,平均数指数常采用抽样调查的资料,它本身具有广泛的使用价值。

(2) 加权调和平均数指数

加权调和平均数指数是对个体指数采用加权调和平均的方法计算的总指数。

加权调和平均数指数的编制步骤如下:

1) 计算个体指数。将报告期的质量指标除以基期的质量指标,得到个体质量指数 $k_p = \frac{p_1}{p_0}$;或将报告期的数量指标除以基期的数量指标,求得个体数量指数 $k_q = \frac{q_1}{q_0}$。

2) 取得价值总量 $q \times p$ 的资料。通常以报告期价值总量 ($q_1 p_1$) 最为常用。

3) 求加权调和平均数指数。以个体指数为变量 $\left(\frac{p_1}{p_0} 或 \frac{q_1}{q_0} \Rightarrow x\right)$、报告期价值总量为权数 ($q_1 p_1 \Rightarrow m$),采用加权调和平均方法 $\left(\bar{x} = \frac{\sum m}{\sum \frac{m}{x}}\right)$ 求得总指数。加权调和平均数指数的计算公式为

$$质量指标指数:\bar{k}_p = \frac{\sum p_1 q_1}{\sum \frac{1}{k_p} p_1 q_1}$$

式中,$k_p = \frac{p_1}{p_0}$。

$$数量指标指数:\bar{k}_q = \frac{\sum p_1 q_1}{\sum \frac{1}{k_q} p_1 q_1}$$

式中,$k_q = \frac{q_1}{q_0}$。

【例 5-4】 沿用上例 5-3 的资料，将表 5-4 的数据代入公式，有

$$\bar{k}_p = \frac{\sum p_1 q_1}{\sum \frac{1}{k_p} p_1 q_1} = \frac{950}{900} = 105.56\%$$

$$\sum p_1 q_1 - \sum \frac{1}{k_p} p_1 q_1 = 950 - 900 = 50(元)$$

$$\bar{k}_q = \frac{\sum p_1 q_1}{\sum \frac{1}{k_q} p_1 q_1} = \frac{950}{895} = 106.15\%$$

$$\sum p_1 q_1 - \sum \frac{1}{k_q} p_1 q_1 = 950 - 895 = 55(元)$$

计算结果表明，三种产品的报告期单位成本相比基期单位成本平均增加了 5.56%，由此而增加的总成本是 50 元。三种产品的报告期产量相比基期产量平均增加了 6.15%，由此而增加的总成本是 55 元。按调和平均数指数计算的结果与派氏指数的计算结果完全相同。事实上，在资料相同的情况下，报告期加权的调和平均数指数恒等于派氏指数，二者的关系为

$$\bar{k}_p = \frac{\sum p_1 q_1}{\sum \frac{1}{k_p} p_1 q_1} = \frac{\sum p_1 q_1}{\sum \frac{1}{\frac{p_1}{p_0}} p_1 q_1} = \frac{\sum p_1 q_1}{\sum p_0 q_1}$$

$$\bar{k}_q = \frac{\sum p_1 q_1}{\sum \frac{1}{k_q} p_1 q_1} = \frac{\sum p_1 q_1}{\sum \frac{1}{\frac{q_1}{q_0}} p_1 q_1} = \frac{\sum p_1 q_1}{\sum p_1 q_0}$$

公式中采用报告期价值总量为权数，其原因与综合物价指数采用报告期物量指标为权数是相同的，都是为了突出综合指数的经济意义。

根据综合指数的编制原则，加权算术平均数指数一般用于数量指标指数的编制，加权调和平均数指数一般用于质量指标指数的编制，即

$$数量指标指数：\bar{k}_q = \frac{\sum k_q q_0 p_0}{\sum q_0 p_0}$$

式中，$k_q = \frac{q_1}{q_0}$。

$$质量指标指数：\bar{k}_p = \frac{\sum p_1 q_1}{\sum \frac{1}{k_p} p_1 q_1}$$

式中，$k_p = \frac{p_1}{p_0}$。

在国内外实际统计工作中，为了简化综合指数编制工作，无论是加权算术平均数指数还是加权调和平均数指数，往往采用经济发展比较稳定的某一时期的代表规格品的价值总量作为固定权数（W），该权数一经确定就可以在相对较长的时间（1~5 年）内使用，这就大大

减少了工作量。我国的商品销售价格指数、农副产品收购价格指数、职工生活费指数均是采用此方法编制的。

固定权数资料可以根据有关的普查资料或抽样调查资料调整计算确定。固定权数为比重形式，即 $\dfrac{pq}{\sum pq}$，以 W 表示 pq，固定加权算术平均法指数和固定加权调和平均法指数公式分别为

$$固定加权算术平均法指数：\bar{k}_\pi = \dfrac{\sum k_\pi W}{\sum W}$$

$$固定加权调和平均法指数：\bar{k}_\pi = \dfrac{\sum W}{\sum \dfrac{1}{k_\pi} W}$$

采用固定权数的平均数指数的优点是可以避免每次编制指数权数资料来源的困难，也便于前后不同时期的比较。

5.3.3 平均数指数的应用

1. 居民消费价格指数

居民消费价格指数又称生活费用指数，是反映一定时期内城乡居民所购买的生活消费品价格和服务项目价格变动趋势和程度的相对数，是重要的经济指数，通常简记为 CPI。利用 CPI，可以观察和分析消费品的零售价格和服务价格变动对城乡居民实际生活费支出的影响程度。它是政府制定价格政策、分配政策和测定通货膨胀等的重要依据。世界各国都在编制 CPI。

目前，我国 CPI 的调查内容分为食品、烟酒及用品、衣着、家庭设备用品及维修服务、医疗保健和个人用品、交通和通信、娱乐教育文化用品及服务、居住 8 大类，共 263 个基本分类（国际分类标准），约 700 种商品和服务项目。其主要是根据我国城乡居民消费模式、消费习惯，参照抽样调查原理选中的近 12 万户城乡居民家庭（城市近 5 万户，农村近 7 万户）的消费支出数据，并结合其他相关资料确定的。价格调查范围涉及全国 31 个省（自治区、直辖市）的 500 多个市县、50 000 多个调查网点。国家统计局直属的全国调查系统采取定人、定时、定点的直接调查方式，由近 3 000 名专职物价调查员到不同类型、不同规模的农贸市场和商店现场采集价格资料。对于与居民生活密切相关、结合变动比较频繁的商品，至少每 5 天调查一次价格，从而保证了 CPI 能够及时、准确地反映市场价格的变动情况，如表 5-5 所示。

表 5-5 2015 年居民消费价格比上年涨跌幅度[1]

单位：%

统计指标	全国	城市	农村
居民消费价格	1.4	1.5	1.3
其中：食品	2.3	2.3	2.4

---

[1] 资料来源：《中华人民共和国 2016 年国民经济和社会发展统计公报》。

续表

统计指标	全国	城市	农村
烟酒及用品	2.1	2.0	2.3
衣着	2.7	2.8	2.3
家庭设备用品及维修服务	1.0	1.0	0.9
医疗保健和个人用品	2.0	1.9	2.3
交通和通信	-1.7	-1.6	-1.9
娱乐教育文化用品及服务	1.4	1.4	1.4
居住	0.7	1.0	-0.3

我国的 CPI 是采用固定加权算术平均法编制的。其主要编制过程和特点是：首先，将各种居民消费划分为 8 大类，包括食品、烟酒及用品、衣着、家庭设备用品及维修服务、医疗保健和个人用品、交通和通信、娱乐教育文化用品及服务、居住，下面再划分为若干中类和小类；其次，从以上各类中选定有代表性的商品项目（含服务项目）入编指数，利用有关对比时的比重权数（W）；最后，按从低到高的顺序，采用固定加权算术平均公式，依此编制各小类、中类的消费价格指数，即

$$\bar{k}_p = \frac{\sum \frac{p_1}{p_0} W}{\sum W} = \frac{\sum k_p W}{\sum W}$$

式中，$\frac{p_1}{p_0}$ 表示规格品和服务个体的价格指数；W 表示代表规格品和服务的权数。

【例 5-5】根据资料编制 CPI，其计算如表 5-6 所示。

表 5-6　某市 CPI 计算

类别及品名	规格等级	计量单位	平均价格/元		权数	基数为100	
甲	乙	丙	(1)	(2)	(3)	(4) = (2) ÷ (1)	(5) = (4) × (3)
CPI					100		101.6
一、食品					38	102.4	38.9
（一）粮食					23	102.8	23.6
1. 细粮					99	102.7	101.7
大米	二等粳米	千克	1.2	1.23	95	102.5	97.4
面粉	标准粉	千克	1.7	1.82	5	107.1	5.3
2. 粗粮					1	111.5	1.115

续表

类别及品名	规格等级	计量单位	平均价格/元	权数	基数为100	
（二）肉禽及其制品				36	105	37.8
（三）蛋				5	102	5.1
（四）水产品				9	99.5	8.96
（五）鲜菜				14	99.4	13.9
（六）鲜果				13	99.6	12.95
二、烟酒及用品				3	100.8	3.02
三、衣着				15	98.6	14.79
四、家庭设备用品及维修服务				11	101.3	11.14
五、医疗保健和个人用品				4	102.5	4.1
六、交通和通信				5	98.8	4.94
七、娱乐教育文化用品及服务				10	100	10
八、居住				14	104.8	14.67

具体计算步骤如下：

1）计算各代表规格品的个体指数。如大米的个体物价指数为

$$k_p = \frac{p_1}{p_0} = \frac{1.23}{1.2} = 102.5\%$$

2）计算各小类指数。各个体指数乘以权数，加总计算得到各小类指数，如细粮的小类指数为

$$\bar{k}_p = \frac{\sum kW}{\sum W} = \frac{102.5\% \times 95 + 107.1\% \times 5}{100} = 102.7\%$$

3）计算各中类指数。各小类指数乘以相应的权数，加总计算得到各中类指数，如粮食中类指数为

$$\bar{k}_p = \frac{\sum kW}{\sum W} = \frac{102.7\% \times 99 + 111.5\% \times 1}{100} = 102.8\%$$

4）计算各大类指数。各中类指数乘以相应的权数，加总计算得到各大类指数，如食品大类指数为

$$\bar{k}_p = \frac{\sum kW}{\sum W} = \frac{102.8\% \times 23 + 105\% \times 36 + \cdots + 99.6\% \times 13}{100} = 102.4\%$$

5）计算总指数。各大类指数乘以相应的权数，再加总可计算得出总指数，即该市CPI为

$$\bar{k}_p = \frac{\sum kW}{\sum W} = \frac{102.4\% \times 38 + 100.8\% \times 3 + \cdots + 104.8\% \times 14}{100} = 101.6\%$$

2. 商品零售物价指数

商品零售物价指数是反映一定时期内城乡商品零售价格变动趋势和程度的相对数。商品零售价格的变动直接影响城乡居民的生活支出和国家的财政收入，影响居民购买力和市场供需平衡，影响消费与积累的比例关系。因此，该指数可以从一个侧面对上述经济活动进行观察和分析。

商品零售物价指数是编制财政计划、价格计划，制定物价政策、工资政策的重要依据。目前，统计工作中按月、季、年编制商品零售物价指数，计算工作量和采价工作量都非常大。

商品零售物价指数采用加权算术平均公式计算。每年根据住户调查资料调整一次权数。每种商品的个体指数采用代表规格品的平均价格使然，其加权算术平均法指数公式为

$$\bar{k}_p = \frac{\sum \frac{p_1}{p_0} W}{\sum W} = \sum k_p \frac{W}{\sum W}$$

式中，$k_p = \frac{p_1}{p_0}$ 表示各种代表规格品个体的物价指数；$\frac{W}{\sum W}$ 表示各种代表规格品所代表的商品零售额的比重（固定权数）。

我国在编制商品零售物价指数时，全国统一规定了商品分类。全部商品分为 14 大类，分别是食品类、饮料烟酒类、服装鞋帽类、纺织品类、中西药类、化妆品类、书报杂志、文体用品类、日用品类、家用电器类、首饰类、燃料类、教材类、机电类。每个大类又分若干中类，中类内再分为小类，每个小类又包括若干商品。各大类、中类、小类中各部分零售额比重之和均等于 100%。这样，各小类的加权平均法指数便是中类的指数，各中类的加权平均法指数便是大类的指数。各大类的加权平均法指数就是总指数，即商品零售物价指数。

3. 工业品出厂价格指数

工业品出厂价格指数是反映全部工业产品出厂价格总水平的变动趋势和程度的相对数，通常简记为 PPI。它是反映某一时期生产领域价格变动情况的重要经济指标，也是制定有关经济政策和国民经济核算的重要依据。其中，除包括工业企业售给商业、外贸、物资部门的产品外，还包括售给工业和其他部门的生产资料以及直接售给居民的生活消费品。通过工业生产价格指数能观察出厂价格变动对工业总产值的影响。

编制工业品出厂价格指数的资料来源是国家统计局的工业品价格数据调查表。工业品价格数据调查采用重点调查与典型调查相结合的调查方法。重点调查将全部国有企业和年销售收入 500 万元以下的非国有企业作为抽样对象，采用随机抽样的调查方法。

工业品价格数据调查实行月报，调查日期为调查月的 8 日和 18 日。产品报告期单价为报告月 8 日、18 日两次所采用单价的简单平均值。工业品价格数据调查资料采用远程传输形式上报。上报内容应为已检查、审核过的企业原始资料。各省（自治区、直辖市）资料上报时间为报告月的 25 日以前，如遇节假日顺延。各城市企业资料上报时间由各地自定。

工业品出厂价格指数的计算：首先，用几何平均法计算代表规格品的价格指数；其次，用简单算术平均法计算代表产品的价格指数；最后，用加权算术平均法计算工业品出厂价格总指数。

5.4 指数体系与因素分析

5.4.1 指数体系

1. 指数体系的概念

指数体系是指几个统计指数之间在一定的经济基础上所结成的较严密的数量关系式。其表现形式为：一个总值指数等于两个或两个以上因素指数的连乘积。例如：

总成本指数 = 产品产量指数 × 单位成本指数

销售额指数 = 销售量指数 × 销售价格指数

工资总额指数 = 职工人数指数 × 平均工资指数

增加值指数 = 员工人数指数 × 劳动生产率指数 × 增加值率指数

销售利润指数 = 销售量指数 × 销售价格指数 × 销售利润率指数

这些指数体系都是建立在有关指数化指标之间的经济联系基础之上的，因而它们具有非常明确的经济意义。

2. 指数体系的作用

（1）利用指数体系可以进行统计指数之间的相互推算

利用指数体系可以进行统计指数之间的相互推算，即根据已知指数推算未知指数。例如，某生产企业职工报告期工资总额相比基期工资总额增加了10%，而职工人数下降5%，问企业职工的平均工资如何变动？

上述例子就是要求通过指数体系进行有关的推算，这种推算首先要找到统计指数之间的关系式，然后就可以推算有关因素的变动。由于工资总额指数 = 职工人数指数 × 平均工资指数，所以，平均工资指数 = 116%，即报告期平均工资相比基期平均工资增加了16%。

（2）利用指数体系可以分析各个因素对现象变动的影响方向和程度

利用指数体系可以分析各个因素对现象变动的影响方向和程度。如前例，工资总额指数（110%）即为现象总体变动指数，说明企业报告期工资总额相比基期工资总额增加了10%，其中职工人数的减少使工资总额减少（方向）了5%（程度），使平均工资增长（方向）了16%（程度）。以上是从相对数方面进行的分析，当然也可以从绝对数方面分析职工人数和平均工资对工资总额的影响方向和影响程度。

5.4.2 因素分析

指数体系的因素分析就是利用指数体系，从绝对数和相对数两个方面分析现象的总变动中，受各影响因素变动的影响方向和影响程度。相对数分析就是根据指数体系，从统计指数计算结果本身指出现象总体总量指标或平均指标的变动受各个影响因素的作用程度和结果。绝对数分析就是通过指数体系中各个指数分子与分母之差，分析现象总变动差额与各影响因素变动差额之间的因果关系。

1. 因素分析的步骤

因素分析法建立在现象之间的经济关系基础上,依据指数体系从相对数和绝对数两方面进行分析。具体分析步骤为:

第一步,建立指数体系,即总变动指数等于各影响因素指数的连乘积;

第二步,计算被分析统计指标的总变动;

第三步,计算各影响因素变动的影响程度和绝对值;

第四步,影响因素的综合分析,总变动程度等于各因素变动影响程度的连乘积;总变动绝对值等于各因素变动的绝对值之和。

2. 总量指标变动的因素分析

总量指标变动的因素分析按照影响因素的多少,分为两因素分析和多因素分析。

(1) 总量指标的两因素分析

【例5-6】根据资料分析总成本变动中产量和单位成本变动的影响程度,其资料如表5-7所示。

表5-7 某企业产量和单位成本统计

产品名称	计量单位	产量		单位成本/元		总成本/元			
		基期q_0	报告期q_1	基期p_0	报告期p_1	p_0q_0	p_1q_1	q_1p_0	q_0p_1
甲	件	350	400	0.8	0.9	280	360	320	315
乙	套	700	650	0.3	0.4	210	260	195	280
丙	台	500	550	0.7	0.6	350	330	385	300
合计	—	—	—	—	—	840	950	900	895

1) 建立指数体系:总成本指数 = 产量指数 × 单位成本指数。

相对数分析公式:$\dfrac{\sum p_1 q_1}{\sum p_0 q_0} = \dfrac{\sum q_1 p_0}{\sum q_0 p_0} \times \dfrac{\sum p_1 q_1}{\sum p_0 q_1}$

绝对数分析公式:$\sum p_1 q_1 - \sum p_0 q_0 = (\sum q_1 p_0 - \sum q_0 p_0) + (\sum p_1 q_1 - \sum p_0 q_1)$

2) 总成本的总变动分析。

相对数分析:$\bar{k}_{pq} = \dfrac{\sum q_1 p_1}{\sum q_0 p_0} = \dfrac{950}{840} = 113.1\%$

绝对数分析:$\sum q_1 p_1 - \sum q_0 p_0 = 950 - 840 = 110(元)$

计算结果表明,报告期总成本相比基期总成本增加了13.10%,绝对额增加了110元。

3) 各因素变动对总成本影响相对程度及影响绝对额分析。

① 产量变动的影响方向及影响程度分析,包括

相对数分析:$\bar{k}_q = \dfrac{\sum q_1 p_0}{\sum q_0 p_0} = \dfrac{900}{840} = 107.14\%$

绝对数分析：$\sum q_1 p_0 - \sum q_0 p_0 = 900 - 840 = 60 (元)$

计算结果表明，三种产品的报告期产量相比基期产量平均增加了 7.14%，由此增加的总成本是 60 元。

②单位成本的影响方向和影响程度分析，包括

相对数分析：$\bar{k}_p = \dfrac{\sum p_1 q_1}{\sum p_0 q_1} = \dfrac{950}{900} = 105.56\%$

绝对数分析：$\sum p_1 q_1 - \sum p_0 q_1 = 950 - 900 = 50 (元)$

计算结果表明，三种产品报告期单位成本相比基期单位成本平均增加了 5.56%。由此增加的总成本是 50 元。

4）综合分析，包括

相对数分析：113.10% = 107.14% × 105.56%

绝对数分析：110（元）= 60（元）+ 50（元）

即该企业的总成本在报告期增加了 13.10%，总成本绝对值增加了 110 元。其中，产量增加了 7.14%，使总成本绝对值增加了 60 元；单位成本增加了 5.56%，使总成本绝对值增加了 50 元。

在指数体系的两因素分析中，建立指数体系是非常重要的。指数体系的建立要遵循一定原则：一是总变动的两个影响因素指数必须一个是数量指标指数，另一个是质量指标指数；二是两个影响因素指数的排列顺序，一般是先数量指标指数，后质量指标指数；三是两个影响因素指数不能同时是拉氏指数或同时是派氏指数，必须一个是拉氏指数，另一个是派氏指数，否则，指数体系关系就不存在。

一般而言，应遵循综合指数的编制原则来建立指数体系，即数量指标指数是拉氏指数，同度量因素固定在基期；质量指标指数是派氏指数，同度量因素固定在报告期。

(2) 总量指标的多因素分析

在实际分析中，有些现象受三个或三个以上因素的影响，例如：

利税总额 = 销售量 × 销售价格 × 利税率

工业产品原材料支出额 = 产品产量 × 单位产品原材料消耗量 × 原材料价格

当影响因素在三个或三个以上时，应用指数体系进行因素分析，其被称为多因素分析。

由于多因素分析的影响因素较多，编制过程比较复杂，因此编制时应注意以下问题：

1) 分析、研究某个因素数量变化时，应先把其他因素固定下来。

2) 合理安排多个影响因素的排列顺序。对各影响因素排序一般是数量指标在前，质量指标在后；外延因素在前，内涵因素在后；基础因素在前，派生因素在后；任何两个相邻因素的乘积都应该有实际经济意义。

3) 分析某因素的变化时，其余因素均作为同度量因素固定。一般情况下，可按照综合指数的编制原则固定。具体固定方法为：当分析第一个因素的变动影响时，把其他所有因素作为同度量因素固定在基期；当分析第二个因素的影响时，则把已分析过的因素固定在报告期，没有分析过的因素固定在基期；以此类推，确定同度量因素的固定时期。

【例 5-7】对某企业销售利润总额指数进行多因素分析，其销售统计数据如表 5-8 所示。

表5-8 某商业企业商品销售资料

商品	计量单位	销售量		销售价格/元		销售利润率/%		销售利润总额			
		基期 a_0	报告期 a_1	基期 b_0	报告期 b_1	基期 c_0	报告期 c_1	$a_0b_0c_0$	$a_1b_1c_1$	$a_1b_0c_0$	$a_1b_1c_0$
甲	件	100	120	80	75	10	12	800	1 080	960	900
乙	台	90	80	150	175	20	25	2 700	3 500	2 400	2 800
丙	套	200	250	180	190	13	16	4 680	7 600	5 850	6 175
合计	—	—	—	—	—	—	—	8 180	12 180	9 210	9 875

由于销售利润总额=销售量×销售价格×销售利润率,故销售利润总额指数=销售量指数×销售价格指数×利润率指数。具体计算步骤如下:

(1) 建立指数体系

$$\frac{\sum a_1 b_1 c_1}{\sum a_0 b_0 c_0} = \frac{\sum a_1 b_0 c_0}{\sum a_0 b_0 c_0} \times \frac{\sum a_1 b_1 c_0}{\sum a_1 b_0 c_0} \times \frac{\sum a_1 b_1 c_1}{\sum a_1 b_1 c_0}$$

$$\sum a_1 b_1 c_1 - \sum a_0 b_0 c_0 = (\sum a_1 b_0 c_0 - \sum a_0 b_0 c_0) + (\sum a_1 b_1 c_0 - \sum a_1 b_0 c_0) + (\sum a_1 b_1 c_1 - \sum a_1 b_1 c_0)$$

(2) 销售利润总额的总变动分析

$$销售利润总额指数 = \frac{\sum a_1 b_1 c_1}{\sum a_0 b_0 c_0} = \frac{12\ 180}{8\ 180} = 148.90\%$$

即报告期销售利润总额相比基期销售利润总额增加了48.90%。

$$绝对增加额 = \sum a_1 b_1 c_1 - \sum a_0 b_0 c_0 = 12\ 180 - 8\ 180 = 4\ 000(元)$$

(3) 各影响因素的变动程度和对销售利润总额的影响

1) 销售量对销售利润额的影响。

$$销售量指数 = \frac{\sum a_1 b_0 c_0}{\sum a_0 b_0 c_0} = \frac{9\ 210}{8\ 180} = 112.59\%$$

即报告期销售量相比基期销售量平均增加了12.59%,从而使销售利润绝对额增加了

$$\sum a_1 b_0 c_0 - \sum a_0 b_0 c_0 = 9\ 210 - 8\ 180 = 1\ 030(元)$$

2) 销售价格对销售利润总额的影响。

$$销售价格指数 = \frac{\sum a_1 b_1 c_0}{\sum a_1 b_0 c_0} = \frac{9\ 875}{9\ 210} = 107.22\%$$

即报告期销售价格相比基期销售价格平均增长了7.22%,从而使销售利润绝对额增加了

$$\sum a_1 b_1 c_0 - \sum a_1 b_0 c_0 = 9\ 875 - 9\ 210 = 665(元)$$

3)销售利润率对利润额的影响。

$$销售利润率指数 = \frac{\sum a_1 b_1 c_1}{\sum a_1 b_1 c_0} = \frac{12\ 180}{9\ 875} = 123.34\%$$

报告期的销售利润率相比基期的销售利润率,平均增加了23.34%,从而增加的销售利润绝对额为

$$\sum a_1 b_1 c_1 - \sum a_1 b_1 c_0 = 12\ 180 - 9\ 875 = 2\ 305(元)$$

(4)影响因素的综合分析

相对数分析:148.90% = 112.59% × 107.22% × 123.34%

绝对数分析:4 000(元)= 1 030(元)+ 665(元)+ 2 305(元)

计算结果表明,报告期的销售量平均增加了12.59%,销售价格平均增加了7.22%,销售利润率增加了23.34%。这三方面因素的共同影响,使该企业销售利润总额增加了48.90%;销售利润绝对额增加了4 000元。这是销售量增加和销售价格上涨分别使销售利润绝对额增加1 030元和665元,以及由于销售利润率提高而增加了2 305元的综合影响结果。

3. 平均指标对比指数及其因素分析

在实际运用中,常常需要对平均指标的变动进行对比分析。在分组条件下,总平均指标的变动受两个因素的影响:一是各组的变量水平(常用 x 表示);二是总体的结构(常用 $\frac{f}{\sum f}$ 表示),即各组单位数占总体单位数的比重。

在平均数变动的因素分析中,通常将各组单位数占总体单位数的比重看成数量指标,而将各组的变量平均水平看成质量指标。运用指数体系因素分析法,可以分析各因素变动对总平均指标变动的影响方向和程度。总平均指标变动的因素分析,需要区分三种平均指标指数,即可变构成指数、固定构成指数和结构变动影响指数。三者间的关系为

可变构成指数 = 固定构成指数 × 结构变动影响指数

(1)可变构成指数

可变构成指数也叫平均指标对比指数,是指在分组条件下综合反映水平和结构两个因素共同变化所引起的总平均水平的变动指数。其计算公式为

$$\bar{k}_{可变} = \frac{\sum x_1 f_1}{\sum f_1} \bigg/ \frac{\sum x_0 f_0}{\sum f_0} = \frac{\bar{x}_1}{\bar{x}_0}$$

式中,$\bar{x}_1$ 和 $\bar{x}_0$ 分别表示某变量在报告期和基期的平均值。

可变构成指数的分子与分母之差,表明报告期总平均指标与基期总平均指标相差的绝对额,即

$$\bar{x}_1 - \bar{x}_0 = \frac{\sum x_1 f_1}{\sum f_1} - \frac{\sum x_0 f_0}{\sum f_0}$$

(2)固定构成指数

固定构成指数是指在分组条件下,将结构因素固定在报告期,借以反映各水平变动对总

平均指标的影响指数。其计算公式为

$$\bar{k}_{\text{固定}} = \frac{\sum x_1 f_1}{\sum f_1} \bigg/ \frac{\sum x_0 f_1}{\sum f_1} = \frac{\bar{x}_1}{\bar{x}_n}$$

式中，$\bar{x}_n$ 表示以基期变量 x_0 与报告期结构 $\frac{f_1}{\sum f_1}$ 为权重因子而计算的假定平均值。

固定构成指数的分子与分母之差，表明各组水平因素变动对总平均指标变动影响的绝对额，即

$$\bar{x}_1 - \bar{x}_n = \frac{\sum x_1 f_1}{\sum f_1} - \frac{\sum x_0 f_1}{\sum f_1}$$

（3）结构变动影响指数

它是指在分组条件下，将各组水平固定在基期，以单纯反映结构因素变动对总平均指标的影响指数。其计算公式为

$$\bar{k}_{\text{结构}} = \frac{\sum x_0 f_1}{\sum f_1} \bigg/ \frac{\sum x_0 f_0}{\sum f_0} = \frac{\bar{x}_n}{\bar{x}_0}$$

结构变动影响指数的分子与分母之差，表明各组变量 x_0 固定时，各组结构因素变动对总平均指标的绝对影响，即

$$\bar{x}_n - \bar{x}_0 = \frac{\sum x_0 f_1}{\sum f_1} - \frac{\sum x_0 f_0}{\sum f_0}$$

三者构造的指数体系为

1）相对数形式：可变构成指数＝固定构成指数×结构变动影响指数，即

$$\frac{\sum x_1 f_1}{\sum f_1} \bigg/ \frac{\sum x_0 f_0}{\sum f_0} = \left(\frac{\sum x_1 f_1}{\sum f_1} \bigg/ \frac{\sum x_0 f_1}{\sum f_1} \right) \times \left(\frac{\sum x_0 f_1}{\sum f_1} \bigg/ \frac{\sum x_0 f_0}{\sum f_0} \right)$$

可简记为

$$\frac{\bar{x}_1}{\bar{x}_0} = \frac{\bar{x}_1}{\bar{x}_n} \times \frac{\bar{x}_n}{\bar{x}_0}$$

2）绝对数形式：增加的总平均数＝由于水平变化增加的平均数＋由于结构变化增加的平均数，即

$$\frac{\sum x_1 f_1}{\sum f_1} - \frac{\sum x_0 f_0}{\sum f_0} = \left(\frac{\sum x_1 f_1}{\sum f_1} - \frac{\sum x_0 f_1}{\sum f_1} \right) + \left(\frac{\sum x_0 f_1}{\sum f_1} - \frac{\sum x_0 f_0}{\sum f_0} \right)$$

可简记为

$$\bar{x}_1 - \bar{x}_0 = (\bar{x}_1 - \bar{x}_n) + (\bar{x}_n - \bar{x}_0)$$

【例 5-8】对某企业工人总平均工资的变化情况进行因素分析，该公司下属三个企业的工资资料如表 5-9 所示。

表5-9 某公司企业职工人数、平均工资资料表

企业名称	月平均工资/元		职工人数/人	
	基期 $\bar{x}_0$	报告期 $\bar{x}_1$	基期 f_0	报告期 f_1
甲	800	880	500	600
乙	900	950	500	500
丙	1 000	1 150	300	180
合计	—	—	1 300	1 280

用 $\bar{x}$、f 分别表示平均工资和人数,则有

$$\bar{x}_1 = \frac{\sum x_1 f_1}{\sum f_1} = \frac{880 \times 600 + 950 \times 500 + 1\,150 \times 180}{600 + 500 + 180} = 945.31(元)$$

$$\bar{x}_0 = \frac{\sum x_0 f_0}{\sum f_0} = \frac{800 \times 500 + 900 \times 500 + 1\,000 \times 300}{500 + 500 + 300} = 884.62(元)$$

$$\bar{x}_n = \frac{\sum x_0 f_1}{\sum f_1} = \frac{800 \times 600 + 900 \times 500 + 1\,000 \times 180}{600 + 500 + 180} = 867.19(元)$$

(1) 总平均工资的变动

总平均工资的变动

$$\bar{k}_{可变} = \frac{\sum x_1 f_1}{\sum f_1} \bigg/ \frac{\sum x_0 f_0}{\sum f_0} = \frac{\bar{x}_1}{\bar{x}_0} = \frac{945.31}{884.62} = 106.86\%$$

计算结果表明,报告期总平均工资比基期总平均工资上涨了6.86%,由此增加的总平均工资为

$$\bar{x}_1 - \bar{x}_0 = \frac{\sum x_1 f_1}{\sum f_1} - \frac{\sum x_0 f_0}{\sum f_0} = 945.31 - 884.62 = 60.69(元)$$

其中

1) 受各组工人平均工资水平变动的影响

$$\bar{k}_{固定} = \frac{\sum x_1 f_1}{\sum f_1} \bigg/ \frac{\sum x_0 f_1}{\sum f_1} = \frac{\bar{x}_1}{\bar{x}_n} = \frac{945.31}{867.19} = 109.01\%$$

计算结果表明,各企业职工工资水平上涨,使总平均工资提高了9.01%,由此增加的总平均工资为

$$\bar{x}_1 - \bar{x}_n = \frac{\sum x_1 f_1}{\sum f_1} - \frac{\sum x_0 f_1}{\sum f_1} = 945.31 - 867.19 = 78.12(元)$$

2) 受各组工人人数比重变化的影响

$$\bar{k}_{结构} = \frac{\sum x_0 f_1}{\sum f_1} \bigg/ \frac{\sum x_0 f_0}{\sum f_0} = \frac{\bar{x}_n}{\bar{x}_0} = \frac{867.19}{884.62} = 98.03\%$$

计算结果表明,各企业职工人数的比重变动使总平均工资降低了 1.97%,由此减少的总平均工资为

$$\bar{x}_n - \bar{x}_0 = \frac{\sum x_0 f_1}{\sum f_1} - \frac{\sum x_0 f_0}{\sum f_0} = 867.19 - 884.62 = -17.43(元)$$

(2) 综合分析

相对数分析:106.86% = 109.01% × 98.03%

绝对数分析:60.69 元 = 78.12 元 + (-17.43)元

即该公司职工报告期的工资水平相比基期平均提高了 6.86%,平均每人增加了 60.69 元。其中,各企业职工工资上涨使总平均工资提高了 9.01%,即每位职工工资绝对数增加了 78.12 元;工资水平高的丙企业职工人数的比重下降使总平均工资下降了 1.97%,即每位职工工资绝对数减少了 17.43 元。二者共同作用的结果,最终使总平均工资增加了 6.86%,平均每人增加了 60.69 元。

此外,如果想要了解总平均工资变化对工资总额的变化的影响,则可以将上述分析结果直接乘以报告期的职工人数 $\sum f_1$ 求得。本例中,由于总平均工资上涨,所增加的工资总额为

$$(\bar{x}_1 - \bar{x}_0) \times \sum f_1 = (945.31 - 884.62) \times 1\,280 = 77\,683.2(元)$$

其中,受各企业职工平均工资水平上涨而增加的总额为

$$(\bar{x}_1 - \bar{x}_n) \times \sum f_1 = (945.31 - 867.19) \times 1\,280 = 99\,993.6(元)$$

受各企业职工人数比重变化而减少的总额为

$$(\bar{x}_n - \bar{x}_0) \times \sum f_1 = (867.19 - 884.62) \times 1\,280 = -22\,310.4(元)$$

复习思考

1. 广义统计指数与狭义统计指数有何差异?统计指数的作用是什么?
2. 在一定条件下,综合指数与平均指数之间存在"变形"关系,但为什么说它们仍然是相对独立的总指数编制方法?
3. 什么是平均指数?平均指数有哪些计算方法,其相应的权数怎样确定?
4. 什么是指数体系?指数体系内的各个统计指数之间存在哪些方面的数量对等关系?
5. 商品零售价格指数如何编制?

实践技能训练

通过互联网、专业期刊或统计年鉴等,查询我国近五年的居民消费价格指数、商品零售价格指数,计算居民购买力指数和通货膨胀指数,并写出分析报告。

知识能力训练

一、名词解释

1. 统计指数。
2. 数量指标指数。

3. 质量指标指数。

4. 指数化因素。

5. 同度量因素。

6. 平均指标指数。

7. 可变构成指数。

二、单项选择题

1. 统计指数是表明现象变动的（　　）。

   A. 绝对数　　　　　　　　　　　　B. 相对数

   C. 平均数　　　　　　　　　　　　D. 抽样数

2. 狭义统计指数是反映（　　）数量综合变动的相对数。

   A. 有限总体　　　　　　　　　　　B. 无限总体

   C. 复杂现象总体　　　　　　　　　D. 简单现象总体

3. 编制数量指标指数的一般原则是采用（　　）作为同度量因素。

   A. 基期数量指标　　　　　　　　　B. 报告期数量指标

   C. 基期质量指标　　　　　　　　　D. 报告期质量指标

4. 数量指标指数变形为加权算术平均指数的权数是（　　）。

   A. $q_1 p_1$　　　　　　　　　　　B. $q_0 p_0$

   C. $q_1 p_0$　　　　　　　　　　　D. $q_0 p_1$

5. 若物价上涨，销售额持平，则销售量（　　）。

   A. 为零　　　　　　　　　　　　　B. 减少

   C. 增加　　　　　　　　　　　　　D. 不变

6. 如果零售价格上涨10%，销售量下降10%，那么销售额（　　）。

   A. 有所增加　　　　　　　　　　　B. 有所减少

   C. 没有变化　　　　　　　　　　　D. 无法判断

7. 某企业为了反映车间生产工人劳动生产率水平的提高情况，则需要编制（　　）。

   A. 数量指标指数　　　　　　　　　B. 可变构成指数

   C. 结构影响指数　　　　　　　　　D. 固定结构指数

8. 狭义统计指数的性质有相对性、综合性和（　　）。

   A. 数量性　　　　　　　　　　　　B. 对比性

   C. 总体性　　　　　　　　　　　　D. 平均性

9. 由三个统计指数组成的指数系统中，两个影响因素指的同度量因素通常（　　）。

   A. 都固定在基期

   B. 都固定在报告期

   C. 一个固定在基期，另一个固定在报告期

   D. 采用基期和报告期的平均

10. 某企业职工工资总额，今年比去年减少了2%，而平均工资上涨了5%，那么职工人数减少了（　　）。

    A. 3%　　　　　　　　　　　　　B. 10%

C. 7% D. 6.7%

11. 只有以（　　）做动态比较才能分解出固定构成指数和结构影响指数。
   A. 简单算术平均数 B. 加权算术平均数
   C. 加权几何平均数 D. 加权调和平均数

12. 某地区 2016 年增加值比 2015 年提高 8%，这是（　　）。
   A. 狭义统计指数 B. 广义统计指数
   C. 综合指数 D. 总指数

三、多项选择题

1. 统计指数有（　　）的特点。
   A. 综合性 B. 总体性
   C. 平均性 D. 相对性
   E. 数量性

2. 下面属于质量指标指数的是（　　）。
   A. 单位产品成本指数 B. 商品价格指数
   C. 工资水平指数 D. 商品销售额指数
   E. 工资总额指数

3. 下列哪些统计指数是运用平均指数法编制的（　　）。
   A. 商品销售量指数 B. 深证成交指数
   C. 商品零售物价总指数 D. 农产品收购价格总指数
   E. 上证指数

4. 只有使用（　　）作为权数时，平均数指数才可能变形成综合指数。
   A. q_1p_0 B. q_0p_1
   C. q_1p_1 D. q_0p_0
   E. W

5. 消费者价格指数是综合反映各种（　　）的价格变动程度的统计指数。
   A. 零售商品 B. 行政管理与服务
   C. 消费品 D. 生活服务
   E. 工业产品

6. 编制综合指数的一般原则是（　　）。
   A. 数量指标指数以基期数量指标为同度量因素
   B. 数量指标指数以报告期质量指标为同度量因素
   C. 质量指标指数以基期数量指标为同度量因素
   D. 质量指标指数以报告期数量指标为同度量因素

7. 某商店在基期内售某商品 100 千克，在报告期内出售 120 千克，统计指数为 120%，该统计指数是（　　）。
   A. 综合指数 B. 总指数
   C. 个体指数 D. 数量指标指数

E. 销售量指数

8. 平均指标指数体系的关系表现为（　　）。
   A. 固定构成指数等于结构影响指数乘以可变构成指数
   B. 可变构成指数等于结构影响指数乘以固定构成指数
   C. 固定构成指数等于可变构成指数乘以结构影响指数
   D. 可变构成指数等于固定构成指数乘以结构影响指数
   E. 结构影响指数等于可变构成指数乘以固定构成指数

9. 下面哪些是反映平均指标变动的统计指数（　　）。
   A. 可变构成指数　　　　　　　　B. 固定构成指数
   C. 结构影响指数　　　　　　　　D. 算术平均指数
   E. 调和平均指数

10. 公式 $\dfrac{\sum p_1 q_1}{\sum p_0 q_1}$ 的经济意义（　　）。
    A. 由于销售变动而增减的销售额
    B. 价格变动使消费者增减的货币支出
    C. 综合反映价格和销售量变动的绝对额
    D. 综合反映销售额变动的绝对额
    E. 销售量变动使居民增减的货币支出

四、判断题

1. 总指数的计算形式包括综合指数、平均指数和平均指标指数。（　　）
2. 质量指标指数是固定质量指标因素，只观察数量指标因素的综合变动。（　　）
3. 算术平均指数是反映平均指标变动程度的相对数。（　　）
4. 综合指数是一种加权指数。（　　）
5. 狭义上讲，指数体系的若干指数在数量上不一定存在推算关系。（　　）
6. 数量指标指数和质量指标指数的划分具有相对性。（　　）
7. 如果各种商品的销售量平均上涨5%，销售价格平均下降5%，则销售额不变。（　　）
8. 本年与上年相比，若物价上涨15%，则本年的1元只值上年的0.85元。（　　）

五、计算题

1. 某厂生产甲、乙两种产品，2015年和2016年产品产量和价格资料如表5-10所示。

表5-10　甲、乙两种产品的产量和价格资料

产品名称	计量单位	产量		价格/元	
		2015年	2016年	2015年	2016年
甲	件	20 000	24 000	4	5
乙	台	100	120	500	450

试计算：
（1）该厂工业总产值指数；

(2) 该厂工业总产值的增加绝对数；
(3) 产量增加对总产值变动的影响；
(4) 价格变动对总产值变动的影响。

2. 某产品 2015 年年末的生产总费用为 12.9 万元，比 2014 年多 9 000 元，单位产品成本比 2014 年低 3%。试确定：
(1) 生产费用指数；
(2) 产量指数；
(3) 由于单位产品成本降低而节约的绝对量。

3. 已知某地区 2014 年社会商品零售额为 8 600 万元，2015 年增加到 12 890 万元，2015 年零售价格上涨了 11.5%。试推算该地区零售额总变动中，零售量和零售价格的影响程度和影响的绝对值。

4. 某商店四种商品的销售额和价格资料如表 5-11 所示。

表 5-11 某商店四种商品的销售额和价格资料

名称	单位	基期销售额/万元	报告期销售额/万元	个体价格指数/%
甲	米	800	900	95
乙	厘米	450	460	105
丙	件	900	1 200	110
丁	块	850	900	106

要求：
(1) 计算四种商品的销售价格总指数和销售量总指数；
(2) 对总销售额的变动进行因素分析。

5. 某商店销售三种商品，报告期销售额为 800 万元，比基期销售额增加 100 万元，报告期销售量比基期销售量平均增加 15%。要求计算：
(1) 销售额总指数；
(2) 销售价格指数；
(3) 由于销售价格变动而变动的销售额。

6. 某企业工人工资和工人数如表 5-12 所示。

表 5-12 某企业工人工资和工人数

工人类别	工资总额/万元		工人数/人		平均工资/元	
	基期	报告期	基期	报告期	基期	报告期
技术工人	12.6	15.0	280	300	450	500
普通工人	16.4	16.4	400	410	360	400
合计	27	31.4	680	710	397.06	442.25

试分析：

（1）企业工资总额变动受平均工资变动及工人总数变动影响的程度及绝对额；

（2）企业总平均工资变动受两种工人平均工资变动及工人数构成变动影响的程度和绝对额；

（3）分析企业工资总额变动如何受到两种工人人数与平均工资及工人总数的影响。

第6章

抽样与抽样分布

学习目标

【知识目标】
- 了解抽样调查的概念、作用、特点
- 了解抽样分布的概念及类型
- 理解抽样误差产生的原因、影响因素及计算方法
- 掌握抽样估计的方法
- 掌握确定必要样本容量的方法

【能力目标】
- 能够利用样本资料推断总体的数量特征,并能够利用抽样估计方法确定必要的抽样数量

案例导读

2015年全国1%人口抽样调查主要数据公报

根据《全国人口普查条例》和《国务院办公厅关于开展2015年全国1%人口抽样调查的通知》,我国以2015年11月1日0时为标准时点进行了全国1%人口抽样调查。这次调查以全国为总体,以各地级市(地区、盟、州)为子总体,采取分层、二阶段、概率比例、整群抽样方法,最终取得样本量2 131万人,占全国总人口的1.55%。根据这次调查推算的人口主要数据公布如下:

一、总人口

全国大陆31个省、自治区、直辖市和现役军人的人口为137 349万人。同2010年第六次全国人口普查(2010年11月1日0时)的133 972万人相比,五年共增加3 377万人,增长2.52%,年平均增长率为0.50%。

二、家庭户人口

大陆31个省、自治区、直辖市共有家庭户40 947万户，家庭户人口为126 935万人，平均每个家庭户的人口为3.10人，与2010年第六次全国人口普查持平。

三、性别构成

大陆31个省、自治区、直辖市和现役军人的人口中，男性人口为70 356万人，占51.22%；女性人口为66 993万人，占48.78%。总人口性别比（以女性为100，男性对女性的比例）由2010年第六次全国人口普查的105.20%下降为105.02%。

四、年龄构成

大陆31个省、自治区、直辖市和现役军人的人口中，0~14岁人口为22 696万人，占16.52%；15~59岁人口为92 471万人，占67.33%；60岁及以上人口为22 182万人，占16.15%，其中65岁及以上人口为14 374万人，占10.47%。同2010年第六次全国人口普查相比，0~14岁人口比重下降0.08%，15~59岁人口比重下降2.81%，60岁及以上人口比重上升2.89%，65岁及以上人口比重上升1.60%。

五、民族构成

大陆31个省、自治区、直辖市和现役军人的人口中，汉族人口为125 614万人，占91.46%；各少数民族人口为11 735万人，占8.54%。同2010年第六次全国人口普查相比，汉族人口增加3 021万人，增长2.46%；各少数民族人口增加356万人，增长3.13%。

六、各种受教育程度人口

大陆31个省、自治区、直辖市和现役军人的人口中，具有大学（指大专以上）教育程度的人口为17 093万人；具有高中（含中专）教育程度的人口为21 084万人；具有初中教育程度的人口为48 942万人；具有小学教育程度的人口为33 453万人（以上各种受教育程度的人包括各类学校的毕业生、肄业生和在校生）。同2010年第六次全国人口普查相比，每10万人中具有大学教育程度的人口由8 930人上升为12 445人；具有高中教育程度的人口由14 032人上升为15 350人；具有初中教育程度的人口由38 788人下降为35 633人；具有小学教育程度的人口由26 779人下降为24 356人。

七、城乡人口

大陆31个省、自治区、直辖市和现役军人的人口中，居住在城镇的人口为76 750万人，占55.88%；居住在乡村的人口为60 599万人，占44.12%。同2010年第六次全国人口普查相比，城镇人口增加10 193万人，乡村人口减少6 816万人，城镇人口比重上升6.20%。

八、人口的流动

大陆31个省、自治区、直辖市的人口中，居住地与户口登记地所在的乡镇街道不一致且离开户口登记地半年以上的人口为29 247万人，其中市辖区内人户分离的人口为4 650万人，不包括市辖区内人户分离的人口为24 597万人。同2010年第六次全国人口普查相比，居住地与户口登记地所在的乡镇街道不一致且离开户口登记地半年以上的人口增加了3 108万人，增长11.89%。

思考：

1. 本公报中的数据是采用什么样的调查方式取得的？这种调查方式有何特点？
2. 本公报中，涉及的抽样调查步骤和组织形式有哪些？
3. 本公报中的数据均为根据调查结果的推算数，这些推算出来的数据会存在误差吗？如果有误差，则应如何计算呢？
4. 你认为产生抽样误差的原因是什么？有哪些有效的措施能控制抽样误差的发生呢？

6.1 抽样调查概述

6.1.1 抽样调查的含义和特点

1. 抽样调查的含义

抽样调查是按随机原则从研究对象总体中抽取部分单位（样本）进行观察，并根据样本的实际数据对总体指标做出具有一定可靠程度的估计和判断的一种非全面调查。从数据调查的角度看，抽样调查是搜集资料的一种数据调查方法；从统计分析的角度看，抽样调查是对总体的数量方面进行科学推断的一种统计分析方法，所以抽样调查也称抽样调查或抽样估计。例如，在某地区城镇居民中，通过随机抽样，抽取部分居民进行调查，计算出人均收入，以此来推算该地区全部城镇居民的人均收入，还可以用人均收入乘以全部人口数，进一步推算出该地区城镇居民的总收入。

抽样调查具有调查速度快，耗费人力、物力少，调查结果可靠性高等优点，因此，这种方法可以应用到社会生活的各个方面，具有普遍的适应性。

2. 抽样调查的特点

抽样调查是认识现象总体的一种重要方法，在数据调查研究活动中广为应用，它具有以下特点：

（1）抽样调查是一种非全面调查

抽样调查就是抽取总体中的一部分单位进行调查以推断总体，因而它与重点调查、典型调查一样，是一种非全面调查方法。

（2）抽样调查遵循随机原则

随机原则是指在样本单位的选取过程中，总体中的每个单位中选或不中选，不受主观因素的影响，保证总体中每一个单位都有相等的被选中的可能性。根据随机原则确定的调查单位能够使抽选出来的部分单位的分布状况近似于总体的分布状况，对总体具有充分的代表性，即使其成为总体的一个"缩影"。只有遵循随机原则才能计算抽样误差，从而达到推断总体的目的。

（3）抽样误差可以事先计算并加以控制

由于抽样调查是对总体的部分单位进行调查，用部分单位资料来推断整体，不言而喻，这种调查肯定会存在误差，但抽样误差范围可以事先通过有关资料加以计算，并且可以采取必要的组织措施来控制这个误差范围，保证抽样调查的结果达到一定的可靠程度，故抽样调查是一种科学的调查方法。

3. 抽样调查的作用

随着抽样理论和技术的不断发展，抽样调查发挥着日益重要的作用，具体表现在以下几个方面：

（1）有些现象无法进行全面调查，为了测算全面资料，必须采用抽样调查

对无限总体不能采用全面调查，要掌握总体的数量特征，只能采用抽样进行推断。另外，有些产品的质量检查和试验具有破坏性和损耗性，不可能进行全面调查。例如，轮胎的行驶里程、灯泡的耐用时间检测等都具有破坏性，不可能进行一一的检查试验，只能进行抽样调查。

（2）有些现象虽然理论上可以进行全面调查，但实际上没有必要或很难办到，故也要采用抽样调查

有些现象的总体过大，单位过于分散，不可能进行全面调查。例如，要掌握某水库鱼苗数多少、某森林木材积蓄量的大小等，理论上可以进行全面调查，但实际上很难办到，故只能采用抽样调查；又如，要了解全国城乡人民的家庭生活状况，理论上可以挨门逐户地进行全面调查，但是调查范围太大，调查单位太多，实际上难以办到，也没有必要。采用抽样调查可以节约时间、人力、物力和财力，提高调查结果的时效性，又能达到和全面调查同样的目的和效果。

（3）抽样调查的结果可以对全面调查的结果进行检查和修正

全面调查涉及面宽，工作量大，参加人员多，调查结果容易出现差错。因此，在全面调查之后进行抽样调查，根据抽样调查的结果计算差错率，并以此为依据检查和修正全面调查结果，从而提高全面调查质量。

（4）抽样调查可以用于工业生产过程的质量控制

在工业生产过程中，利用抽样调查可以对成批或大量连续生产的工业产品进行检验，根据产品质量的合格与否判断生产过程是否正常，是否存在某些系统性偏误，并及时提供有关信息，进行生产过程的控制，便于采取措施，预防大批次品、废品的发生，从而保证产品质量的稳定性。

（5）可以对总体的某种假设进行检验

利用抽样原理，可以对某些总体的假设进行检验，判别这种假设的真伪，以决定行动的取舍。例如，新工艺、新配方推广后是否有显著的效果，可以做出某种假设并确定接受或拒绝的标准，然后应用抽样调查根据抽样结果对所作的假设进行检验，做出判断。

总之，抽样调查是一种科学实用的统计方法，在自然科学与社会科学领域都有着广泛的应用。

6.1.2 抽样调查中的基本概念

1. 全及总体和样本总体

（1）全及总体

全及总体简称总体，是所研究对象的全体，它是由具有某种共同性质或特征的许多单位组成的集合体。总体明确了抽样调查的范围。例如，从某校 1 000 名学生中，随机抽取 100

名学生进行身体健康状况的调查，这1 000名学生即是全及总体。通常用英文大写字母 N 表示全及总体中的单位数，如上例中取 N = 1 000 人。对于某一具体问题来说，总体是唯一的、确定的，但是，总体中的某些数量特征是未知的。正是由于总体存在未知的数量特征，才有必要进行抽样调查。

总体按所研究单位的性质，可以分为变量总体和属性总体两类。对于一个总体来说，若所研究单位的标志属于品质标志，则该总体为属性总体；若所研究单位的标志属于数量标志，则该总体为变量总体。对于变量总体又可按其所包含的单位数以及相应变量的多少分为无限总体和有限总体。

（2）样本总体

样本总体简称样本，是由按随机性原则从全及总体中抽取的部分单位组成的集合体。样本的单位数是有限的，相对来说，它的数目比较小，一般以小写英文字母 n 表示。例如，某城市从全部住户中随机抽取1 000户进行调查，则被抽中的1 000户构成样本总体（即样本），样本单位数 n = 1 000 户。一般地，作为调查对象的总体是确定的，而且是唯一的。但作为观察对象的样本就不是这样，从一个总体可以抽取很多个样本，每次可能抽到哪个样本不是确定的，也不是唯一的，而是可变的。

2. 总体参数和样本统计量

（1）总体参数

总体参数又称总体指标或全及指标，它是根据总体中各单位的变量值或属性特征计算的、用以反映总体数量特征的综合指标。常用的总体参数有总体平均数、总体成数、总体数量标志标准差（σ）及总体方差（σ^2）、总体是非标志标准差（σ_P）等，它们是反映总体分布特征的重要指标。由于总体是唯一确定的，故根据总体计算的指标也是唯一确定的，但它是未知数，可以通过样本指标来推断。

1）总体平均数。总体平均数又称全及平均数，是代表总体单位数量标志一般水平的指标。它表明变量变动的集中趋势，通常用 $\overline{X}$ 表示，即

$$在总体未分组的情况下：\overline{X} = \frac{\sum X}{N}$$

$$在总体已分组的情况下：\overline{X} = \frac{\sum XF}{\sum F}$$

式中，X 表示总体各单位的标志值；F 表示总体各组次数。

2）总体成数。总体成数又称全及成数，对于属性总体，它是指当总体可以按交替标志划分为两个组成部分时，其中具有某一相同标志表现的总体单位数在总体中所占的比重，通常用 P 表示；不具有某一标志表现的总体单位数在总体中所占的比重，用 Q 表示。若以 N_1 代表具有某种相同标志表现的单位数，以 N_0 代表不具有某种相同标志表现的单位数，且 $N = N_1 + N_0$，则总体成数为

$$P = \frac{N_1}{N}$$

$$Q = \frac{N_0}{N} = \frac{N - N_1}{N} = 1 - P$$

其中，成数是是非标志的平均数。所谓是非标志，就是指只能取两种标志表现的标志。假定具有某种相同标志表现的变量值记为 1，不具备该种标志表现的变量值记为 0，那么成数 P 可以看作是这两个变量的加权算术平均数，即 P 是是非标志的平均数。

$$\overline{X}_P = \frac{\sum xf}{\sum f} = \frac{1 \times N_1 + 0 \times N_0}{N_1 + N_0} = \frac{N_1}{N} = P$$

3）总体数量标志标准差及总体方差。总体数量标志标准差是指总体中根据各单位标志值计算的标准差，记作 σ。

$$\text{在总体未分组的情况下}: \sigma = \sqrt{\frac{\sum (X - \overline{X})^2}{N}}$$

$$\text{在总体已分组的情况下}: \sigma = \sqrt{\frac{\sum (X - \overline{X})^2 F}{\sum F}}$$

该标准差的平方叫作总体方差，记作 σ^2。

4）总体是非标志标准差。总体是非标志标准差是指全及总体中根据是非标志计算的标准差。总体是非标志标准差为 $\sqrt{P(1-P)}$，具体推导为

$$\sigma_P = \sqrt{\frac{\sum (X - \overline{X})^2 F}{\sum F}} = \sqrt{\frac{(1-P)^2 N_1 + P^2 N_0}{N}}$$

$$= \sqrt{\frac{Q^2 PN + P^2 QN}{N}} = \sqrt{PQ(P+Q)} = \sqrt{PQ} = \sqrt{P(1-P)}$$

（2）样本统计量

样本统计量即样本指标，是由样本中各单位的变量值或属性特征计算的反映样本数量特征的综合指标。由于从一个总体中可以抽取多个样本，样本不同，样本指标的数值也不同，所以样本指标不是唯一确定的，是个随机变量。与总体指标相对应，样本统计量有样本平均数（$\overline{x}$）、样本成数（p）、样本数量标志标准差（s）及方差（s^2）、样本是非标志标准差（s_p）及方差（s_p^2）等。为了与总体指标区别，样本指标用小写字母表示。

1）样本平均数。样本平均数是抽样总体各单位标志值的平均数，用 $\overline{x}$ 表示。

$$\text{在样本未分组的情况下}: \overline{x} = \frac{\sum x}{n}$$

$$\text{在样本已分组的情况下}: \overline{x} = \frac{\sum xf}{\sum f}$$

式中，x 表示样本各单位标志值；f 表示样本各组次数。

2）样本成数。设样本的 n 个单位中有 n_1 个单位具有某种标志表现，n_0 个不具有某种标志表现，且 $n = n_1 + n_0$，则样本成数为

$$p = \frac{n_1}{n} \quad q = \frac{n_0}{n} = \frac{n - n_1}{n} = 1 - p$$

3）样本数量标志的标准差及样本方差。样本数量标志的标准差是说明样本总体之间标志值变异程度的指标，记作 s；其平方称为样本方差，记作 s^2。

在样本未分组的情况下：$s = \sqrt{\dfrac{\sum (x - \bar{x})^2}{n}}$

在样本已分组的情况下：$s = \sqrt{\dfrac{\sum (x - \bar{x})^2 f}{\sum f}}$

4）样本是非标志标准差。样本是非标志标准差是指样本中根据是非标志计算的标准差，样本是非标志标准差的计算公式为

$$\sigma_p = \sqrt{pq} = \sqrt{p(1-p)}$$

由于从一个总体中可以抽取多个样本，而样本不同，样本指标的数值也不同，所以样本指标不是唯一确定的，是个随机变量。

3. 样本容量和样本个数

（1）样本容量

样本容量和样本个数是两个互相联系但又完全不同的概念。样本容量是指一个样本所包含的单位数。一个样本应该包含多少单位最合适，是抽样设计必须认真考虑的问题，必须结合调查任务的要求以及总体标志值的变异情况来考虑。样本容量的大小不但关系到抽样调查的效果，而且关系到抽样方法的应用。

样本按照样本容量的多少分为大样本和小样本。当 $n \geq 30$ 时，称为大样本；当 $n < 30$ 时，称为小样本。通常，社会经济现象的抽样调查多取大样本，自然试验观察则多取小样本。

（2）样本个数

样本个数又称样本可能数目，是指从一个总体上可能抽取的样本个数。一个总体可能抽取多少样本，和样本容量以及抽样方法等因素有关，是一个比较复杂的问题。一个总体有多少样本，样本统计量就有多少种取值，从而形成统计量的分布。统计量的分布是抽样调查的基础。虽然在实践上只抽取个别或少数样本，但要判断所取样本的可能性就必须联系全部可能抽取样本数目所形成的分布。

4. 重复抽样和不重复抽样

根据取样方式不同，抽样方法分为重复抽样和不重复抽样。

（1）重复抽样

重复抽样也叫重置抽样，其操作方法是：从总体 N 个单位中，随机抽取一个容量为 n 的样本，每次从总体中抽取一个单位，把它看作一次试验；每次抽出一个单位并登记后，又重新放回总体中，参加下一次抽选，连续进行 n 次试验就构成一个样本。重复抽样的特点是共由 n 次相互独立的试验构成，每次试验是在相同的条件下进行的，即在整个抽取样本的过程中，总体单位数始终保持不变，每个单位的中选机会在各次是相等的。

例如，总体有 A、B、C、D 四个单位，要从中随机重复抽取两个单位构成一个样本。先从四个单位中抽取一个单位，结果登记后放回，然后从相同的四个单位中抽取第二个单位，就构成了一个样本，全部可能抽取的样本数目为 4^2 种，其具体样本组合为：AA、AB、AC、AD、BA、BB、BC、BD、CA、CB、CC、CD、DA、DB、DC、DD，共 16 个样本。

一般地，从总体 N 个单位中，随机重复抽取 n 个单位构成一个样本，则共可抽取 N^n 个样本组合。

(2) 不重复抽样

不重复抽样也叫不重置抽样，其抽样的操作方法是：从总体 N 个单位中抽取一个容量为 n 的样本，每次从总体中抽取一个单位（每次抽取的样本不再放回）。连续进行 n 次抽取，就构成了一个样本。不重复抽样的特点是样本是由 n 次连续抽取结果构成，实质上等于一次同时从总体中抽取 n 个样本单位，所以连续 n 次抽选的结果不是相互独立的；第一次抽取的结果会影响下一次的抽取，每抽一次，总体单位数就减少一个；每个单位的中选机会在各次是不相等的。

例如，总体有 A、B、C、D 四个单位，用随机不重复的方法从中抽取两个单位构成一个样本，则全部可能的样本数目为 $4 \times 3 = 12$ 种。其具体的样本组合为：AB、AC、AD、BA、BC、BD、CA、CB、CD、DA、DB、DC，共 12 个样本。

一般地，从总体 N 个单位中随机不重复抽取 n 个单位构成一个样本，则共有样本组合为

$$N(N-1)(N-2)\cdots(N-n+1) = \frac{N!}{(N-n)!}$$

由此可见，在相同的样本容量要求下，不重复抽样的样本个数总是比重复抽样的样本个数少。

6.1.3 抽样调查的组织形式

由于统计调查的目的不同，调查对象的性质不同，所以抽样调查的组织方式也不同。常用的抽样组织形式有简单随机抽样、类型抽样、等距抽样、整群抽样和多阶段抽样。

1. 简单随机抽样

简单随机抽样又称纯随机抽样。它是按照随机的原则，直接从总体 N 个单位中抽取 n 个单位作为样本，无论是重复抽样还是不重复抽样，都要保证总体中每个单位在抽选时都有相等的中选机会。简单随机抽样是抽样中最基本、最简单的抽样组织形式，适用于均匀分布体。

简单随机抽样的常用方法有直接抽选法、抽签法和随机数字法。

(1) 直接抽选法

直接抽选法是直接从调查对象中随机抽取样本单位。例如，从粮食仓库中随机抽取若干袋粮食进行含水量检验等。这种方法一般适用于总体单位数很多的情况。

(2) 抽签法

抽签法是先给总体的每个单位编上号码，做成号签，然后把号签充分摇匀，从中随机抽取，抽中者即为样本单位，直到抽满所需样本容量为止。

(3) 随机数字表法

在大规模的社会经济调查中，由于总体单位数目很大，使用抽签法的工作量相当大，所以通常利用随机数字表来确定样本单位。随机数字表是用计算机、随机数字机等方法编制的。根据不同的需要，我们可灵活确定随机数的起始位置，按行、列或划某一随机线取得随机数字，利用取得的随机数字对应编号的单位组成样本。

简单随机抽样在理论上最符合随机原则，它的抽样误差容易得到理论上的证明，因此，

它可以作为复杂抽样设计的基础和比较标准。它一般适合于均匀总体,或各单位标志值之间的差异不是很大的情况。

2. 类型抽样

类型抽样又称分层抽样或分类抽样,它是将总体单位先按一定标志分组,然后在各组中随机抽取样本的抽样组织方式。类型抽样适用于总体内各单位在被研究标志上有明显差别的情况。如研究农作物产量时,耕地有平原、丘陵和山地等区别;研究职工的工资水平时,各行业之间也有明显的差别。类型抽样实质上是把数据分组和抽样原理有机地结合在一起进行分组,使组内具有同质性,组间具有差异性,然后从各组中简单随机抽样。这样可以保证样本对总体具有更大的代表性,计算出的抽样误差也就比较小。类型抽样的主要原则是:分组时应使组内差异尽可能小,使组间差异尽可能大。

3. 等距抽样

等距抽样又称机械抽样或系统抽样,是将总体各单位按一定顺序(标志)排队,然后按固定顺序或间隔抽取样本单位的抽样组织方式。采用等距抽样方式时,可以根据研究的具体任务及被调查现象的特点,把总体各单位按有关标志排队或无关标志排队。所谓有关标志,是指排队的标志与总体单位的标志表现有直接关系或起主要影响作用。反之,就是无关标志。例如,调查家庭财产情况,按户主姓氏笔画排队,就是按无关标志排队,实质上仍是简单随机抽样;若按户主工资多少排队,就是按有关标志排队。按有关标志排队,能使被研究对象标志值的变动均匀地分布在总体中,保证样本具有较大的代表性。

4. 整群抽样

整群抽样是将总体单位划归为若干群,然后以群为单位从中随机抽取一些群,对中选群中的所有单位进行全面调查的一种抽样组织方式,如某企业的产品是连续生产的,每隔三个小时抽取半个小时的产品进行质量检查。

整群抽样的优点是组织工作方便,确定一群便可以调查许多单位,同时抽中的单位比较集中,调查省时、省力、省财。其缺点是抽中的单位比较集中,限制样本在总体中分布的均匀性,所以,在相同的条件下,整群抽样代表性较纯随机抽样小,抽样误差较纯随机抽样大。

5. 多阶段抽样

上述几种抽样组织方式均为单阶段抽样,即都是从总体中进行一次抽样就产生一个完整的样本。但在实际工作中,有时总体包括的单位很多,而且分布很广,要一次抽选出样本很困难,在这种情况下,就要采用多阶段抽样的方法。

多阶段抽样是将样本单位的抽取工作分为几个阶段进行,即先从总体中抽取一级单位,再从中选的一级单位中抽取二级单位等,依次进行,到最后阶段才具体抽取到样本单位的组织方式。例如要调查某省粮食平均亩产量,第一阶段:以县为单位,从全省所有的县中抽取一部分县;第二阶段:以乡为单位,从中选县的所有乡中抽取部分乡;第三阶段:以生产小组为单位,从中选乡的所有生产小组中抽取部分生产组;第四阶段:以地块为单位,从中选生产组的所有土地中,随机抽取部分地块进行实割实测,并以样本点实割实测的数据来推断全省粮食的平均亩产量和总产量。

多阶段抽样可以是二阶段、三阶段,也可以是更多的阶段,一般阶段数不宜太多,二阶段、三阶段为宜。

6.2 抽样分布

6.2.1 抽样分布的概念

抽样分布是指样本统计量的概率分布。由于样本统计量是由 n 个随机变量构成的样本的函数,因此,抽样分布属于随机变量函数的分布。例如在简单随机抽样时,总体有 N 个单位,从中按不考虑顺序、不重复抽样方式抽取 n 个单位进行调查,可抽取 C_N^n 个样本数目,可得到 C_N^n 个不尽相同的样本均值,经整理,将样本均值的全部可能取值及其出现的概率依次排列,就得到样本均值的概率分布,即样本均值的抽样分布。同理,可得到样本成数的抽样分布、样本方差的抽样分布等。

为了更好地掌握抽样分布的原理,需要先了解三种不同性质的分布,即总体分布、样本分布和抽样分布,掌握三者之间的区别与联系。

1. 总体分布

总体分布是指总体中各元素的观测值所形成的相对频数分布。假如可对总体中所有观测值做一次全面普查,则可通过直方图观测该总体的分布状况。但在现实中,总体的分布往往是不知道的,通常是根据经验大致了解总体的分布类型,或者假定它服从某种分布,然后,再用样本分布推断总体分布。例如,先假定某种小包装茶叶的质量服从正态分布,然后在全部小包装茶叶中按随机原则抽取部分来测定,最后用部分小包装茶叶的样本分布推断总体分布。

2. 样本分布

样本分布是指从总体中抽取一个容量为 n 的样本后,由这 n 个观测值形成的相对频数分布。由于样本是从总体中抽取的,其中包含着总体的一些信息和特征,因此样本分布也称经验分布。一般地,当样本量较大或逐渐增大时,样本分布也逐渐接近于总体分布;但当样本量较小或受随机因素影响时,样本分布也可能与总体分布不一致,甚至会有较大差异。值得注意的是,样本分布是指一个样本中各观测值的分布,它与抽样分布是不同的。

3. 抽样分布

抽样分布是指样本统计量的概率分布。理论上,抽样分布是指从容量为 N 的总体中抽取容量为 n 的样本时,所有样本可能数目的统计量取值所形成的相对频数分布。由于现实中不可能将所有的样本都抽出来,因此,统计量的抽样分布实际上是一种理论分布。在通常情况下,总体的参数是根据样本统计量推断的,如用样本均值去推断总体均值,用样本比例去推断总体比例、用样本标准差去推断总体标准差等,那么进行这种推断的理论依据就是统计量的抽样分布。可以说,抽样分布是研究样本分布与总体分布之间关系的桥梁。

6.2.2 常用统计量的抽样分布

实践中最常见的统计量主要有样本均值、样本比率和样本方差,给出这些常用的样本统计量的抽样分布,有助于更加便捷地进行统计推断。

1. 样本均值的抽样分布

样本均值的抽样分布是指在重复选取容量为 n 的样本时,由样本均值的所有可能取值形成的相对频数分布。为更好地理解样本均值的抽样分布的概念,我们来看一个简单的例子。

【例 6-1】设一个总体含有 4 个个体(元素),即 $N=4$,取值分别为:$x_1=1$,$x_2=2$,$x_3=3$,$x_4=4$。我们先来看一下总体分布状况,如图 6-1 所示。

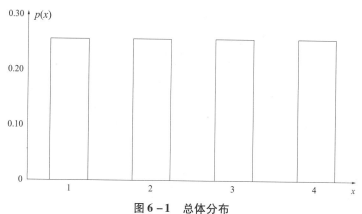

图 6-1 总体分布

可以看出,总体分布为均匀分布,即每一个观察值 x_i 的概率相等。这样,我们可以按下面的公式计算总体均值和方差,即

$$总体均值:\mu = \frac{1}{N}\sum_{i=1}^{N} x_i = \frac{1+2+3+4}{4} = 2.5$$

$$总体方差:\sigma^2 = \frac{1}{N}\sum_{i=1}^{N}(x_i - \mu)^2 = 1.25$$

若从总体中采取重复抽样方法随机抽取容量为 $n=2$ 的样本,则共有 $4^2=16$ 个可能样本,具体如表 6-1 所示。

表 6-1 可能的样本及其均值

样本序号	样本元素	样本均值	样本序号	样本元素	样本均值
1	1,1	1.0	9	3,1	2.0
2	1,2	1.5	10	3,2	2.5
3	1,3	2.0	11	3,3	3.0
4	1,4	2.5	12	3,4	3.5
5	2,1	1.5	13	4,1	2.5
6	2,2	2.0	14	4,2	3.0
7	2,3	2.5	15	4,3	3.5
8	2,4	3.0	16	4,4	4.0

每个样本被抽中的概率相同,均为 1/16。

样本均值的抽样分布如表 6 – 2 和图 6 – 2 所示。

表 6 – 2 样本均值的抽样分布

$\bar{x}$	f	$\dfrac{f}{\sum f} = p(x)$
1.0	1	0.062 5
1.5	2	0.125 0
2.0	3	0.137 5
2.5	4	0.250 0
3.0	3	0.135 0
3.5	2	0.125 0
4.0	1	0.062 5
合计	16	1.000 0

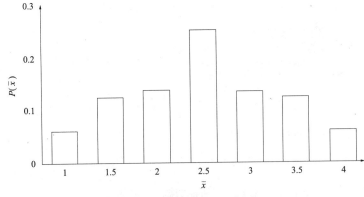

图 6 – 2 样本均值的抽样分布

由表 6 – 2 可以算出,

$$\text{样本均值的平均数} \bar{x} = \frac{1.0 + 1.5 + \cdots + 3.5 + 4.0}{16} = \frac{40}{16} = 2.5 = \mu_{\bar{x}}$$

$$\text{样本均值的方差} \sigma_{\bar{x}}^2 = \frac{\sum (\bar{x}_i - \mu)^2}{n} = \frac{10}{16} = \frac{1.25}{2} = \frac{\sigma^2}{n}$$

通过计算可以发现,样本均值 $\bar{x}$ 的均值 $\mu_{\bar{x}}$ 正好等于总体的均值,样本均值 $\bar{x}$ 的方差 $\sigma_{\bar{x}}^2$ 正好等于总体方差 σ^2 的 $1/n$。这个结论不仅在本例中成立,而且具有普遍意义。统计学已经证明,关于作为随机变量的样本均值 $\bar{x}$ 抽样分布,有以下结论成立:

设总体共有 N 个元素,其均值为 μ,方差为 σ^2,从中抽取容量为 n 的样本,样本均值 $\bar{x}$ 的均值和方差分别记为 $\mu_{\bar{x}}$ 和 $\sigma_{\bar{x}}^2$,则无论是重复抽样还是不重复抽样,样本均值的数学期望始终等于总体均值,即

$$\mu_{\bar{x}} = \mu$$

此外，样本均值的抽样方差与抽样方法有关。

1）在重复抽样条件下，样本均值的抽样方差为总体方差的 $1/n$，即 $\sigma_x^2 = \dfrac{\sigma^2}{n}$

2）在不重复抽样条件下，样本均值的抽样方差则需要用修正系数 $\dfrac{N-n}{N-1}$ 加以修正，即

$$\sigma_x^2 = \dfrac{\sigma^2}{n}\left(\dfrac{N-n}{N-1}\right)$$

对无限总体进行不重复抽样时，可以按重复抽样来处理，因为其修正系数 $\dfrac{N-n}{N-1}$ 趋近于 1。对于有限总体来说，当 N 很大而 n 很小时，其修正系数也趋近于 1，这时样本均值的方差也可以按 $\sigma_x^2 = \dfrac{\sigma^2}{n}$ 来计算。

2. 样本比例的抽样分布

样本比例是指总体（或样本）中具有某种属性的单位数与全部单位数之比，如一个班级中不同性别的人数与全班总人数之比，合格品（或不合格品）与全部产品总数之比等。在实际生活中，经常会用样本比例 p 去推断总体的比例 P。

就一个具有 N 个元素的总体而言，具有不同属性的元素的个数分别为 N_0 和 N_1，则总体比例可表示为

$$P = \dfrac{N_0}{N} \text{ 或 } 1 - P = \dfrac{N_1}{N}$$

相应的样本比例可表示为

$$p = \dfrac{n_1}{n} \text{ 或 } 1 - p = \dfrac{n_1}{n}$$

在重复抽取容量为 n 的样本时，由样本比例的所有可能取值形成的相对频数分布，称为样本比例的抽样分布。样本比例 p 的抽样分布是其所有可能取值的概率分布。当样本容量很大时，样本比例 p 的抽样分布可用正态分布近似表示。

同样，对于 p 的分布，也需要知道 p 的数学期望和方差。可以证明，p 的数学期望 $E(p)$ 等于总体的比例 P，即 $E(p) = P$。p 的方差则与抽样方法有关。

设 p 的抽样方差为 σ_p^2，则

1）在重复抽样条件下，有

$$\sigma_p^2 = \dfrac{P(1-P)}{n}$$

2）在不重复抽样条件下，用修正系数加以修正，有

$$\sigma_p^2 = \dfrac{P(1-P)}{n}\left(\dfrac{N-n}{N-1}\right)$$

与样本均值分布的方差一样，对无限总体进行不重复抽样时，可以按重复抽样来处理。此时，样本比例的方差仍可按 $\sigma_p^2 = \dfrac{P(1-P)}{n}$ 计算；对有限总体，当 N 很大而抽样比 $\dfrac{n}{N} \leqslant$ 5% 时，其修正系数 $\dfrac{N-n}{N-1}$ 趋于 1，这时样本比例的方差也可以按 $\sigma_p^2 = \dfrac{P(1-P)}{n}$ 计算。

样本比例的抽样分布是一种理论上的概率分布,是推断总体比例 P 的基础。

3. 样本方差的抽样分布

反复抽取样本容量相同的独立同分布样本,所得到的样本方差的概率分布称为样本方差的抽样分布。样本方差抽样分布比较复杂,依据其变量分布的不同而不同。这里,仅就常用的变量服从正态分布时的样本方差的抽样分布进行讨论。

在 $X \sim N(\mu, \sigma^2)$ 的同分布总体中,抽取样本容量为 n 的样本,其样本方差与总体方差的比值服从自由度为 $(n-1)$ 的 χ^2 分布,即

$$\frac{\sum_{i=1}^{n}(x_i - \bar{x})^2}{\sigma^2} = \frac{(n-1)s^2}{\sigma^2} \sim \chi^2(n-1)$$

χ^2 分布是由阿贝(Abbe)于 1863 年首先提出,后来由海尔默特(Hermert)和卡·皮尔逊(K·Pearson)分别于 1875 年和 1900 年推导出来的。χ^2 分布仅在第一象限取值,所以 χ^2 分布的取值永远为正数。χ^2 分布一般为右偏态的偏峰分布,具体偏倚形态取决于其自由度的数值,自由度的数值越小,偏倚的程度越大;并且随着自由度的数值增大,χ^2 分布的形态逐渐趋于对称,当 $n \to \infty$ 时,χ^2 分布趋于正态分布,即正态分布是 χ^2 分布的极限分布。下面对样本统计量的抽样分布形式进行概括,如图 6-3 所示。

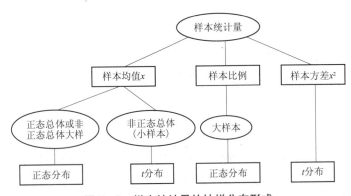

图 6-3 样本统计量的抽样分布形式

6.3 抽样误差

6.3.1 抽样误差的概念

在数据调查过程中所得出的统计数字与客观实际数量之间存在一定的差异,统称为统计误差。按造成统计误差的原因,可将统计误差分为调查误差和代表性误差。调查误差是指在调查过程中,由于各种主观和客观原因而引起的技术性误差、登记性误差以及责任性误差等;代表性误差是指从抽样总体中得出的指标数值与总体数值之间可能存在的误差,它可以反映抽样总体在多大程度上代表全及总体,所以称为代表性误差。全面调查只产生调查误差,而进行抽样调查时,调查误差和代表性误差都可能产生。

代表性误差的发生有以下两种情况:一是破坏了抽样的随机原则,人为地、有意识地抽

选较好或较坏单位进行调查，使抽样指标偏高或偏低，造成系统性误差，这是在抽样调查中应该避免的；二是虽然遵守随机原则，但由于偶然抽取的样本结构与总体的结构发生偏差，就会出现或大或小的偶然性的代表性误差。它不是由调查失误引起的，而是随机抽样所特有的误差。

抽样误差是指不包括调查误差和系统性误差在内的随机误差，即在遵守随机原则的条件下，由抽样指标代表全及指标时产生的不可避免的误差，它表现为样本指标和所要估计的总体指标之间数量上的绝对离差，例如样本平均数与总体平均数之间的绝对离差$|\bar{x}-\bar{X}|$；样本成数和总体成数之间的绝对离差$|p-P|$。如前所述，总体平均数和成数是唯一确定的，但样本平均数和成数是随机变量，因而抽样误差不是唯一确定的，而是随机变量。抽样误差越小，说明样本的代表性越大；反之，样本的代表性越小。

6.3.2 抽样平均误差

1. 抽样平均误差的概念

抽样平均误差是指所有可能出现的样本指标（样本平均数或样本成数）的标准差，也可以理解为所有样本指标和总体指标的平均离差。为了叙述方便，有时把抽样平均误差简称为抽样误差，并用希腊字母μ来表示。为了具体地说明反映样本平均数$\bar{x}$与总体平均数$\bar{X}$的平均离差，我们在μ的下标处附上$\bar{x}$，即用$\mu_{\bar{x}}$表示样本平均数的抽样平均误差，类似地用μ_p表示样本成数的抽样平均误差。虽然某一次抽样结果的抽样实际误差不能确知，但抽样平均误差μ这个数值是客观存在的，是可以计算的。

2. 抽样平均误差的计算

在前面讲到抽样平均误差的概念时，将其定义为所有样本平均数计算的标准差。其定义公式为

$$\mu_{\bar{x}} = \sqrt{\frac{\sum(\bar{x}-\bar{X})^2}{M}}; \quad \mu_p = \sqrt{\frac{\sum(p-P)^2}{M}}$$

式中，M表示全部可能出现的样本数目。

上述公式从理论上说明了抽样平均误差的计算方法，但在实际工作中，由于$\bar{X}$、P往往未知，也不大可能一一列出所有的样本，因此一般无法按以上定义公式来计算抽样平均误差。

数理统计证明，抽样平均误差和总体的标准差、抽样数目及抽样方法等因素之间有着密切的关系，不同的抽样方法和抽样组织形式计算抽样平均误差的公式是不同的，在这里主要以简单随机抽样为例来说明抽样平均误差的计算方法。

（1）样本平均数的抽样平均误差

1）在重复抽样条件下，样本平均数的抽样平均误差的计算公式为

$$\mu_{\bar{x}} = \sqrt{\frac{\sigma^2}{n}} = \frac{\sigma}{\sqrt{n}}$$

式中，$\mu_{\bar{x}}$表示样本平均数的抽样平均误差；σ表示总体标准差；n表示样本单位数。

由公式可以看出，样本平均数的抽样平均误差的大小与总体标准差成正比，而与样本单

位数成反比。

2）在不重复抽样条件下，样本平均数的抽样平均误差的计算公式为

$$\mu_{\bar{x}} = \sqrt{\frac{\sigma^2}{n}\left(\frac{N-n}{N-1}\right)}$$

式中，$\mu_{\bar{x}}$ 表示样本平均数的抽样平均误差；σ 表示总体标准差；n 表示样本单位数；N 表示总体单位数。

在总体单位数 N 很大的情况下，上述公式可近似地表示为

$$\mu_{\bar{x}} = \sqrt{\frac{\sigma^2}{n}\left(1-\frac{n}{N}\right)}$$

（2）样本成数的抽样平均误差

1）在重复抽样条件下，样本成数的抽样平均误差的计算公式为

$$\mu_p = \sqrt{\frac{p(1-p)}{n}}$$

式中，μ_p 表示样本成数的抽样平均误差；p 表示样本成数；n 表示样本单位数。

2）在不重复抽样条件下，样本成数的抽样平均误差的计算公式为

$$\mu_p = \sqrt{\frac{\sigma^2}{n}\left(\frac{N-n}{N-1}\right)} = \sqrt{\frac{p(1-p)}{n}\left(\frac{N-n}{N-1}\right)}$$

在总体单位数 N 很大的情况下，上述公式可近似地表示为

$$\mu_p = \sqrt{\frac{p(1-p)}{n}\left(1-\frac{n}{N}\right)}$$

式中，μ_p 表示样本成数的抽样平均误差；p 表示样本成数；n 表示样本单位数；N 表示总体单位数；$1-\frac{n}{N}$ 表示修正系数。

从上述公式可以看出，重复抽样和不重复抽样的样本成数的抽样平均误差之间相差一个 $1-\frac{n}{N}$，$1-\frac{n}{N}$ 称为修正系数。由于 $1-\frac{n}{N} < 1$，因此在同样条件下，不重复抽样样本成数的抽样平均误差总是小于重复抽样样本成数的抽样平均误差。但在抽样比例 $\frac{n}{N}$ 很小时，$1-\frac{n}{N} \approx 1$。因而在实际工作中，按不重复抽样方法进行抽样时，也往往采用重复抽样公式来计算样本成数的抽样平均误差。

【例 6-2】对某市 1 500 名消费者进行购物消费支出调查，随机抽取其中 5% 的消费者作为样本，调查所得的资料如下：样本单位数为 75 人，平均每人购物消费支出为 654.4 元，购物消费的标准差为 46.8 元，要求计算样本平均数的抽样平均误差。

解：已知 $n=75$，$\bar{x}=654.4$ 元，$\sigma=46.8$ 元，则样本平均数的抽样平均误差为

$$\text{重复抽样时：} \mu_{\bar{x}} = \sqrt{\frac{\sigma^2}{n}} = \frac{\sigma}{\sqrt{n}} = \frac{46.8}{\sqrt{75}} = 5.38(\text{元})$$

$$\text{不重复抽样时：} \mu_{\bar{x}} = \sqrt{\frac{\sigma^2}{n}\left(1-\frac{n}{N}\right)} = \sqrt{\frac{46.8^2}{75}(1-5\%)} = 5.27(\text{元})$$

【例 6-3】从某商场购进的某批 2 000 条毛巾中随机抽取 10% 进行质量检验,其中合格品为 196 条,要求计算合格率的抽样平均误差。

解:根据已知资料计算得知

$$n = 2\ 000 \times 10\% = 200,\ n_1 = 196$$

则

$$p = \frac{n_1}{n} = \frac{196}{200} = 98\%$$

即抽样合格率的抽样平均误差为

$$\text{重复抽样时:} \mu_p = \sqrt{\frac{p(1-p)}{n}} = \sqrt{\frac{98\% \times 2\%}{200}} = 1\%$$

$$\text{不重复抽样时:} \mu_p = \sqrt{\frac{p(1-p)}{n}\left(1-\frac{n}{N}\right)} = \sqrt{\frac{98\% \times 2\%}{200}(1-10\%)} = 0.94\%$$

上面介绍的抽样平均误差公式需要在已知总体方差的条件下才能加以应用,但是总体方差在抽样调查之前总是未知的。为此,我们在实际操作中通常用以下几种方法解决:第一,用历史资料代替。如果历史上做过同类型的全面调查或抽样调查,就用过去所掌握的总体方差或样本方差。倘若曾经做过多次调查,有多个方差资料,一般宜选用其中最大的方差;第二,用样本方差代替。只要样本分布接近总体分布,样本方差就相当接近总体方差,但是它只能在抽样调查之后计算;第三,进行试验性抽样取得估计资料。如果既没有历史资料,又需要在调查之前计算抽样平均误差,就需组织一次小规模的试验性抽样调查,计算出抽样方差来作为总体方差的估计值。

3. 抽样平均误差的影响因素

(1) 抽样单位数的多少

在其他条件不变的情况下,抽样单位数越多,抽样平均误差就越小;反之,抽样单位数越少,则抽样平均误差就越大。抽样单位数越大,样本越能反映总体的数量特征。如果抽样单位数扩大到接近总体,则这时抽样调查也就近于全面调查,抽样平均误差就缩小到几乎完全消失的程度。

(2) 总体被研究标志的变异程度

在其他条件不变的情况下,总体单位标志的变异程度越小则抽样平均误差也越小,抽样误差平均和总体变异度成正比变化。因为总体变异度小,表示总体各单位标志值之间的差异小,所以抽样指标与总体指标之间的差异也就小。如果总体单位标志值相等,则标志变动度等于零,抽样指标就完全等于总体指标,抽样平均误差也就不存在了。

(3) 抽样的组织形式

在抽样单位的数目一定时,抽样的组织形式不同,抽样平均误差也就不同,因为不同的抽样组织形式所抽取的样本对总体的代表性不同。类型抽样的样本代表性较大,其抽样平均误差相应较小;等距抽样次之;简单随机抽样和整群抽样的抽样平均误差较大。

(4) 抽取样本的方法

在其他条件不变的情况下,不重复抽样下的样本比重复抽样下的样本代表性大,其抽样平均误差相应也要小。

了解影响抽样平均误差的因素，对控制和分析抽样平均误差十分重要。在上述影响抽样平均误差的几个因素中，总体标志的变异程度是客观存在的因素，是调查者无法控制的，但样本数目和抽样方法及抽样的组织形式是调查者能够选择和控制的。因此，在实际工作中，应当根据分析研究的目的和具体情况，做好抽样设计和实施工作，以达到经济有效的抽样效果。

6.3.3 抽样极限误差

1. 抽样极限误差的概念

抽样极限误差是指样本指标与总体指标之间误差的可能范围。由于总体指标是一个确定的未知数，而样本指标是一个随机变量，所以样本指标总是围绕着总体指标上下波动，它可能大于总体指标，也可能小于总体指标，从而产生正离差或负离差。统计上用样本指标和总体指标之差的绝对值表示抽样误差的可能范围，并将这种以绝对值形式表示的抽样误差的可能范围称为抽样极限误差或允许误差。

抽样极限误差通常用符号"Δ"表示，设 $\Delta_{\bar{x}}$ 为样本平均数的极限误差、Δ_p 为样本成数的极限误差，则有

$$\Delta_{\bar{x}} = |\bar{x} - \bar{X}|, \Delta_p = |p - P|$$

上式可变为下列不等式，即

$$\bar{X} - \Delta_{\bar{x}} \leq \bar{x} \leq \bar{X} + \Delta_{\bar{x}}, P - \Delta_p \leq p \leq P + \Delta_p$$

式中，$\bar{x}$ 表示样本平均数，它以总体平均数 $\bar{X}$ 为中心，在 $\bar{X} \pm \Delta_{\bar{x}}$ 之间波动；区间 $(\bar{X} - \Delta_{\bar{x}}, \bar{X} + \Delta_{\bar{x}})$ 称为平均数置信区间，区间总长度为 $2\Delta_{\bar{x}}$，在这个区间内的样本平均数与总体平均数的绝对离差不超过 $\Delta_{\bar{x}}$。同样地，样本成数 p 以总体成数 P 为中心，在 $P \pm \Delta_p$ 之间变动，样本成数在区间 $(P - \Delta_p, P + \Delta_p)$ 内与总体成数的绝对离差不超过 Δ_p。

由于总体平均数和成数是未知的，它要求用实测的样本平均数或样本成数进行估计，因此，抽样极限误差的实际意义是希望被估计的总体平均数 $\bar{X}$ 包含在 $\bar{x} \pm \Delta_{\bar{x}}$ 的范围内，总体成数包含在 $p \pm \Delta_p$ 的范围内，故上述不等式应该变换为

$$\bar{x} - \Delta_{\bar{x}} \leq \bar{X} \leq \bar{x} + \Delta_{\bar{x}}$$
$$p - \Delta_p \leq P \leq p + \Delta_p$$

由此可见，抽样极限误差的范围是以 $\bar{X}$ 或 P 为中心的两个 Δ 的距离。

2. 抽样误差的概率度

抽样平均误差是衡量误差范围的尺度，它表明抽样调查的准确度；抽样极限误差则表明抽样调查准确程度的可能范围。所以，进行抽样调查不但要考虑其准确程度，还应研究抽样调查的可靠程度。

基于概率估计的要求，抽样极限误差 $\Delta_{\bar{x}}$ 或 Δ_p 通常要以抽样平均误差 $\mu_{\bar{x}}$ 或 μ_p 为标准来衡量，把抽样极限误差 $\Delta_{\bar{x}}$ 或 Δ_p 相应地除以 $\mu_{\bar{x}}$ 或 μ_p，得出相对数 t。t 是用来测量抽样误差的可靠程度的一个参数，称为抽样误差的概率度，用公式表示为

$$t = \frac{\Delta_{\bar{x}}}{\mu_{\bar{x}}} \text{ 或 } t = \frac{\Delta_p}{\mu_p}$$

抽样极限误差也可以表示为抽样平均误差的若干倍,其倍数(即概率度t)用公式表示为

$$\Delta_{\bar{x}} = t\mu_{\bar{x}}$$
$$\Delta_p = t\mu_p$$

上述公式表明,抽样极限误差的大小,受抽样平均误差和概率度的影响。在抽样平均误差μ一定的条件下,概率度t的数值越大,则抽样极限误差的范围Δ越大,样本指标代表总体指标所作的估计的可靠程度也越高;反之,t的数值越小,则Δ越小,抽样估计的可靠程度也越低。

概率论和数理统计已经证明,概率度t与概率$F(t)$之间存在着一定的函数关系。并且,中心极限定理已证明,在大样本($n \geq 30$)情况下,样本平均数(或成数)的分布接近于正态分布,如图6-4所示,故可以按正态分布和正态分布概率积分表来估计样本平均数(或成数)落在一定范围内的概率。

为了计算方便,在实际工作中,按不同的t值和相应的概率$F(t)$编制成正态分布概率表,供查用,如表6-3所示。

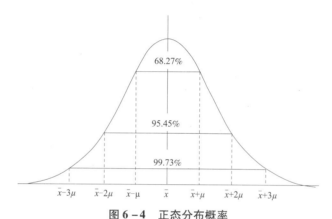

图6-4 正态分布概率

表6-3 常用的正态分布概率表

概率度t	1	1.64	1.96	2	2.576	3	4
概率$F(t)$	0.682 7	0.900 0	0.950 0	0.954 5	0.990 0	0.997 3	0.999 9

6.4 抽样调查的方法

6.4.1 抽样估计

抽样估计就是利用实际调查计算的样本指标值来估计相应的总体指标值,即对总体平均数$\bar{X}$和总体成数P的推断估计。由于总体指标是表明总体数量特征的参数,所以也称参数估计。总体参数估计有点估计和区间估计两种。

1. 点估计

点估计又称定值估计,它是将样本计算出的统计量直接作为总体参数的估计量。如将

样本平均数的实际值作为总体平均数的估计量;将样本成数的实际值作为总体成数的估计值。

例如,抽选6 000名大学生进行月消费支出调查,结果表明这6 000名大学生的月平均消费支出为1 080元。此时,我们会推断说,全体大学生的月消费支出为1 080元;又如,某企业从10 000台微波炉中随机抽取3%进行质量检查,结果合格率为98%,则据此推断10 000台微波炉的合格率为98%。

对总体指标进行估计时,总是希望估计是合理或优良的。那么什么是优良估计的标准呢?优良估计是从总体来评价的,有三个基本标准——无偏性、有效性和一致性。无偏性是指用样本指标估计总体指标时,要求样本指标的平均数等于被估计总体指标的平均数;有效性是指用样本指标估计总体指标时,要求样本指标的方差最小,因此,有效性也是最小方差性;一致性是指用样本指标估计总体指标时,若样本容量增加,样本指标越来越接近总体指标,则称样本指标为总体指标的一致估计量。

总体参数点估计方法的优点是简便、易行、原理直观,常为实际工作所采用。其不足之处也是显著的,即点估计没有表明抽样估计的误差,更没有指出误差在一定范围内的置信度。而区间估计能解决这一问题,所以,此时区间估计是更好的估计方法。

2. 区间估计

(1) 区间估计的概念

区间估计是指在抽样指标数值基础上以一定的置信度推断总体参数的可能取值区间的一种参数估计方法。区间估计结果包括两部分内容:一是总体参数的可能取值区间,称为置信区间;二是总体参数在这个区间上取值的概率,称为置信度。区间估计既表明了估计结果的准确程度,又表明了估计结果的可靠程度,所以区间估计是比较科学的参数估计方法。

区间估计用公式表示为

$$\bar{x} - \Delta_{\bar{x}} \leq \bar{X} \leq \bar{x} + \Delta_{\bar{x}}, p - \Delta_p \leq P \leq p + \Delta_p$$

式中,$\bar{x} + \Delta_{\bar{x}}$和$\bar{x} - \Delta_{\bar{x}}$分别是总体平均数区间的上限与下限;$p + \Delta_p$和$p - \Delta_p$分别为总体成数的上限与下限。$\bar{x} - \Delta_{\bar{x}}$、$\bar{x} + \Delta_{\bar{x}}$和$p - \Delta_p$、$p + \Delta_p$均为置信区间,表达了区间估计的精确性。与置信区间相联系的一个概念是置信度,也叫概率保证程度,用$F(t)$表示。置信度是指在抽样调查中,通过抽取一套样本进行调查以推断总体的平均数或成数在某个范围内的可能性有多大,也就是概率有多少。置信度同允许误差的范围密切相关。在其他条件不变的情况下,精确度要求越低(即允许误差范围越大),置信度越大,即把握程度越高;反之,精确度要求越高,把握程度越低。

科学的区间估计方法要具备三个基本要素:

1) 样本指标,它是区间估计的基础。

2) 抽样极限误差,用以推算总体指标值的估计区间,说明区间估计的精确度。

3) 置信度可表明总体指标数值落在估计区间的可靠性大小。

以上三个要素中,区间估计的精确度和可靠性是矛盾的,提高了区间估计的精确度,必然伴随着区间估计可靠性的降低;同样提高了区间估计的可靠性,也必然伴随着区间估计精确度的降低。所以,在抽样估计时,只对其中一个要素提出要求,进而推求另一个要素的变动情况。因此，总体参数的区间估计根据给定的条件不同，有不同的估计模式。

（2）区间的估计模式

在进行区间估计时，根据所给定条件的不同，总体平均数和总体成数的估计有以下两套模式可供选择使用。

1）根据给定的抽样误差范围，估计置信度。具体步骤是：首先，抽取样本，根据样本单位标志值计算样本指标，如计算样本平均数或样本成数来作为总体指标的相应估计值，并计算样本标准差以推算抽样平均误差；其次，根据给定的抽样极限误差范围，估计总体指标（平均数或成数）的下限和上限；最后，根据给定的抽样极限误差除以抽样平均误差，求出概率度 t，再根据 t 值查正态分布概率表，求出相应的置信度 $F(t)$，并对总体参数作区间估计。这种估计方法分为总体平均数的估计和总体成数的估计两种形式。

【例 6-4】对某城市进行居民家计调查，随机抽取 400 户居民，调查得知户平均文化用品消费支出为 900 元，标准差为 200 元。要求抽样极限误差不超过 20 元，试对该市居民户年均文化用品消费支出情况做出估计。

第一步，抽取样本，计算样本平均数和标准差，并计算抽样平均误差。

已知 $\bar{x} = 900$ 元，$S = 200$ 元，$n = 400$ 户，则

$$\mu_{\bar{x}} = \frac{\sigma}{\sqrt{n}} = \frac{200}{\sqrt{400}} = 10 \text{（元）}$$

说明：本章涉及的总体标准差用样本标准差来代替。

第二步，根据给定的误差范围，计算该市居民户年均文化用品消费的范围，即

$$下限 = \bar{x} - \Delta_{\bar{x}} = 900 - 20 = 880 \text{（元）}$$
$$上限 = \bar{x} + \Delta_{\bar{x}} = 900 + 20 = 920 \text{（元）}$$

第三步，计算概率度，并查正态分布概率表，估计置信度。

$$t = \frac{\Delta_{\bar{x}}}{\mu_{\bar{x}}} = \frac{20}{10} = 2$$

查正态分布概率表得

$$F(t) = 0.9545$$

计算结果表明，若以 95.45% 的置信度估计，则该市居民户年均文化用品消费支出在 880~920 元之间。

【例 6-5】对某市居民户拥有独立厨卫设施情况进行调查，随机抽取 900 居民户，其中有 675 户居民拥有独立的厨卫设施。要求抽样极限误差范围不超过 2.73%，试对该市居民户拥有独立厨卫设施的比重进行估计。

第一步，抽取样本，计算样本成数和标准差，并推算抽样平均误差。

$$p = \frac{675}{900} = 75\%$$

$$\sigma_p = \sqrt{p(1-p)} = \sqrt{0.75 \times 0.25} = 0.43$$

$$\mu_p = \sqrt{\frac{p(1-p)}{n}} = \sqrt{\frac{0.75 \times 0.25}{900}} = 1.4\%$$

第二步，根据给定的误差范围，计算总体成数的上、下限。

$$\text{下限} = p - \Delta_p = 75\% - 2.73\% = 72.27\%$$
$$\text{上限} = p + \Delta_p = 75\% + 2.73\% = 77.73\%$$

第三步，计算概率度，并查正态分布概率表，估计置信度。

$$t = \frac{\Delta_p}{\mu_p} = \frac{2.73\%}{1.4\%} = 1.96$$

查正态分布概率表得

$$F(t) = 0.95$$

计算结果表明，以95%的置信度估计，该市居民户拥有独立厨卫设施的比重在72.27% ~ 77.73%之间。

2）根据置信度的要求，估计总体指标出现的可能范围。具体步骤是：首先，抽取样本。根据样本单位标志值计算样本指标（如计算样本平均数或样本成数，以作为总体指标的相应估计值）并计算样本标准差，用以推算抽样平均误差；其次，根据给定的置信度 $F(t)$ 要求，查正态分布概率表，求得概率度 t；最后，根据概率度和抽样平均误差来推算抽样极限误差的可能范围，并据以计算被估计总体指标的上、下限，对总体参数作区间估计。这种估计方法也分为总体平均数的估计和总体成数的估计两种形式。

【例6-6】某外贸公司出口一种茶叶，规定每包规格不低于150克，现在用不重复抽样的方法抽取其中1%进行检验，测得的结果如表6-4所示。要求以99.73%的置信度估计这批茶叶每包的平均质量范围，以便确定平均质量是否达到规格要求。

表6-4 某外贸公司出口茶叶抽样资料

每包质量/克	组中值/克	包数/包
148 ~ 149	148.5	10
149 ~ 150	149.5	20
150 ~ 151	150.5	50
151 ~ 152	151.5	20
合计	—	100

第一步，根据样本资料计算样本平均数和标准差，并推算抽样平均误差。

$$\bar{x} = \frac{\sum xf}{\sum f} = \frac{153\,030}{100} = 150.3(\text{克})$$

$$S = \sqrt{\frac{\sum(x-\bar{x})^2 f}{\sum f}} = \sqrt{\frac{76}{100}} = 0.872(\text{克})$$

$$\mu_{\bar{x}} = \sqrt{\frac{\sigma^2}{n}\left(1-\frac{n}{N}\right)} = \sqrt{\frac{(0.872)^2}{100}(1-1\%)} = 0.0868(\text{克})$$

第二步，根据给定的置信度 $F(t) = 0.9973$，查正态分布概率表，得概率度 $t = 3$。

第三步，根据概率度和抽样平均误差计算抽样极限误差，并估计总体平均数的上、下限，判断其是否达到规格要求。

$$\Delta_{\bar{x}} = t\mu_{\bar{x}} = 3 \times 0.086\ 8 = 0.26(克)$$

$$下限 = \bar{x} - \Delta_{\bar{x}} = 150.3 - 0.26 = 150.04(克)$$

$$上限 = \bar{x} + \Delta_{\bar{x}} = 150.3 + 0.26 = 150.56(克)$$

计算结果表明,若以 99.73% 的置信度估计,则该批茶叶每包平均质量在 150.4 ~ 150.56 克之间,从而表明这批茶叶每包的平均质量达到了规格要求。

【例 6 - 7】仍用上例资料,要求用同样的置信度估计这批茶叶包装的合格率范围。

第一步,根据样本资料计算样本合格率和标准差,并推算抽样平均误差。

$$p = \frac{n_1}{n} = \frac{70}{100} = 0.7$$

$$\sigma_p = \sqrt{p(1-p)} = \sqrt{0.7 \times 0.3} = 0.458$$

$$\mu_p = \sqrt{\frac{p(1-p)}{n}\left(1 - \frac{n}{N}\right)} = \sqrt{\frac{(0.458)^2}{100}(1 - 1\%)} = 0.045\ 6$$

第二步,根据给定的置信度 $F(t) = 0.997\ 3$,查正态分布概率表,得概率度 $t = 3$。

第三步,根据概率度和抽样平均误差计算抽样极限误差,并估计总体合格率的上、下限。

$$\Delta_p = t\mu_p = 3 \times 0.045\ 6 = 0.137$$

$$下限 = p - \Delta_p = 0.7 - 0.137 = 0.563$$

$$上限 = p + \Delta_p = 0.7 + 0.137 = 0.837$$

计算结果表明,若以 99.73% 的置信度估计,则该批茶叶包装的合格率在 56.3% ~ 83.7% 之间。

(3) 总体总量指标的推算

前面介绍了由样本平均数和样本成数推断总体平均数和总体成数的方法。此外,抽样指标还可以用来推算总体的总量指标。常用的方法有以下两种:

1) 直接推算法。直接推算法是用样本指标值或总量指标(总体平均数和总体成数)的区间估计值乘以总体单位数来推算总体总量指标方法。样本指标乘以总体单位数,即 $\bar{x}N$ 和 pN 就是总体总量指标的点估计值;总体指标的区间估计值乘以总体单位数,即 $(\bar{x} - \Delta_{\bar{x}})N$、$(\bar{x} + \Delta_{\bar{x}})N$ 和 $(p - \Delta_p)N$、$(p + \Delta_p)N$ 是总体总量指标的区间估计值。

【例 6 - 8】对 5 000 个零件进行抽样调查,抽样结果表明:废品率为 1.5%,抽样误差为 0.5%。有 95% 的置信度可以保证废品率为 0.52% ~ 2.48%。即这 5 000 个零件中,废品总量应为 26 (5 000×0.52% = 26) ~ 124 (5 000×2.48% = 124) 件。

如果不考虑抽样误差,则可直接推算全部零件的废品总数量约为 75 (5 000×1.5% = 75) 件。

2) 修正系数法。修正系数法是先将抽样调查与全面调查资料对比计算差错比率,即修正系数,然后用差错比率修正全面调查结果。因此,修正系数法是用抽样调查结果修正全面调查结果的方法。

修正系数法的计算步骤为

①修正差错比率:

$$差错比率 = \frac{抽样复查数 - 全面调查数}{全面调查数} \times 100\%$$

②用差错比率修正全面调查结果:

修正以后全面调查数 = 全面调查数 × (1 + 差错比率)

6.4.2 确定必要样本容量

1. 确定必要样本容量的意义

抽样调查的目的是通过样本指标推断总体指标,因此,抽取的单位数即样本容量的大小直接影响样本的质量,也就是直接影响样本对总体的代表性。样本容量越大,对总体的代表性越大,则样本指标与总体指标之间的差异性越小,推断出指标的精准度越好;反之,样本容量越小,则样本的代表性越小,推断出指标的精准度越差。因此,从样本代表性和抽样误差控制的角度而言,抽取的单位数越多越好。然而,在抽取较多单位数保证样本质量的同时,也会带来一系列更为现实的问题,比如抽取的单位数越多,花费的人力、物力和财力越多,这就涉及了调查费用和成本问题。因此,在抽样调查时,抽取多少单位组成样本,应该平衡两个方面的问题:一是要保证抽样调查的精确度;二是考虑相应的费用支出,要尽力做到在保证精确度的前提下减少费用。因此,对必要样本单位数进行分析是非常具有现实意义的。

2. 必要样本容量的影响因素

(1) 总体被研究标志的变异程度

如果总体被研究标志的变异程度大,则应抽取较多的样本单位;如果总体被研究标志的变异程度小,则可抽取较少的样本单位。

(2) 允许的误差范围

如果允许的误差范围小,即要求的精确度高,则应抽取较多的样本单位;反之,应抽取较少的样本单位。

(3) 抽样调查的可靠程度

抽样调查要求的可靠程度越高,则应抽取的样本单位越多;要求的可靠程度越低,则应抽取的样本单位数越少。

(4) 抽样方法与抽样组织形式

重复抽样误差大,可以多抽取一些样本;反之,不重复抽样可以少抽取一些样本。简单随机抽样和整群抽样的误差较大,要多抽取一些样本;而采用分层抽样、等距抽样时,可以少抽取一些样本。

(5) 人力、物力和财力的允许条件

在考虑以上因素的基础上,还应结合调查的人力、物力和财力的具体情况进行适当的调整,然后确定。

3. 必要样本容量的计算公式

影响抽样误差的因素之一是样本单位数的多少。在抽样调查中,事先确定必要的样本容量,是一项重要的工作。由于样本单位数是抽样极限误差公式的组成部分,所以可以根据抽样极限误差公式推导出样本单位数的公式。下面以简单随机抽样为例,介绍推断总体指标所必需的样本单位数的计算方法。

(1) 推断总体平均数所需的样本单位数

在重复抽样条件下:$n = \dfrac{t^2 \sigma^2}{\Delta_x^2}$

在不重复抽样条件下：$n = \dfrac{Nt^2\sigma^2}{N\Delta_{\bar{x}}^2 + t^2\sigma^2}$

（2）推断总体成数所需的样本单位数

在重复抽样条件下：$n = \dfrac{t^2 p(1-p)}{\Delta_p^2}$

在不重复抽样条件下：$n = \dfrac{Nt^2 p(1-p)}{N\Delta_p^2 + t^2 p(1-p)}$

以上公式在实际应用时应注意：

1）在实际工作中，由于抽样比例（即 n/N）一般很小，故虽然采用的是不重复抽样，但仍按重复抽样的公式来计算必要的抽样数目。

2）公式中的 σ 和 p 一般都未知，也没有样本数据可代替，通常是利用过去同类调查的数据计算或测试以取得所需数据。

3）根据平均数的公式和成数的公式计算的必要抽样数目往往不相等，甚至有时差距会很大，故为了保证抽样调查的精确度，应选用其中较大的样本数值。

【例 6-9】某厂拟采用抽样调查的方法对 500 户职工家庭收入进行调查，根据经验，职工家庭收入的方差为 300 元，若允许误差要求不超过 5 元，置信度为 95.45%，请问应抽取多少样本进行调查？

解：已知 $\sigma^2 = 300$，$t = 2$，$\Delta_{\bar{x}} = 5$，$N = 500$，则样本单位数为

重复抽样：$n = \dfrac{t^2\sigma^2}{\Delta_{\bar{x}}^2} = \dfrac{2^2 \times 300}{5^2} = 48$（户）

不重复抽样：$n = \dfrac{Nt^2\sigma^2}{N\Delta_{\bar{x}}^2 + t^2\sigma^2} = \dfrac{500 \times 2^2 \times 300}{500 \times 5^2 + 2^2 \times 300} = 44$（户）

【例 6-10】某公司生产某种电池，月产量为 40 000 只，根据以往的资料测得一等品率为 94%。现重新抽样调查一等品率，要求抽样误差范围不超过 2%，置信度为 95.45%，请问应抽取多少样本进行调查？

解：已知 $p = 94\%$，$\Delta_p = 2\%$，$N = 40\,000$，则样本单位数为

重复抽样：$n = \dfrac{t^2 p(1-p)}{\Delta_p^2} = \dfrac{2^2 \times 94\% \times (1-94\%)}{2\%^2} = 564$（只）

不重复抽样：$n = \dfrac{Nt^2 p(1-p)}{N\Delta_p^2 + t^2 p(1-p)}$

$= \dfrac{40\,000 \times 2^2 \times 94\% \times (1-94\%)}{40\,000 \times 2\%^2 + 2^2 \times 94\% \times (1-94\%)}$

$= 556$（只）

复习思考

1. 总体参数和统计量有哪些区别和联系？试举例说明。
2. 什么是抽样误差？抽样误差的大小受哪些因素影响？
3. 什么是抽样平均误差、抽样极限误差、概率度？它们之间有什么关系？
4. 什么是抽样调查？它有哪些特点和作用？

5. 为什么说不重复抽样的抽样平均误差总是小于而接近于重复抽样的抽样平均误差?
6. 抽样估计的三要素是什么?抽样估计的优良性标准是什么?
7. 为什么要确定必要的样本单位数?必要样本容量的影响因素有哪些?

实践技能训练

1. 分组对全校学生月消费支出情况或上网时间进行抽样调查,并依据调查目的科学地设计出完整的抽样调查方案。

2. 模拟一家调查公司,调查某市居民家庭汽车拥有率情况,请查找有关资料构建抽样框,选择一种合适的抽样组织形式,并设计出科学的抽样调查方案。

3. 分组对全校学生月消费支出情况或上网时间进行调查,并根据调查结果,以95%的置信度对全校学生月消费支出情况及上网时间进行区间估计,并分析估计的可靠性与精确度。

知识能力训练

一、名词解释

1. 抽样调查。
2. 样本容量。
3. 总体参数。
4. 样本统计量。
5. 抽样误差。
6. 抽样平均误差。
7. 抽样极限误差。
8. 概率度。
9. 抽样分布。
10. 区间估计。

二、单项选择题

1. 抽样平均误差反映了样本指标与总体指标之间的(　　)。

   A. 实际误差 B. 调查误差
   C. 可能误差范围 D. 平均误差程度

2. 抽样调查中的抽样误差是(　　)。

   A. 随机误差 B. 系统性误差
   C. 代表性误差 D. 登记性误差

3. 无论是重复随机抽样还是不重复随机抽样,样本均值的期望值和总体均值的关系是(　　)。

   A. 相等 B. 有时相等,有时不等
   C. 前者小于后者 D. 后者小于前者

4. 在重复抽样条件下,若抽样单位数扩大到原来的9倍,其他条件不变,则抽样误差将(　　)。

   A. 减少1/3 B. 减少2/3
   C. 增加2倍 D. 增加3倍

5. 某机械厂生产一批零件共 6 000 件，不重复随机抽查 300 件，发现其中有 9 件不合格，则这批零件合格品率的抽样平均误差为（　　）。
   A. 0.985%　　　　　　　　　　　　B. 0.96%
   C. 98.5%　　　　　　　　　　　　　D. 96%
6. 能够事先加以计算和控制的误差是（　　）。
   A. 抽样误差　　　　　　　　　　　B. 登记误差
   C. 系统性偏差　　　　　　　　　　D. 非抽样误差
7. 样本估计量和总体参数（　　）。
   A. 前者是确定值，后者是随机变量　　B. 前者是随机变量，后者是确定值
   C. 二者均是确定值　　　　　　　　　D. 二者均是随机变量
8. 抽样调查中，总体参数（　　）。
   A. 唯一且已知　　　　　　　　　　B. 唯一但未知
   C. 非唯一且未知　　　　　　　　　D. 非唯一但可知
9. 抽样过程中，因违反随机原则出现的样本代表性偏差是（　　）。
   A. 抽样误差　　　　　　　　　　　B. 随机误差
   C. 登记性误差　　　　　　　　　　D. 系统偏差
10. 某银行欲了解平均每户活期存款余额并估计其总量，根据存折账号顺序，每 50 本存折抽出 1 本登记其余额。这种抽样组织形式是（　　）。
    A. 纯随机抽样　　　　　　　　　　B. 类型抽样
    C. 等距抽样　　　　　　　　　　　D. 整群抽样
11. 在区间估计中有三个基本要素，它们是（　　）。
    A. 概率度、抽样平均误差、抽样数目
    B. 概率度、点估计值、误差范围
    C. 概率度、抽样平均误差、点估计值
    D. 误差范围、抽样平均误差、总体单位数

三、多项选择题

1. 抽样调查的特点是（　　）。
   A. 按随意原则抽取样本　　　　　　B. 按随机原则抽取样本
   C. 由部分推断总体　　　　　　　　D. 可以事先计算并控制抽样误差
   E. 具有典型性
2. 适用于简单随机抽样调查的方法有（　　）。
   A. 纯随机抽样　　　　　　　　　　B. 等距抽样
   C. 重复抽样　　　　　　　　　　　D. 不重复抽样
   E. 整群抽样
3. 不重复抽样与重复抽样相比有以下特点（　　）。
   A. 总体单位数在抽选过程中逐渐减少　　B. 样本可能数目多些
   C. 样本可能数目少些　　　　　　　D. 总体中的每个单位不会被重复抽中
   E. 总体中的每个单位有可能被重复抽中

4. 抽样调查中（　　）。
   A. 总体是唯一确定的
   B. 全及指标是唯一确定的
   C. 样本指标是随机变量
   D. 总体参数是随机变量
   E. 样本成数是唯一确定的

5. 重复抽样的特点是（　　）。
   A. 每次抽选时，总体单位数始终不变
   B. 每次抽选时，总体单位数逐渐减少
   C. 各单位被抽中的机会在各次抽选中相等
   D. 各单位被抽中的机会在各次抽选中不等
   E. 各次抽选相互独立

6. 抽样调查中的抽样误差（　　）。
   A. 只有在调查以后才能计算
   B. 误差的大小是可以计算的
   C. 误差的大小是可以控制的
   D. 是不可避免的
   E. 可以通过调查方法的改进而消除

7. 抽样调查的主要目的是（　　）。
   A. 对调查单位做深入研究
   B. 用样本指标推断总体指标
   C. 计算和控制误差
   D. 广泛运用数学方法
   E. 对总体总量进行科学估计和判断分析

8. 影响抽样平均误差的因素有（　　）。
   A. 样本容量
   B. 抽样方法
   C. 总体标志的变异程度
   D. 样本指标值的大小
   E. 总体单位数的多少

9. 计算抽样平均误差时，如果总体方差未知，则可以用（　　）代替。
   A. 样本方差
   B. 过去的方差资料
   C. 经验估计的方差
   D. 假设方差
   E. 其他单位的方差

10. 常用的抽样方式主要有（　　）。
    A. 简单随机抽样
    B. 整群抽样
    C. 分层随机抽样
    D. 等距抽样
    E. 多阶段抽样

11. 在允许误差不变的条件下，以下说明正确的有（　　）。
    A. 概率度增加，把握程度增加，抽样单位数增加
    B. 概率度增加，把握程度降低，抽样单位数增加
    C. 概率度减小，把握程度增加，抽样单位数减少
    D. 概率度减小，把握程度降低，抽样单位数减少
    E. 概率度变化，不影响把握程度和抽样单位数

12. 评价点估计量优良性的准则有（　　）。
    A. 精确性
    B. 无偏性

C. 有效性   D. 一致性
E. 可靠性

13. 在其他条件不变的情况下，抽样极限误差的大小与置信度的关系是（   ）。
A. 抽样极限误差范围越大，置信度越大
B. 成正比关系
C. 抽样极限误差范围越小，置信度越小
D. 成反比关系
E. 抽样极限误差范围越大，置信度越小

四、判断题

1. 抽样误差是由抽样的偶然因素产生的，它既可以避免，也可以控制。（   ）
2. 抽样估计的置信度是表明抽样指标和总体指标误差不超过一定范围的概率保证程度。（   ）
3. 抽样平均误差是所有可能的样本指标与总体指标之间的平均差异程度，即样本估计值的标准差。（   ）
4. 样本成数是在样本中具有被研究标志表现的单位数占全部样本单位数的比例。（   ）
5. 当总体单位不多、差异较小时，适宜采用简单随机抽样方式。（   ）
6. 类型抽样是把数据分组和抽样原理有机结合的一种抽样组织形式。（   ）
7. 全面调查只有登记性误差没有代表性误差；而抽样调查只有代表性误差没有登记性误差。（   ）
8. 在其他条件不变的情况下，抽样平均误差要减少为原来的 1/3，则样本容量必须增大到 9 倍。（   ）
9. 优良估计标准有无偏性、一致性和有效性。（   ）

五、计算题

1. 某地区为了解职工家庭的收入情况，从本地区 3 000 户职工家庭中，按不重复抽样的方法抽取 300 户职工家庭进行调查，调查结果如表 6-5 所示。

表 6-5   某地区 300 户职工家庭收入情况

每户月收入/元	收入调查户数/户
2 000 以下	40
2 000 ~ 2 500	80
2 500 ~ 3 000	120
3 000 ~ 3 500	50
3 500 以上	10
合计	300

要求：

（1）若用这 300 户职工家庭的月收入资料推算该地区 3 000 户职工家庭月收入情况，则抽样平均误差为多少？

（2）若从抽样资料得知，月平均收入在 3 000 元以上的户数占比为 20%，则月收入在

3 000 元以上的样本成数抽样平均误差为多少?

2. 某工厂一批商品（10 000 件）运抵仓库，随机抽取 100 件进行质量检验，发现有 10 件不合格。试按重复抽样与不重复抽样分别计算合格率抽样平均误差。

3. 某公司进口一批货物，现随机抽取 100 件进行检验，结果如表 6-6 所示。

表 6-6　某公司随机抽取 100 件货物进行质量检验的统计结果

每件质量/千克	件数/件
14~15	15
15~16	25
16~17	45
17~18	15
合计	100

要求：

（1）计算 100 件货物的平均质量和样本标准差；

（2）以 95% 的置信度，按重复抽样方法计算该批货物的平均质量抽样极限误差。

4. 某企业生产一批灯泡（共 10 000 只），采用不重复抽样方法随机抽取 400 只做耐用时间试验和合格检验。测算结果，平均耐用时间为 2 000 小时，标准差为 12 小时，其中不合格品有 80 只，试计算灯泡耐用时间和灯泡合格率的抽样平均误差。

5. 某企业有 2 500 名职工，采用不重复随机抽样方式从中抽取 10% 的职工调查其月生活费支出情况。抽样结果显示，平均每个职工月生活费支出为 900 元，标准差为 80 元，生活费用支出为 1 600 元以上的职工占 20%。要求：

（1）分别计算样本平均数和样本成数的平均误差。

（2）如果是重复抽样，则样本平均数和样本成数的抽样平均误差各为多少？

6. 某地对上年栽种的一批树苗（共 3 000 株）进行了抽样调查，随机抽查的 200 株树苗中有 170 株成活。试以 95.45% 的置信度估计该批树苗的成活率的置信区间和成活总数的置信区间。

7. 对一批产品按不重复抽样方法抽选 200 件，其中废品 8 件，且已知抽样总体是成品总量的 1/20，那么当置信度为 95.45% 时，可否认为这一批成品的废品率低于 5%？

8. 某洗车制造厂为了测定某种型号汽车轮胎的使用寿命，随机抽取 16 只作为样本进行寿命测试，计算出汽车轮胎的平均寿命为 43 000 公里，标准差为 4 120 公里，试以 95% 的置信度推断该厂这批汽车轮胎的平均使用寿命。

9. 对生产某种规格的灯泡进行寿命检验，根据以往正常生产的经验，灯泡使用寿命标准差 $\sigma = 0.4$ 小时，合格品率 90%。现用重复抽样方式，以 95.45% 的置信度保证抽样平均使用寿命的极限误差不超过 0.08 小时，若抽样合格率的误差不超过 5%，则必要的样本平均数应为多大？

10. 对某地区生产的小麦，用抽样调查的方法测定其平均亩产量，已知标准差为 12 千克，抽样极限误差为 1.2 千克，在置信度为 95.45% 的条件下，试求必要的抽样数目。

第7章

相关分析与回归分析

学习目标

【知识目标】
- 了解相关分析与回归分析的基本概念
- 理解相关关系的主要形式以及相关分析与回归分析的区别与联系
- 掌握社会经济现象间相关关系的判定方法和一元线性回归分析方法

【能力目标】
- 学会编制相关表、绘制相关图,并根据有关资料配合一元线性回归方程进行统计分析和预测

案例导读

2005—2015 年我国城镇居民人均可支配收入和消费支出

随着社会经济的快速发展,我国城镇居民的收入在不断增加,相应的消费支出也在不断上升。影响居民消费的因素有很多,如消费环境、消费习惯、预期等,但根据线性回归分析理论研究,可支配收入是影响居民消费支出最直接、最具决定性的因素。

所谓可支配收入,是指居民家庭获得并且可以用来自由支配的收入,即从居民家庭总收入中扣除上交给国家的各项税费和社会保险(如医疗保险、养老保险、失业保险)等余下的收入。如何客观地认识城镇居民收入与消费支出之间的关系呢?相关回归理论为解决这个问题提供了很好的方法。表 7-1 所示为 2005—2015 年我国城镇居民人均可支配收入和消费支出数据。

表 7-1 2005—2015 年我国城镇居民人均可支配收入和消费支出数据

年份	人均可支配收入/元	人均消费支出/元
2005	10 493	7 943

续表

年份	人均可支配收入/元	人均消费支出/元
2006	11 759	8 697
2007	13 786	9 998
2008	15 781	11 243
2009	17 175	12 265
2010	19 109	13 472
2011	21 810	15 161
2012	24 565	16 674
2013	26 467	18 488
2014	28 844	19 968
2015	31 195	21 392

上述资料表明，我国城镇人均可支配收入与消费支出之间存在一定的关系，用怎样的统计方法研究二者之间在数量关系上的基本规律是本章要讲授的主要内容。

思考：

1. 我国城镇居民人均可支配收入与消费支出有必然联系吗？如果有联系，它们之间的联系紧密吗？

2. 假设我国城镇居民人均可支配收入与消费支出联系紧密，能否大致表达出它们的函数关系？

3. 如果我国城镇居民年人均可支配收入为 4 万元，能否大致估算出人均消费支出水平？

7.1 相关分析与回归分析概述

7.1.1 函数关系与相关关系

在自然界中，许多现象之间都存在着相互联系、相互依存、相互制约的关系。现象之间的数量关系归纳起来，大致可以分为函数关系与相关关系两种类型。

1. 函数关系

函数关系是指现象之间客观存在的一种十分严格的确定性的数量关系。在这种关系中，某一个变量的数值完全由另一个或一组变量的数值决定，当另一个或一组变量的数值给定时，该变量有唯一一个数值与之对应。函数关系一般可以用数学表达式 $y=f(x)$ 加以反映。例如，某商品的销售量 x 和销售价格 p 与该商品销售收入 y 之间的关系可以用 $y=px$ 表示。当该商品的销售量和销售价格确定后，该商品的销售收入即成为唯一确定的值，这就是一种函数关系。

2. 相关关系

相关关系是指现象之间的数量关系不是确定和严格依存的，现象之间的数量关系会受随机因素作用的影响。因此在相关关系中，当某一个或某一组变量的数值给定后，另一个变量可能有多个数值与之对应。相关关系一般用数学表达式 $y=f(x)+\varepsilon$ 表示，其中 ε 代表随机因素。虽然其对应的数值不确定，但是这些数值之间会表现出一定的波动性，总是围绕着它们的平均数并遵循一定的规律进行变动。例如，储蓄额与居民收入之间的关系、子女身高与父母身高的关系、施肥量与产量的关系、收入水平与受教育程度的关系、投资额与 GDP 的关系等。

相关关系具有两个特点：一是现象之间确实存在数量上的依存关系；二是现象之间的数量依存关系是不确定的。

在相关关系中，现象之间的数量关系通常存在一定的因果关系，为了区别起影响作用的因素与受影响作用的因素，我们将它们分别定义为自变量与因变量。在研究客观现象的相关关系中，起影响作用的变量称为自变量，一般用 x 表示；由于受到自变量变动的影响而发生变动的另一变量则称为因变量，一般用 y 表示。当然，有时在相关关系中，变量之间只存在相互联系而并不存在明显的因果关系。在这种情况下，难以区分哪一个是自变量，哪一个是因变量，因此，如何划分自变量与因变量就取决于研究的目的。

函数关系与相关关系既有区别又有联系。二者的区别主要表现在变量之间的具体关系值是否确定：在函数关系中其具体值是确定的，而在相关关系中其具体值是不确定的。二者之间的联系主要表现为：一方面由于在观察或测量中存在误差等，实际工作中的函数关系有时可能通过相关关系表现出来；另一方面在研究相关关系时又常借助函数关系的形式近似地将它表达出来，以便找到相关关系的一般数量特征。但当作用于相关关系中的随机因素不存在时，相关关系也就转化成了函数关系。因此，我们可以将函数关系视为特殊的相关关系。

7.1.2 相关关系的种类

1. 按变量之间的相关程度分为完全相关、不完全相关和不相关

当因变量完全随自变量变化而变化时，变量间的这种相关关系称为完全相关，完全相关实际上就是函数关系；当自变量变化且因变量完全不随之变化时，变量之间彼此独立，这种相关关系称为不相关；如果变量间的相关关系介于完全相关与不相关之间，则称这种相关关系为不完全相关。实际工作中所研究的相关关系大多数指的是不完全相关，这也是相关关系分析的研究对象。

2. 按相关变量的变化方向分为正相关和负相关

当相关变量的变化方向相同，即当自变量 x 的数值增加或减少时，因变量 y 的数值也随之增加或减少，这样的相关关系称为正相关；当相关变量变化方向不同，即当自变量 x 的数值增加或减少时，因变量 y 的数值随之减少或增加，这样的相关关系称为负相关。

3. 按相关关系的形式分为线性相关和非线性相关

当自变量 x 的数值发生变化，因变量 y 的数值随之发生大致均等的变化，这种相关关系称为直线相关，也称为线性相关。直线相关在散点图上近似地表现为一条直线。当自变量 x 的数值发生变化，因变量 y 的数值随之发生不均等的变化，这种相关关系称为曲线相关，也称为非线性相关。曲线相关在散点图上近似地表现为各种不同形式的曲线。

上述的这些相关关系，可以用图 7-1 来示意。

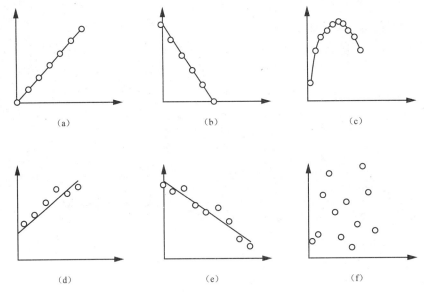

图 7-1　相关关系的各种形式
（a）完全正线性相关；（b）完全负线性相关；（c）非线性相关；
（d）正线性相关；（e）负线性相关；（f）不相关

4. 按相关变量的多少分为单相关和复相关

只研究两个因素之间的相关关系称为单相关；研究三个或三个以上因素之间的相关关系称为复相关。在单相关中，一个因素为自变量，则另一个因素就为因变量。而在复相关中只有一个因素是因变量，其他因素均为自变量。虽然单相关分析简便，但结果不如复相关分析准确、可靠；复相关分析的结果比较准确、可靠，但计算比较复杂。

7.1.3　相关分析和回归分析的主要内容

1. 相关分析的主要内容

相关分析是研究两个或两个以上的变量之间相关程度大小的一种统计方法。其主要内容包括：

（1）确定现象之间有无相关关系存在，以及相关关系呈现的形态

确定现象之间是否存在相关关系，是相关分析的基础。只有确认现象之间确实存在相关关系，才有必要进行相关分析。此外，还要对相关现象的表现形态做出正确的判断，即判断其是直线相关还是曲线相关，以确定应该采用什么方法做进一步的分析。若把曲线相关当作直线相关进行分析，则会使认识发生偏差。

（2）确定相关关系的密切程度

这是相关分析的目的之一。现象之间的相关关系是一种不严格的数量关系，相关分析就是从这种松散的数量关系中判断其相关关系的方向和密切程度，判断的主要方法就是把自变量和因变量的数据资料编制成相关图或相关表，以帮助我们做一般分析，判断相关的密切程度，进而计算出相关系数。

(3) 相关系数的检验

相关系数多是根据样本数据计算出来的,并以其推断变量总体的相关性。为了判别这种推断的可靠程度,就需要对相关系数进行显著性检验,检验变量之间是否真的存在这样的关系。

2. 回归分析的主要内容

回归分析是寻找具有相关关系的变量间的数学表达式并进行统计推断的一种统计方法。其主要内容包括:

(1) 建立相关关系的数学模型

依据现象之间的相关形态,建立适当的数学模型,通过数学模型来反映现象之间的相关关系,从数量上近似地反映变量之间变动的一般规律。

(2) 依据回归方程进行回归预测

由于回归方程反映了变量之间的一般性关系,因此当自变量发生变化时,可依据回归方程估计因变量可能发生相应变化的数值。因变量的回归估计值虽然不是一个必然的对应值,但至少可以从一般性角度或平均意义角度反映因变量可能发生的数量变化。

(3) 计算估计标准误差

通过估计标准误差这一指标,可以分析回归估计值与实际值之间的差异程度以及估计值的准确性和代表性,还可利用估计标准误差对因变量估计值进行一定程度的区间估计。

3. 相关分析与回归分析的关系

相关分析与回归分析是研究变量之间相关联系的两种统计方法,它们相互联系但又有区别。

(1) 二者的区别

1) 分析的内容不同。相关分析的主要内容是确定现象之间的相关关系所呈现的形态或类型、度量关系的密切程度。回归分析则是根据相关关系的具体形态,选择合适的数学模型,以近似地表达现象间的相互依存规律。

2) 研究目的和研究方法不同。相关分析的目的在于研究现象之间关系类型、方向及关系的密切程度。在研究时,变量之间的地位是平等的,即在进行相关分析时,不一定要确定哪个是自变量,哪个是因变量,且研究的变量可以都是随机变量。而回归分析的研究目的在于确定变量之间相互依存的具体形式,即确定反映现象相互关系的数学方程式,并根据这个方程式由已知量推测未知量,为预测和估算提供一种重要的方法。因此,回归分析必须确定变量中哪个是自变量,哪个是因变量;且一般来说,回归分析中的自变量是非随机变量,因变量是随机变量。

(2) 二者的联系

尽管相关分析与回归分析研究的内容、目的和方法不同,但有着密切的联系。

1) 相关分析是回归分析的基础和前提。如果缺少相关关系,没有从定性上说明现象间是否具有相关关系,没有对相关关系的密切程度做出判断,就不能进行回归分析,即使勉强进行了回归分析,也没有实际意义。

2) 回归分析是相关分析的深入和继续。仅仅说明现象之间有密切的相关关系是不够的,只有进行回归分析,拟合了回归方程,才能表明现象数量相关的具体形式。

因此,如果仅有回归分析而缺少相关分析,就会缺少必要的基础和前提,进而影响回归分析的可靠性;如果仅有相关分析而缺少回归分析,就会降低相关分析的意义。只有把二者结合起来,才能达到统计分析的目的。

7.2 相关分析

7.2.1 相关关系的判断

1. 定性判断

相关关系是现象之间内在联系的一种表现形式。判断是否具有这种关系,显然应该先从现象的性质判断,再进行定量分析。相关关系的定性判断,就是根据现象质的规定性,运用理论知识、专业技能、实践经验等进行判断、分析。

用定性分析来判断相关关系,只能判断现象之间相关关系的真伪,难以确切地说明现象间的相关关系。在统计实践中,在定性分析的基础上往往需要根据相关表、相关图进一步判明现象间相关的形式和方向。因此,定性分析是相关分析的前提和基础。

2. 绘制相关表和相关图

在定性分析的基础上,对样本资料绘制相关表和相关图,可以直观地判断现象之间大致上呈现何种关系,粗略地研究变量之间是否存在着相关关系以及相关关系的方向和密切程度。

(1) 相关表

将反映现象间相关关系的一系列成对原始数据通过表格的形式表现,这种表称为相关表,如表7-2所示。

表7-2 9家企业的月产量和单位产品成本相关表

企业编号	月产量 x/千件	单位产品成本 y/元
1	2.1	91
2	3.2	86
3	4.1	80
4	5.4	71
5	6.3	72
6	6.8	63
7	7.6	58
8	8.5	50
9	9.7	42
合计	53.7	613

从相关表可以看出，随着月产量的增加，单位产品成本下降，二者存在明显的负相关关系。

（2）相关图

相关图又称散点图。相关图的绘制：利用直角坐标（一般以 x 轴代表自变量，y 轴代表因变量），并根据相关的原始资料在直角坐标中画出自变量和因变量相关的坐标点，此点称为相关点，由相关点组成的图形称为相关图。从相关点在图上的分布及趋势，可以掌握变量之间相关关系的状况。

变量之间相关关系的表现形式和变化方向及相关程度，在相关图上的表现如下：

1）高度正相关。当变量 x 的值增大时，变量 y 的值亦随之明显增大；相关点的分布集中表现为直线状，如图 7-2 所示。

2）高度负相关。当变量 x 的值增大时，变量 y 的值显著减小；相关点的分布集中表现为直线状，如图 7-3 所示。

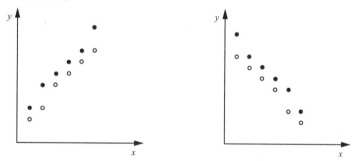

图 7-2　高度正相关　　　　　图 7-3　高度负相关

3）低度正相关。当变量 x 的值增大时，变量 y 的值亦随之增大。虽然相关点的分布在图像上呈直线状，但很松散，如图 7-4 所示。

4）低度负相关。当变量 x 的值增大时，变量 y 的值趋于减小。虽然相关点的分布在图像上呈直线状，但相当分散，如图 7-5 所示。

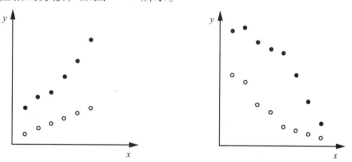

图 7-4　低度正相关　　　　　图 7-5　低度负相关

5）非线性相关。当变量 x 的值增大时，各相关点的分布为曲线状，如图 7-6 所示。

6）无相关。各点很分散，没有规律可循，说明变量 x 和变量 y 没有相关关系，如图 7-7 所示。

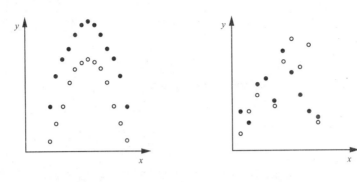

图 7-6 非线性相关　　　　图 7-7 无相关

7.2.2 相关关系的测定

相关表和相关图可以大体说明两个现象是否相关以及相关的类型，但它们的相关关系的密切程度无法表达出来，因此，还应该进一步用统计分析指标来表明相关关系的密切程度。测定变量之间相关关系密切程度比较完善的指标是相关系数。

1. 相关系数的意义

相关系数是直线相关条件下，说明两个现象之间相关关系的方向和密切程度的统计分析指标，通常用 r 表示。

相关系数的计算公式有多种形式，其中最常用的有积差公式和简捷公式。

1）积差公式为

$$r = \frac{\sum(x-\bar{x})(y-\bar{y})}{\sqrt{\sum(x-\bar{x})^2}\sqrt{\sum(y-\bar{y})^2}}$$

式中，$\bar{x}$ 表示 x 变量数列的算术平均数；$\bar{y}$ 表示 y 变量数列的算术平均数。

2）简捷公式为

$$r = \frac{n\sum xy - \sum x \sum y}{\sqrt{n\sum x^2 - (\sum x)^2} \cdot \sqrt{n\sum y^2 - (\sum y)^2}}$$

积差公式中，当 $\bar{x}$、$\bar{y}$ 为除不尽的小数时，计算既麻烦又影响其准确性。因此，在实际问题中，如果根据原始变量的数值计算相关系数，使用简捷公式计算相关系数可有效减少计算带来的误差。

2. 相关系数的性质

相关系数 r 的取值范围为 $[-1, 1]$，即 $-1 \leqslant r \leqslant 1$。$r$ 的取值越接近于 1 或 -1，表明 x 与 y 直线相关程度越高；r 越接近于 0，表明 x 与 y 直线相关程度越低。$r=1$ 或 $r=-1$，表明 x 与 y 之间完全线性相关，即 x 与 y 之间存在确定的函数关系；$r=0$，表示 x 与 y 之间不存在线性相关关系，但是不能排除两个变量之间存在曲线相关关系；$r>0$，表明 x 与 y 之间呈正直线相关关系；$r<0$，表明 x 与 y 之间呈负直线相关关系。

实践中，为了在判别相关关系的密切程度时有一个临界标准，可参考相关程度判别标准，如表 7-3 所示。

表7-3 相关程度判别标准

相关系数的取值范围	相关程度级别
$\lvert r \rvert = 0$	无相关
$\lvert r \rvert < 0.3$	微弱相关
$0.3 \leq \lvert r \rvert < 0.5$	低度相关
$0.5 \leq \lvert r \rvert < 0.8$	显著相关
$0.8 \leq \lvert r \rvert < 1$	高度相关
$\lvert r \rvert = 1$	完全相关

3. 相关系数的计算

【例7-1】某地区人均年纯收入（自变量）与其耐用消费品销售额（因变量）的资料如表7-4所示。试据此计算二者之间的相关系数，并说明二者之间相关关系的密切程度。

表7-4 相关系数计算表

年份	人均年纯收入 x/百元	耐用消费品销售额 y/亿元	计算栏		
			x^2	y^2	$x \cdot y$
2006	13	20	169	400	260
2007	16	25	256	625	400
2008	22	33	484	1 089	726
2009	28	42	784	1 764	1 176
2010	35	50	1 225	2 500	1 750
2011	40	55	1 600	3 025	2 200
2012	48	58	2 304	3 364	2 784
2013	56	67	3 136	4 489	3 752
2014	63	70	3 969	4 900	4 410
2015	79	80	6 241	6 400	6 320
合计	400	500	20 168	28 556	23 778

将表7-4中的资料代入简捷公式，则

$$r = \frac{n\sum xy - \sum x \sum y}{\sqrt{n\sum x^2 - (\sum x)^2} \cdot \sqrt{n\sum y^2 - (\sum y)^2}}$$

$$= \frac{10 \times 23\,778 - 400 \times 500}{\sqrt{10 \times 20\,168 - 400^2} \cdot \sqrt{10 \times 28\,556 - 500^2}} = \frac{37\,780}{38\,498.58} = 0.98$$

$r = 0.98$，说明该地区人均年纯收入与耐用消费品销售额之间存在高度正相关关系。一般来讲，人们的年收入低，购买耐用消费品的支出就少；年收入高，在满足了基本生活支出后,购买耐用消费品的可能性就大。

4. 相关系数的显著性检验

一般情况下,总体相关系数 ρ 是未知的,我们往往将样本的相关系数 r 作为 ρ 的估计值。但从同一总体中抽出不同样本来计算的 r 是不同的,因此样本相关系数 r 是一个随机变量。样本相关系数能否说明总体的相关程度呢?如果样本相关系数较高,则能否认为总体的相关系数也较高呢?在实际问题中,r 对 ρ 的代表程度往往和样本容量有很大的关系。对于不相关的两个变量,利用样本数据计算的 r 不一定等于零,有时会较高,这就会产生虚假相关现象。为判断 r 对 ρ 的代表性大小,需要对相关系数进行检验,即先假设 $\rho = \rho_0$,继而通过 r 提供的信息来检验 $\rho = \rho_0$ 的假设。如果 $\rho = \rho_0$ 通过检验,则说明 r 抽自 $\rho = \rho_0$ 的总体,r 可以作为 ρ 的一个代表值;如果 $\rho = \rho_0$ 没有通过检验,则说明 r 不是抽自 $\rho = \rho_0$ 的总体,r 不能作为 ρ 的一个代表值。下面只介绍在小样本的情况下,检验 $\rho = 0$ 的假设问题。

检验 $\rho = 0$ 的假设实际上是判断样本相关系数是否抽自具有零相关的总体。在小样本($n < 30$)情况下,通常采用 t 检验方法检验,具体步骤如下:

第一步,建立假设。假设样本相关系数 r 是抽自具有零相关的总体,即

$$H_0 : \rho = 0 ; \quad H_1 : \rho \neq 0$$

第二步,计算检验统计量。

$$t = \frac{r\sqrt{n-2}}{\sqrt{1-r^2}}$$

第三步,确定显著性水平并得出结论。设显著性水平为 α(通常取 α 值为 0.05),根据自由度 $n-2$,查 t 分布表得到检验统计量的临界值 $t_{\frac{\alpha}{2}}$。若 $|t| < t_{\frac{\alpha}{2}}$,则接受原假设 H_0,表明 r 在统计上是不显著的,即变量 x 与 y 之间的相关关系不显著;若 $|t| \geq t_{\frac{\alpha}{2}}$,则拒绝原假设 H_0,表明 r 在统计上是显著的,即变量 x 与 y 之间的相关关系是显著的。

7.3 回归分析

7.3.1 回归分析的概念和种类

1. 回归分析的概念

通过相关分析,可以判断现象之间是否存在相关关系以及相关的密切程度和方向,但并不能说明变量之间的数量变动关系。因此要进一步明确变量之间的数量关系,并进行合理预测,就需要借助回归分析建立回归方程来完成。

回归分析是在相关分析的基础上,研究具有相关关系的两个或两个以上变量之间数量变动关系的统计方法。确切地说,回归分析是在相关分析的基础上,将对某一现象变量的实际观测所获得的资料采用数学方法回归为直线或曲线形式的方程,以反映和描述具有相关关系的现象变量之间数量关系及变动趋势的一种分析方法。利用回归分析方法建立的数学模型称为回归模型,得到的数学表达式称为回归方程。

在回归分析中,要确定所研究的现象变量之间的因果关系,其中一部分是可以控制的随机变量(为自变量),另一部分是不可以控制的随机变量(为因变量)。回归分析就是在自

变量与因变量之间建立回归模型,分析和研究现象变量之间因果关系的分析方法。

2. 回归分析的种类

(1) 按变量之间回归关系的表现形式分

按所研究的变量之间回归关系的表现形式,可将回归分析分为线性回归分析和非线性回归分析。对具有线性相关的变量之间进行的回归分析,确定回归方程的表现形式为一条直线,这样的回归分析为线性回归分析。若回归方程的表现形式为一条曲线,则称为非线性回归分析。

(2) 按回归分析中变量的多少分

按回归分析中变量的多少,可将回归分析分为一元回归分析和多元回归分析。回归分析中只涉及两个变量的回归分析称为一元回归分析,一元回归分析研究的是一个因变量与一个自变量之间的回归。回归分析中涉及两个以上变量之间的回归分析称为多元回归分析,多元回归分析研究的是一个因变量与多个自变量之间的回归。

在回归分析中可以将两种分类加以组合,进而形成一元线性回归分析、多元线性回归分析、一元非线性回归分析和多元非线性回归分析。下面仅介绍一元线性回归分析。

7.3.2 一元线性回归分析

1. 一元线性回归分析及其特点

一元线性回归又称简单直线回归,它是对具有显著相关的两个变量之间数量变化的一般关系进行测定,根据实际测定的数据,拟合一个直线回归方程,用以估计或预测两个变量之间关系的统计方法。它反映的是一个因变量和一个自变量之间的数量变动对应关系。

在回归分析中,一元线性回归分析是应用最广泛的回归分析方法,拟合的数学方程叫一元线性回归方程。

(1) 一元线性回归分析应具备的条件

1) 现象之间确实存在数量上的相互依存关系。只有当两个变量存在高度密切的相关关系时,所构建的回归模型才有意义,用以进行分析和预测才有价值。

2) 现象之间存在直线相关关系。一元线性回归方程在图形上表现为一条直线,因此,只有当两个变量的相关关系表现为直线相关时,所拟合的直线方程才是对客观现象的真实描述,才可用来进行统计分析。如果现象之间的相关关系表现为曲线,却拟合成一条直线,则必然会得出错误的分析结论。在实际工作中,一般是借助散点图来判定现象是否直线相关。

3) 具备一定数量的变量观测值。直线回归方程是根据自变量和因变量的样本观测值求得的,因此,变量 x 和变量 y 二者应有一定数量的对应观测值,这是构建直线回归方程的依据。如果观测值太少,受随机因素的影响较大,就不易观察出现象之间的变动规律性,所求出的直线回归方程也就没有多大意义。

(2) 建立一元线性回归模型

一元线性回归模型的基本形式为

$$\hat{y} = a + bx$$

式中,$\hat{y}$ 表示因变量 y 的估计值;x 表示自变量;a 表示回归直线在 y 轴上的截距,即当 $x =$

0 时回归直线与 y 轴交点到原点的距离。其中，$a>0$，表示回归直线与 y 轴的交点在 x 轴的上方；$a<0$，表示回归直线与 y 轴的交点在 x 轴的下方；$a=0$，表示回归直线通过原点。b 表示回归直线的斜率，也叫回归系数。b 的含义是当自变量 x 每增加一个单位时，因变量 y 随之变动的平均值。其中，$b>0$，表示随 x 增加，y 亦增加；$b<0$，表示随 x 增加，y 减少；$b=0$，表示回归直线与 x 轴平行，意为 y 与 x 无关。

a 与 b 都是一元线性回归方程的参数。要确定一元线性回归方程，首先需确定回归参数 a 与 b。

经验证明，符合"离差平方和最小"的直线最合适，所以回归参数 a 与 b 采用最小二乘法进行确定。设

$$Q = \sum (\hat{y} - y)^2 = 最小值$$

将 $\hat{y} = a + bx$ 代入上式，可得

$$Q = \sum (y - a - bx)^2 = 最小值$$

对其求偏导数，可得

$$\begin{cases} \sum y = na + b\sum x \\ \sum xy = a\sum x + b\sum x^2 \end{cases}$$

经过整理，可得求解参数 a、b 的公式，即

$$\begin{cases} b = \dfrac{n\sum xy - \sum x \sum y}{n\sum x^2 - (\sum x)^2} \\ a = \dfrac{\sum y}{n} - b\dfrac{\sum x}{n} = \bar{y} - b\bar{x} \end{cases}$$

将两变量的实际观测资料代入上式，即可计算出一元线性回归方程待定参数 a 与 b；然后，将 a 与 b 代入一元线性回归方程模型公式，即可求出最合适的直线。

(3) 一元线性回归分析的特点

1) 在回归分析中，两个变量的关系不是对等的，必须区分开自变量和因变量。关于自变量和因变量的区分，主要根据现象之间的因果关系或分析研究的目的确定。

2) 在回归分析中，对于互为因果关系的两个变量 x 和 y，可以建立两个回归方程，一个是 y 倚 x 的回归方程 $\hat{y} = a + bx$，x 是自变量，y 是因变量，$\hat{y}$ 为 y 的理论值（又称为回归值）；另一个是 x 倚 y 的回归方程 $\hat{x} = c + dy$，y 为自变量，x 为因变量，$\hat{x}$ 为 x 的理论值。

3) 在回归分析中，自变量是可控变量，因变量是随机变量。

4) 在回归分析中，回归系数 b 的前面有正负号之分。其中，正号（+）表示两变量之间变动的方向相同，即正相关；负号（-）表示两变量之间的变动方向相反，即负相关。

5) 在回归分析中，可以根据拟合的回归方程在自变量与因变量之间进行互相推算，并可以对以前缺失的资料进行补充，对以后的资料进行预测。

2. 一元线性回归分析的应用

【例7-2】现有10个同类企业的固定资产价值与增加值资料，如表7-5所示，试建立固定资产价值与增加值的一元线性回归方程。

表7-5　一元线性回归方程计算表

序号	固定资产价值 x/万元	增加值 y/万元	x^2	y^2	xy	$\hat{y}$	$y-\hat{y}$	$(y-\hat{y})^2$
1	200	638	40 000	407 044	127 600	575	63	3 969
2	314	605	98 596	366 025	189 970	677	-72	5 184
3	318	524	101 124	274 576	166 632	680	-156	24 336
4	409	815	167 281	664 225	333 353	762	53	2 809
5	415	913	172 225	833 569	378 895	767	146	21 316
6	502	928	252 004	861 184	465 856	845	83	6 889
7	910	1 019	828 100	1 038 361	972 290	1 211	-192	36 864
8	1 022	1 219	1 044 484	1 485 961	1 245 818	1 311	-92	8 464
9	1 210	1 516	1 464 100	2 298 256	1 834 360	1 480	36	1 296
10	1 225	1 624	1 500 625	2 637 376	1 989 400	1 493	131	17 161
合计	6 525	9 801	5 668 539	10 866 577	7 659 156	9 801	0	128 288

将计算表中的有关数据代入公式，可得

$$b = \frac{n\sum xy - \sum x \sum y}{n\sum x^2 - (\sum x)^2} = \frac{10 \times 7\,659\,156 - 6\,525 \times 9\,801}{10 \times 5\,668\,539 - 6\,525^2} = 0.895\,8$$

$$a = \frac{\sum y}{n} - b\frac{\sum x}{n} = \frac{9\,801}{10} - 0.895\,8 \times \frac{6\,525}{10} = 395.6$$

将 a 和 b 的值代入回归方程 $\hat{y} = a + bx$，可得

$$\hat{y} = 395.6 + 0.895\,8x$$

该例中，$a = 395.6$ 万元，表示企业工业增加值的起点值，即式中 x 等于零时的 $\hat{y}$ 值。在相关图上，a 表现为回归直线在 y 轴上的截距；$b = 0.895\,8$，称为回归系数，表明固定资产价值每增长 1 万元，工业增加值平均增加 0.895 8 万元。在相关图上，b 表现为回归直线的斜率。b 为正数，表示两现象属于正相关。

根据一元线性回归方程，将各企业的固定资产价值的实际数代入，可以依次推算各企业工业增加值的估计值 $\hat{y}$。

例如，1号企业 $\hat{y} = 395.6 + 0.895\,8 \times 200 = 575$（万元）。其余各企业的 $\hat{y}$ 值类推，得数已列入表7-5中。

7.3.3　估计标准误差

回归方程是在线性相关条件下，反映两个变量之间一般数量关系的数学模型。根据回归方程，可以由自变量的给定值推算因变量的值。但是，推算出的因变量数值并不是一个精确值，而是一个估计值或理论值，它和实际值是有出入的。例如，前例中的1号企业，生产性固定资产价值为 200 万元，实际增加值为 638 万元，而根据回归方程推算出来的增加值只有

575 万元，二者相差 63 万元。由此可见，由回归方程进行推算或预测是存在误差的。建立回归方程的主要目的是推算或预测，即根据给定的自变量的数值来推算未知的因变量的数值。这个推算结果的准确程度如何，主要取决于所拟合的回归直线的代表性。故回归直线的代表性和推算结果的准确性是一个问题的两个方面。我们在进行回归分析时，必须弄清这个问题。

1. 估计标准误差的意义与计算

估计标准误差是说明使用回归方程推算结果准确程度的分析指标，也是反映回归直线代表性大小的分析指标。估计标准误差和标准差的性质相同，都是说明离散程度的指标。估计标准误差用来说明估计理论值的代表性。若估计标准误差小，则表明回归方程估计准确程度高，代表性大；反之，则估计准确程度低，代表性小。估计标准误差的符号为 S_y，其计算公式为

$$S_y = \sqrt{\frac{\sum (y - \hat{y})^2}{n-2}}$$

式中，S_y 表示估计标准误差；$n-2$ 表示自由度。

因在一元线性回归方程中计算 a、b 两个参数，故失去了两个自由度。

从定义上看，估计标准误差反映了实际观察值 y 与估计值 $\hat{y}$ 之间的平均离差程度。就回归直线来说，这个离差值越小，说明观察点越靠近回归直线，即回归直线的代表性越大；离差值越大，则观察点离回归直线越远，回归直线的代表性越小。

【例 7 – 3】以表 7 – 6 所示资料为例，说明估计标准误差的计算方法。

表 7 – 6　某地区 8 个企业的产品销售额和销售利润

企业编号	产品销售额 x/万元	销售利润 y/万元	$\hat{y}$	$y - \hat{y}$	$(y - \hat{y})^2$
1	430	22.0	21.517 17	0.482 83	0.233 1
2	480	26.5	25.202 12	1.297 88	1.684 5
3	650	32.0	37.730 95	-5.730 95	32.843 8
4	740	44.0	44.363 86	-0.363 86	0.132 4
5	950	64.0	59.840 65	4.159 35	17.300 2
6	1 000	69.0	63.525 60	5.474 40	29.969 1
7	1 170	72.0	76.054 43	-4.054 43	16.438 4
8	1 200	7.0	78.265 40	-1.265 40	1.601 2
合计	6 620	406.5	—	—	100.202 7

把计算结果代入公式，得

$$S_y = \sqrt{\frac{\sum (y - \hat{y})^2}{n-2}} = \sqrt{\frac{100.202\ 7}{8-2}} = 4.086\ 6(万元)$$

计算结果表明，估计标准误差为 4.086 6 万元，即对于每一个企业的销售利润来说，其回归估计值的误差有大有小，但平均误差等于 4.086 6 万元。

2. 估计标准误差与相关系数的关系

估计标准误差与相关系数在数量上存在着密切的相关关系，这就从另一个角度说明了相关分析与回归分析之间的关系。二者之间的关系可由下列公式表达，即

$$|r| = \sqrt{1 - \frac{S_y^2}{\sigma_y^2}}$$

$$S_y = \sigma_y \sqrt{1 - r^2}$$

式中，r 表示相关系数；σ_y 表示因变量数列的标准差；S_y 表示估计标准误差。

从上面的计算公式可以看出，r 和 S_y 的变化方向是相反的。r 越大，S_y 越小，表示相关程度越高，回归直线的代表性越大；r 越小，S_y 越大，表示相关程度越低，回归直线的代表性越小。

在实际的相关分析中，一般不用这种方法计算相关系数，因为这种计算方法存在两个缺陷。一是需要先求出直线回归方程，计算出估计标准误差，然后才能求得相关系数。从一般的认识程度来看，只有相关关系密切的情况下，拟合回归方程才有意义；如果相关关系不密切，那么下一步的计算就没有必要了，因而要求先计算相关系数以判断相关关系的密切程度。二是以这种方法计算出来的结果，难以判断是正相关还是负相关。

7.3.4 应用相关分析与回归分析应注意的问题

1. 在定性分析的基础上进行定量分析

进行相关分析与回归分析之前要判断现象变量之间是否存在相关关系，以及相关的类型、方向和程度。首先应对现象变量进行定性分析，确定现象变量之间确实存在相关关系，之后才能进行定量分析。定量分析以定性分析的结论为前提，先在定性分析的基础上进行定量分析，再从定量分析到定性分析，使分析方法完美结合。

2. 考虑现象的复杂性并区别其质的数量界限

进行相关分析与回归分析时要注意事物的界限，也就是进行分析的现象变量的作用范围。在多数情况下，现象变量之间只有在一定范围内才具有相关关系，超出这个范围就会产生另一种关系。例如，成批生产的产品，在一定范围内，生产数量越多，成本降低越多，但若超过一定范围，便会使成本迅速增加。因此，不能用一个相关方程去无限推算，必须注意那些转折点，注意数量质的特征和数量的界限。

3. 检验相关系数和线性回归方程的有效性

进行相关分析时，通过相关系数的计算与分析，可以根据相关系数的取值判断变量间的相关关系。但当相关系数绝对值较小时，不能确定变量之间是否存在线性相关关系，此时要借助其他方法进行分析。只有相关系数的绝对值处于显著相关和高度相关这个有效条件下才能确定变量间的相关关系。

利用回归方程进行估计和推算因变量数值时，一般只能在观测值附近推算，不能随意无限制地推算下去。因为回归估计的准确程度与所给定的自变量值、建立回归方程所依据的自变量平均数的远近有关，距离越近，其准确程度越高；距离越远，其准确程度越低。当给定

自变量值过大地远离平均数时,就不能说明变量值所在的区间落在有效置信区间内,从而使得回归直线失去其在一定范围内的有效性。所以,要对回归直线进行有效性检验。

复习思考

1. 相关关系与函数关系有什么区别?相关关系的种类有哪些?
2. 什么是正相关、负相关、零相关?试举例说明。
3. 什么是相关系数?怎样利用相关系数来判别现象的相关关系?
4. 拟合回归方程 $y_c = a + bx$ 有什么要求?回归方程中参数 a、b 的经济含义是什么?
5. 简述回归系数 b 与相关系数 r 的关系。
6. 什么是相关关系?它有何特点?
7. 什么是估计标准误差?它有什么作用?
8. 什么是回归分析与相关分析?二者有何区别与联系?

实践技能训练

1. 测量你所在班级20名同学的身高,并通过调查了解他们父亲的身高,分析二者的关系。
2. 记录20名同学的数学成绩与其学习数学的时间之间的关系。要求:
   (1) 绘制出散点图;
   (2) 计算相关系数及回归方程;
   (3) 做出分析。
3. 根据本章【案例导读】中的资料进行我国城镇居民消费支出与可支配收入的关系研究。要求:
   (1) 绘制出散点图;
   (2) 计算相关系数,并分析相关的密切程度和方向;
   (3) 建立回归方程,并计算估计标准误差;
   (4) 撰写分析报告。

知识能力训练

一、名词解释

1. 相关关系。
2. 函数关系。
3. 相关分析。
4. 回归分析。
5. 相关系数。
6. 估计标准误差。

二、单项选择题

1. 进行相关分析,要求相关的两个变量(　　)。

   A. 都是随机的　　　　　　　　　B. 都不是随机的
   C. 一个是随机的,一个不是随机的　　D. 随机或不随机都可以

2. 相关系数的取值范围是（　　）。
   A. $r = 0$
   B. $-1 \leq r \leq 1$
   C. $0 \leq r \leq 1$
   D. $-1 \leq r \leq 0$

3. 在回归直线 $\hat{y} = a + bx$ 中，b 表示（　　）。
   A. 当 x 增加一个单位时，y 增加 b 的数量
   B. 当 y 增加一个单位时，x 增加 b 的数量
   C. 当 x 增加一个单位时，y 的平均增加量
   D. 当 y 增加一个单位时，x 的平均增加量

4. 物价上涨，销售量下降，则物价与销售量之间属（　　）。
   A. 无相关
   B. 负相关
   C. 正相关
   D. 无法判断

5. 每吨铸件的成本（元）与每个工人的劳动生产率（吨）之间的回归方程为 $y_c = 270 - 0.5x$，这意味着劳动生产率每提高一个单位（吨）成本就（　　）。
   A. 提高 270 元
   B. 提高 269.5 元
   C. 降低 0.5 元
   D. 提高 0.5 元

6. 若变量 x 值减小，变量 y 值却增大，则变量 x 与变量 y 之间存在（　　）。
   A. 直线相关关系
   B. 正相关关系
   C. 曲线相关关系
   D. 负相关关系

7. 圆的面积与半径间存在（　　）。
   A. 相关关系
   B. 因果关系
   C. 函数关系
   D. 比较关系

8. 如果变量 x 和变量 y 之间的相关系数为 1，则说明两个变量之间是（　　）。
   A. 完全不相关
   B. 高度相关关系
   C. 完全相关关系
   D. 低度相关关系

9. 在相关关系中，若两个变量的关系是对等的，那么变量 x 对变量 y 的相关同变量 y 对变量 x 的相关（　　）。
   A. 完全不同
   B. 有联系但不一样
   C. 是同一问题
   D. 不一定相同

10. 已知某工厂甲产品产量和生产成本有直接关系，在这条直线上，当产量为 1 000 时，其生产成本为 30 000 元，其中不随产量变化的成本为 6 000 元，则成本总额对产量的回归方程是（　　）。
    A. $y_c = 6\,000 + 24x$
    B. $y_c = 6 + 0.24x$
    C. $y_c = 24\,000 + 6x$
    D. $y_c = 24 + 6\,000x$

三、多项选择题

1. 下列现象属于相关关系的是（　　）。
   A. 家庭收入越多，消费增长越快
   B. 圆的半径越大，圆的面积越大
   C. 一般来说，一个国家文化素质提高，则人口的平均寿命越长

D. 一般来说，施肥量增加，农作物收获率增加

E. 体积随温度升高而膨胀，随压力加大而收缩

2. 相关分析与回归分析的区别在于（　　）。

　　A. 相关分析中的两个变量都是随机的，但回归分析中的自变量是给定的数值，因变量是随机的

　　B. 回归分析中的两个变量都是随机的，但相关分析中的自变量是给定的数值，因变量是随机的

　　C. 相关系数有正负号，而回归系数只能取正值

　　D. 相关分析中的两个变量是对等关系，而回归分析中的两个变量不是对等关系

　　E. 在相关分析中，根据两个变量只能计算出一个相关系数；而在回归分析中，根据两个变量只能建立一个回归方程

3. 工人的工资（元）倚劳动生产率（千元）的回归方程为 $y_c = 10 + 70x$，这意味着如果（　　）。

　　A. 劳动生产率等于 1 000 元，则工人工资提高 70 元

　　B. 劳动生产率每增加 1 000 元，则工人工资增长 80 元

　　C. 劳动生产率不变，则工人工资为 80 元

　　D. 劳动生产率增加 1 000 元，则工人工资提高 70 元

　　E. 劳动生产率减少 500 元，则工人工资减少 35 元

4. 判断现象之间有无相关关系的方法有（　　）。

　　A. 对客观现象做定性分析　　　　B. 编制相关表

　　C. 绘制相关图　　　　　　　　　D. 计算估计标准误差

　　E. 计算相关系数

5. 直线相关分析的特点是（　　）。

　　A. 两个变量是对等关系　　　　　B. 只能算出一个相关系数

　　C. 相关系数有正负号　　　　　　D. 相关的两个变量必须都是随机的

　　E. 相关系数大小反映两个变量之间相关的密切程度

6. 线性回归分析的特点是（　　）。

　　A. 两变量之间不是对等关系

　　B. 直线回归方程中的回归系数有正负号

　　C. 自变量是给定的，因变量是随机的

　　D. 利用一个回归方程，两个变量可以互换推算

　　E. 可以求出两个回归方程

7. 拟合一个线性回归方程式为了（　　）。

　　A. 确定两个变量之间的变动关系　　B. 用因变量推算自变量

　　C. 用自变量推算因变量　　　　　　D. 两个变量互相推算

　　E. 确定两个变量之间的函数关系

8. 估计标准误差的作用是表明（　　）。

　　A. 回归方程的代表性　　　　　　　B. 样本的变异程度

C. 估计值与实际值的平均误差　　　D. 样本指标的代表性
E. 总体的变异程度

9. 若两个变量之间的相关系数为 -1，则这两个变量是（　　）。
A. 负相关关系　　　　　　　　　　B. 正相关关系
C. 不相关　　　　　　　　　　　　D. 完全相关关系
E. 不完全相关关系

四、判断题

1. 如果变量 x 与 y 之间的相关系数 $r=0$，则表明这两个变量之间不存在任何相关关系。（　　）
2. 设两个变量的一元线性回归方程为 $y_c = -10 + 0.5x$，由此可以判定这两个变量之间存在负相关关系。（　　）
3. 在其他条件不变的情况下，估计标准误差的值越小，回归直线的拟合程度越高。（　　）
4. 如果回归系数为零，则相关系数必为零。（　　）
5. 相关系数是测定变量之间相关关系密切程度的唯一方法。（　　）
6. 只要两个变量之间存在相关关系，就可以建立回归模型进行回归分析。（　　）
7. 若变量 x 值减少时变量 y 的值也减少，则说明变量 x 与变量 y 之间存在相关关系。（　　）
8. 相关系数 r 越大，则估计标准误差 S_y 值越大，从而线性回归方程的精确性越低。（　　）
9. 计算相关系数时，应首先确定自变量和因变量。（　　）
10. 估计标准误差指的就是实际值 y 与估计值 $\hat{y}$ 的平均误差程度。（　　）

五、计算题

1. 对 10 户居民家庭的消费支出和月可支配收入进行调查，得到资料如表 7-7 所示。

表 7-7　10 户居民家庭的消费支出和月可支配收入

编号	1	2	3	4	5	6	7	8	9	10
消费支出/百元	21	16	38	32	40	59	60	68	55	76
月可支配收入/百元	26	19	60	45	62	88	92	99	75	98

要求：
（1）画出相关图并判断消费支出与月可支配收入之间的相关方向；
（2）计算消费支出与月可支配收入的相关系数并说明其相关程度。

2. 某企业某种产品的产量与单位成本资料如表 7-8 所示。

表 7-8　某企业某种产品的产量与单位成本资料

月份	1	2	3	4	5	6
产量/千件	2	3	4	3	4	5
单位成本/(元·件$^{-1}$)	73	72	71	73	69	68

要求：

（1）计算相关系数，并说明相关程度；

（2）确定单位成本对产量的线性回归方程，并指出产量每增加 1 000 件时单位成本平均下降多少元。

（3）计算估计标准误差。

3. 某地区 10 家商店的销售额和利润率资料如表 7-9 所示。

表 7-9 某地区 10 家商店的销售额和利润率资料

商店编号	每人月平均销售额/万元	利润率/%
1	6	12.6
2	5	10.4
3	8	18.5
4	1	3.0
5	4	8.1
6	7	16.3
7	6	12.3
8	3	6.2
9	3	6.6
10	7	16.8

要求：

（1）绘制相关图，并观察两变量的相关关系；

（2）计算相关系数；

（3）以每人月平均销售额为自变量、利润率为因变量拟合简单线性回归方程；

（4）计算估计标准误差；

（5）估计每人月平均销售额为 2 万元时的利润率。

第8章

时间数列分析与预测

学习目标

【知识目标】

➤ 理解时间数列的概念、作用，时间数列的编制原则

➤ 掌握水平指标、速度指标、趋势分析指标的含义、种类及计算方法

➤ 掌握长期趋势变动分析的原理和方法

【能力目标】

➤ 了解运用时间数列分析指标时应注意的问题

➤ 熟练运用水平指标和速度指标对社会经济现象进行动态分析

案例导读

经济合作与发展组织预测世界经济增长①

经济合作与发展组织（OECD）确认2017—2018年世界经济在2016年增长3%的基础上增长预测。报告称，2017年全球GDP增长预测保持在3.3%水平；2018年预计加速到3.6%，系2011年以来最高值。

经济合作与发展组织指出，世界经济增长速度加快主要得益于更积极地运用财税政策措施。投资和外贸疲软、保护主义是主要威胁。在世界经济面临的风险中，该组织也指出了中国的高债务水平。

该组织由于英国银行坚决的刺激政策而连续两次改善对2017年英国经济的增长预测。英国GDP增长预测由1.2%提高到1.6%。2018年预计下降到1%，因为通货膨胀加剧将抑制消费支出，而企业因英国脱欧的不确定性，不会扩大投资。美国总统特朗普的经济政策

---

① 资料来源：商务部网站。

（如广泛投资基础设施）将促进美国 GDP 由 2016 年的 1.6% 加速到 2017 年的 2.4%（2016 年 11 月曾预测加速到 2.3%）、2018 年的 2.8%（与原预测相符）。

中国经济将由 2016 年增长 6.7% 放缓到 2017 年增长 6.5% 和 2018 年增长 6.3%。印度则相反，预计增长将由 7%（2016 年）分别加速至 7.3%（2017 年）和 7.7%（2018 年）（每个财政年度始于所在年度的 4 月 1 日）。巴西继 2016 年的衰退后，2017 年维持 GDP 零增长，2018 年将上升到 1.5%。

思考：

文中进行经济预测的基本概念、预测的依据及预测的方法。

8.1 时间数列描述

综合指标法主要是根据同一时期或时点的资料，从静态上对总体的数量特征和数量关系进行分析的方法。但是在客观世界中，一切现象都处在不断的运动和变化之中，统计作为认识社会的工具之一，不仅要从静态上研究其数量特征和数量关系，而且要从动态上分析其发展变化的过程、方向、趋势和规律，因此还须进行动态分析。

8.1.1 时间数列的意义

时间数列又称动态数列，是将某一指标在不同时间上的数值，按时间（如年、季、月等）先后顺序排列而成的统计数列。例如，将历年来我国 GDP 加以排列，或者将某企业某年每月的产品产量、职工人数、劳动生产率加以排列，都可以形成时间数列。

我国 2011—2015 年若干经济指标如图 8-1 所示。

表 8-1 我国 2011—2015 年若干经济指标[①]

经济指标	2011 年	2012 年	2013 年	2014 年	2015 年
GDP/亿元	473 104	519 470	568 845	644 791	682 635
粮食产量/万吨	57 121	58 957	60 193	60 702	62 143
年末人口数/万人	134 735	135 404	136 072	136 782	137 462
城镇居民人均可支配收入/元	21 469	24 565	26 955	29 381	31 790

从表 8-1 可知，时间数列由两个基本数列构成：一是现象所属时间，如表 8-1 中的年份（2011—2015 年）；二是反映客观现象各个时间上的指标数值，如表 8-1 中每年的 GDP、年末人口数等。

在统计分析中，时间数列可以描述社会经济现象的发展情况、变化过程以及内在规律，提供反映社会经济现象发展速度和变化规律的数据，计算相应统计指标，揭示现象发展变化的趋势，从而为统计预测提供依据。如表 8-1 中 GDP 等指标，在 2011—2015 年期间表现为逐年增减的趋势。可见，时间数列是我们观察、分析事物的一种重要方法，在社会经济现

---

① 资料来源：《中国统计年鉴（2016）》。

象动态分析中有着十分重要的作用。其主要作用有：第一，时间数列可以表明社会经济现象的发展变化趋势及规律性。例如，把相邻几年各季度空调的销售量编制成时间数列，通过比较不仅会发现空调的销售量有不断增加（或下降）的趋势，而且还会发现销售量的季节变动规律；第二，可以根据时间数列，计算各种时间数列指标值，以便具体、深入地揭示现象发展变化的数量特征；第三，运用时间数列可以预测现象的发展方向和发展速度，为经济决策或经营决策提供必要依据。

总之，通过编制和分析时间数列，可以研究过去、指导现在、预测未来。

8.1.2 时间数列的种类

根据指标表现形式不同，时间数列可分为绝对数时间数列、相对数时间数列和平均数时间数列三种。其中，绝对数时间数列是基本数列，相对数时间数列和平均数时间数列是派生数列。

1. 绝对数时间数列

在这种时间数列中，指标数值表现为总量指标。现象的某一总量指标在不同时间的数值序时编排所形成的数列，称为绝对数时间数列或总量指标时间数列。它反映被研究现象总水平（或规模）的发展过程和结果。根据指标数值的时间特点，其又可分为时期数列和时点数列。例如，表8-1中的GDP就是时期数列；年末人口数就是时点数列。

（1）时期数列

排列在绝对数时间数列中的每个指标数值，均反映现象在一段时期内发展过程的总和，该时间数列称为时期数列，如表8-1中的GDP和粮食产量便是时期数列。时期数列具有如下特点：

1）在时期数列中，各指标数值可以相加。时期数列各时期的指标数值可以加总，得出更长时期的总计值。例如，将表8-1中各年的粮食产量加总，就可以得到这期间我国粮食产量的总量。

2）时期数列具有连续统计的特点。由于反映的是现象在一段时间内的发展过程的总量，所以时期数列必须在这段时间内把所有发生的数量逐一登记后进行累计。

3）在时期数列中，各指标数值的大小与所包括的时期长短有直接关系。时期可以是日、月、季、年或更长的时期，这要根据具体研究的目的来确定。例如，研究我国"十一五"至"十二五"期间国民经济的发展变化，就可以五年为一个时期。在时期数列中，时期越长，指标数值越大；时期越短，指标数值越小。

（2）时点数列

在时点数列中，每一指标数值都反映现象在某一时点的总量。例如，在表8-1中的年末人口数中，各指标数值用于说明在各年末这一时点上人口数所达到的水平。时点数列具有如下特点：

1）在时点数列中，各指标数值不具有可加性。在时点数列中，同样一个总体单位或者标志值可能被统计到几个时期的指标数值中。例如进行人口普查时，人口的很大一部分会包含在以后的各年中。时点数列中每一个指标数值都可表明现象在一定时点上所达到的水平，各指标数值相加会使数据资料重复，没有实际意义。

2）时点数列不具有连续统计的特点。由于反映的是现象在某一时刻的状况，故时点数列中的指标数值通常不是连续登记取得的,而是在某一时点进行统计。

3)在时点数列中,各指标数值的大小与其所属各时点间隔长短没有直接关系。时点数列各指标数值只表明现象在某一瞬间的数量,因此其数值与时点间的间隔长短没有直接关系。例如,年底的工人数、库存量不一定比年内各月底的数值大。

2. 相对数时间数列

现象的某一相对指标在不同时间的数值序时编排所形成的数列,称为相对数时间数列或相对指标时间数列,它反映被研究现象数量对比关系的发展变化过程。例如,表 8-1 中的城镇居民人均可支配收入反映的时间数列就是一个相对数时间数列。相对数时间数列中的相对数除上述所举的结构相对数外,也可以是前面所讲的其他任何一种相对数,如计划完成相对数、比例相对数、比较相对数、动态相对数和强度相对数等。在相对数时间数列中,各时间的数值是不能加总的。

3. 平均数时间数列

把一系列平均指标按时间先后顺序排列而形成的时间数列称为平均数时间数列或平均指标时间数列,它反映社会经济现象总体各单位某个标志一般水平的发展变动趋势。平均数时间数列是由两个绝对数时间数列对比形成的。它可以是由两个时期数列对比形成的,如单位产品成本时间数列;可以是由两个时点数列对比形成的,如平均每户家庭人数时间数列;也可以是由一个时期数列与一个时点数列对比形成的,如职工年平均工资时间数列。在平均数时间数列中,每个指标都是平均数,而且各个指标数值相加是没有实际意义的。

8.1.3 时间数列的编制

编制时间数列的目的是通过时间数列中的各指标数值前后的对比,观察和分析所研究现象的变化过程及其发展趋势。因此,保证时间数列中的各指标数值的可比性,是编制时间数列应遵循的基本原则。具体来说,有以下几点:

1. 总体范围应一致

总体范围通常是指现象的空间范围。例如,要研究一个省的人口数、耕地面积的发展变化情况,就需要分别编制这些指标的时间数列。如果该省的行政区划有过变动,其变动前后的指标数值是不能直接进行对比的,否则会歪曲被研究现象本身变化的趋势和规律性。正确编制时间数列,应根据研究目的,将总体范围变动前后的统计资料加以调整,以使其总体范围一致。

2. 指标的内容应一致

指标的内容与指标所反映的现象性质是密切联系的,当指标所反映的现象性质发生变化时,指标的名称虽然依旧,但它已属于另一种性质的规定性。在此情况下,若将该指标数值进行动态对比分析,则结论很可能是错误的。

3. 时期数列各指标数值的时期长短应一致

时期数列指标数值的大小同时期的长短有直接关系,因此,时期数列各指标数值的时期长短应一致;而时点数列指标数值的大小与其间隔的长短无直接关系,因此,时点数列的间隔长短不等是可以的。但为了便于研究现象变化的规律性，它们的间隔相等更佳。

4. 指标的计算方法、计算价格和计量单位应一致

指标的计算方法通常也叫指标的计算口径。有的指标名称是一个，但其计算口径因研究目的不同有多个。例如，按先进先出法计算的存货价值与按后进先出法计算的存货价值相比，结果就有很大差别。可见，在一个时间数列中，若各期指标的计算方法、计算价格和计量单位不相同，则其指标数值就不具有可比性。

8.2　时间数列分析指标

编制时间数列的目的是为进行时间分析和研究提供数量依据；要对现象进行分析和研究，则要通过具体的指标实现。常用的时间数列分析指标有：发展水平；平均发展水平；增减量；平均增减量；发展速度；增减速度；增长1%绝对值；平均发展速度和平均增减速度等。前四种用于现象发展的水平分析，属于水平指标；后四种用于现象发展的速度分析，属于速度指标。水平指标是速度指标的基础；速度指标是水平指标进一步加工的结果，是动态分析的继续与深入。

8.2.1　时间数列水平分析指标

用时间数列反映现象发展变化水平的指标有发展水平、平均发展水平、增减量和平均增减量四种。

1. 发展水平

发展水平就是时间数列中的每项指标数值所反映的某种社会经济现象在不同发展时期或时点上实际达到的水平，它是计算各种动态分析指标的基础。发展水平既可以是总量指标，也可以是相对指标或者平均指标。

发展水平按在时间数列中的位置不同，把第一项称为最初水平，通常用 a_0 表示；最后一项称为最末水平，通常用 a_n 用表示；其余中间各项称为中间水平，分别以 $a_1, a_2, \cdots, a_{n-1}$ 表示。

发展水平按在动态分析中的作用不同，将被研究时期的发展水平称为报告期水平或计算期水平，通常用 a_n 表示；将作为比较时期的发展水平称为基期水平或基础水平，通常用 a_0 表示。

2. 平均发展水平

平均发展水平是根据数列中不同时期（或时点）的发展水平计算的平均数，又称为动态平均数或序时平均数。平均发展水平和前述的一般平均数（静态平均数）有相同之处，但也存在区别。其具体表现为：静态平均数是根据变量数列计算的，而动态平均数是根据时间数列计算的。静态平均数是将总体各单位在同一时间上的标志值差异抽象化，从时间截面反映总体的一般水平；而动态平均数是将总体在不同时间上的指标数值差异抽象化，从时间过程反映总体的一般水平。它们的相同之处在于，都是把个别数量的差异抽象化，以反映现象的一般水平。

平均发展水平在动态分析中具有重要的意义，它可以把时间长短不等的总量指标由不可

比变为可比,并消除现象在短期内波动的影响,便于观察现象发展变化趋势和规律性。

时间数列的平均发展水平可以是绝对数,也可以是相对数或平均数,因此,平均发展水平可以根据绝对数时间数列计算,也可以根据相对数时间数列或平均数时间数列计算。其中,根据绝对数时间数列计算平均发展水平是最基本的方法。

(1) 根据绝对数时间数列计算平均发展水平

绝对数时间数列分为时期数列和时点数列两种,由于它们具有不同的性质和特点,因而在平均发展水平的计算方法上也不一样。

1) 依据时期数列计算。时期数列的各项指标数值可以相加,所以,依据时期数列计算平均发展水平时,可采用简单算术平均法。其计算公式为

$$\bar{a} = \frac{a_1 + a_2 + \cdots + a_{n-1} + a_n}{n} = \frac{\sum a}{n}$$

式中,$\bar{a}$ 表示平均发展水平;a_i 表示各期发展水平($i=1,2,\cdots,n$);n 表示数列项数。

【例 8-1】某企业 2015 年四个季度的销售额资料如表 8-2 所示。试计算该企业 2015 年各季度的平均销售额。

表 8-2　某企业 2015 年四个季度的销售额资料

季度	一	二	三	四
销售额/万元	45	40	48	50

解:该企业 2015 年各季度的平均销售额为

$$\bar{a} = \frac{\sum a}{n} = \frac{45 + 40 + 48 + 50}{4} = 45.75(万元)$$

2) 依据时点数列计算。时点数列有连续时点数列和间断时点数列之分,这两种时点数列中又有间隔相等与间隔不等两种表现形式。

①连续时点数列的平均发展水平。连续时点数列是指一段时间内每日的时点指标数值都能获取的时间数列。它有两种情况,一是连续时点数列中的各项指标数值为逐日登记、逐日排列的;二是连续时点数列中的各项指标数值为非逐日登记、逐日排列,只在发生变动时进行统计,或者连续几日不变时同时给出。通常将前者称为间隔相等的连续时点数列,将后者称为间隔不等的连续时点数列。

a. 间隔相等的连续时点数列。间隔相等的连续时点数列平均发展水平的计算采用简单算术平均法,即将间隔相等的时点指标数值加总之后除以总日历天数。例如,已知某企业一个月内每天的工人数,如果计算该月每天平均工人数,则将每天工人数相加之和除以该月的日历天数即可求得。其计算公式为

$$\bar{a} = \frac{\sum a}{n}$$

式中,a 表示逐日给出的时点指标发展水平。

b. 间隔不等的连续时点数列。间隔不等的连续时点数列平均发展水平的计算采用加权算术平均法。其计算公式为

$$\bar{a} = \frac{\sum af}{\sum f}$$

式中，a 表示给出的各项时点指标数值；f 表示给出的各项时点指标数值连续出现的天数。

【例 8-2】某企业某年 1 月份的产品库存额变动情况如表 8-3 所示。试计算该企业 1 月份的平均库存额。

表 8-3 某企业某年 1 月份的产品库存额变动情况

日期	1 日	6 日	13 日	31 日
库存额/万元	41	35	38	40

解：该企业 1 月份的平均库存额为

$$\bar{a} = \frac{\sum af}{\sum f} = \frac{41 \times 5 + 35 \times 7 + 38 \times 18 + 40 \times 1}{5 + 7 + 18 + 1} = \frac{1\,174}{31} = 37.87(万元)$$

② 间断时点数列的平均发展水平。间断时点数列是指只能获取一段时间中一部分日期的时点指标数值的时间数列。它有两种情况：一是数列中相邻两项指标数值之间的时间间隔长度都大致相等，如都间隔一个月、一个季度或者一年等；二是数列中相邻两项指标数值之间的时间间隔长度不完全相等，如有的间隔一个月，有的间隔三个月。通常将前者称为间隔相等的间断时点数列，将后者称为间隔不等的间断时点数列。

a. 间隔相等的间断时点数列。间隔相等的间断时点数列平均发展水平的计算公式为

$$\bar{a} = \frac{\frac{a_1 + a_2}{2} + \frac{a_2 + a_3}{2} + \cdots + \frac{a_{n-1} + a_n}{2}}{n - 1} = \frac{\frac{a_1}{2} + a_2 + \cdots + a_{n-1} + \frac{a_n}{2}}{n - 1}$$

利用这种方法计算平均发展水平有一个前提条件，即假定现象在相邻两个时点之间的发展变动是均匀的。首先以每一小段的中间值代表该小段的平均水平，然后计算各小段平均水平的简单算术平均数，从而得到整个被研究时期的平均发展水平。这种方法称为"首尾折半法"。

【例 8-3】某企业某年一季度工人人数资料如表 8-4 所示。试计算该企业一季度平均工人数。

表 8-4 某企业某年一季度工人人数资料

时间	1 月初	2 月初	3 月初	4 月初
人数/人	170	177	180	176

解：该企业一季度平均工人数为

$$\bar{a} = \frac{\frac{a_1}{2} + a_2 + \cdots + a_{n-1} + \frac{a_n}{2}}{n - 1} = \frac{\frac{170}{2} + 177 + 180 + \frac{176}{2}}{4 - 1} = 176(人)$$

b. 间隔不等的间断时点数列。间隔不等的间断时点数列平均发展水平的计算公式为

$$\bar{a} = \frac{\frac{a_1+a_2}{2}f_1 + \frac{a_2+a_3}{2}f_2 + \cdots + \frac{a_{n-1}+a_n}{2}f_{n-1}}{f_1 + f_2 + \cdots + f_{n-1}}$$

式中，f_i 表示各相邻时点指标数值的时间间隔长度（$i=1,2,\cdots,n-1$）。

【例 8-4】某企业 2015 年工人人数资料如表 8-5 所示。试计算该企业 2015 年平均工人数。

表 8-5 某企业 2015 年工人人数资料

日期	1月1日	4月1日	6月1日	9月1日	12月31日
人数/人	300	315	290	320	300

解：该企业 2015 年平均工人数为

$$\bar{a} = \frac{\frac{a_1+a_2}{2}f_1 + \frac{a_2+a_3}{2}f_2 + \cdots + \frac{a_{n-1}+a_n}{2}f_{n-1}}{f_1 + f_2 + \cdots + f_{n-1}}$$

$$= \frac{\frac{300+315}{2}\times 3 + \frac{315+290}{2}\times 2 + \frac{290+320}{2}\times 3 + \frac{320+300}{2}\times 4}{3+2+3+4}$$

$$= \frac{3682.5}{12} = 306.87（人）$$

从理论上讲，在计算时点数列平均发展水平的几种方式中，以间隔相等的连续时点数列为最优，其准确性最高。但在实际工作中往往受客观条件的限制，间隔相等的间断时点数列使用最多、最为普遍，因为它适用于我国的定期统计制度；间隔不等的间断时点数列有时使用，其主要适用于非定期的专门调查。

（2）根据相对数时间数列计算平均发展水平

相对数时间数列由具有互相联系的两个绝对数时间数列的比构成。因此，要先分别计算出分子数列和分母数列的平均发展水平，然后求二者的比值，求出相对数时间数列的平均发展水平。相对数时间数列的平均发展水平的计算公式为

$$\bar{c} = \frac{\bar{a}}{\bar{b}}$$

式中，$\bar{c}$ 表示相对数时间数列的平均发展水平；$\bar{a}$ 表示分子时间数列的平均发展水平；$\bar{b}$ 表示分母时间数列的平均发展水平。

由于相对数时间数列可由两个时期数列和两个时点数列或由一个时期数列和一个时点数列的比构成，而时期数列与时点数列的平均发展水平的计算方法又不相同，所以相对数时间数列的平均发展水平的计算分为以下三种情况。

1) 分子数列、分母数列均属于时期数列的相对数时间数列，其平均发展水平的计算公式为

$$\bar{c} = \frac{\bar{a}}{\bar{b}} = \frac{\frac{\sum a}{n}}{\frac{\sum b}{n}} = \frac{\sum a}{\sum b}$$

【例8-5】某企业2015年一季度各月商品销售额计划完成情况如表8-6所示。试计算该企业2015年一季度商品销售额平均计划完成程度。

表8-6 某企业2015年一季度各月商品销售额计划完成情况

月份	1	2	3
计划数/万元	180	200	210
实际数/万元	190	220	205
计划完成程度/%	105.56	110	97.62

解：该企业2015年一季度商品销售额平均计划完成程度为

$$\bar{c} = \frac{\bar{a}}{\bar{b}} = \frac{\frac{\sum a}{n}}{\frac{\sum b}{n}} = \frac{\sum a}{\sum b} = \frac{190+220+205}{180+200+210} = 104.24\%$$

2) 分子数列和分母数列均属于时点数列的相对数时间数列，其平均发展水平的计算公式因数列的不同情况而有所不同。但在实际工作中，最常见的是由两个间隔相等的间断时点数列的比形成的相对数时间数列，其平均发展水平的计算公式为

$$\bar{c} = \frac{\bar{a}}{\bar{b}} = \frac{\dfrac{\dfrac{a_1}{2}+a_2+a_3+\cdots+a_{n-1}+\dfrac{a_n}{2}}{n-1}}{\dfrac{\dfrac{b_1}{2}+b_2+b_3+\cdots+b_{n-1}+\dfrac{b_n}{2}}{n-1}} = \frac{\dfrac{a_1}{2}+a_2+a_3+\cdots+a_{n-1}+\dfrac{a_n}{2}}{\dfrac{b_1}{2}+b_2+b_3+\cdots+b_{n-1}+\dfrac{b_n}{2}}$$

【例8-6】某企业2015年二季度各月末工人数及情况如表8-7所示。试计算该企业2015年二季度工人占全体职工的平均比重。

表8-7 某企业2015年二季度各月末工人数及情况

月份	3	4	5	6
全体职工/人	1 000	980	1 030	1 010
工人/人	800	810	820	815
工人占全体职工比重/%	80.00	82.65	79.61	80.69

解：该企业2015年二季度工人占全体职工的平均比重为

$$\bar{c} = \frac{\bar{a}}{\bar{b}} = \frac{\dfrac{a_1}{2}+a_2+a_3+\cdots+a_{n-1}+\dfrac{a_n}{2}}{\dfrac{b_1}{2}+b_2+b_3+\cdots+b_{n-1}+\dfrac{b_n}{2}} = \frac{\dfrac{800}{2}+810+820+\dfrac{815}{2}}{\dfrac{1\ 000}{2}+980+1\ 030+\dfrac{1\ 010}{2}} = 80.85\%$$

3) 分子数列和分母数列，一个是时期数列，另一个是时点数列的相对数时间数列，其平均发展水平的计算公式因数列的不同而有所不同。在实际工作中，最常见的是分子数列为

时期数列，分母数列为间隔相等的间断时点数列，即

$$\bar{c} = \frac{\bar{a}}{\bar{b}} = \frac{\dfrac{\sum a}{n}}{\dfrac{\dfrac{b_1}{2} + b_2 + b_3 + \cdots + b_{n-1} + \dfrac{b_n}{2}}{n-1}}$$

【例 8-7】某企业某年一季度各月商品的销售额、库存额和流转次数如表 8-8 所示。试计算该企业 2015 年一季度月平均商品流转次数。

表 8-8　某企业 2015 年一季度商品的销售额、库存额和流转次数

月份	（上年）12月	1月	2月	3月
商品销售额/万元	—	400	450	420
商品月末库存额/万元	80	80	60	75
商品流转次数/次	—	5.0	7.5	5.6

解：该企业 2015 年一季度月平均商品流转次数为

$$\bar{c} = \frac{\bar{a}}{\bar{b}} = \frac{\dfrac{\sum a}{n}}{\dfrac{\dfrac{b_1}{2} + b_2 + b_3 + \cdots + b_{n-1} + \dfrac{b_n}{2}}{n-1}} = \frac{\dfrac{400 + 450 + 420}{3}}{\dfrac{\dfrac{80}{2} + 80 + 60 + \dfrac{75}{2}}{4-1}} = 5.84（次）$$

(3) 根据平均指标时间数列计算平均发展水平

平均指标时间数列分为两种：一种是由一般平均数组成的时间数列；另一种是由动态平均数组成的时间数列。由于这两种时间数列性质不同，故计算平均发展水平的方法也不同。

1) 根据一般平均数组成的时间数列计算平均发展水平。由于该种时间数列中每个指标都是平均数，不能直接相加，故必须先求出分子数列的平均发展水平和分母数列的平均发展水平，二者相除，再求出一般平均数时间数列的平均发展水平。其计算公式为

$$\bar{c} = \frac{\bar{a}}{\bar{b}} = \frac{\dfrac{\sum a}{n}}{\dfrac{\sum b}{n}} = \frac{\sum a}{\sum b}$$

2) 根据动态平均数组成的时间数列计算平均发展水平。如果已知间隔相等的动态平均数时间数列，则计算其平均发展水平时可直接用简单平均的方法，计算公式为

$$\bar{a} = \frac{\sum a}{n}$$

如果已知间隔不等的动态平均数组成的时间数列，则计算其平均发展水平时可以间隔作为权数，采用加权算术平均数的计算方法，计算公式为

$$\bar{a} = \frac{\sum af}{\sum f}$$

式中，f 表示间隔，即权数。

3. 增减量

增减量是指在比较两个时期的发展水平时，报告期水平与基期水平之差，用以说明现象在一定时期内增加（或减少）的绝对数量。其计算公式为

$$增减量 = 报告期水平 - 基期水平$$

差值为正数时，表示增长量；差值为负数时，表示减少量。增减量根据研究目的的不同及选择的基期不同，可分为逐期增减量和累积增减量。

（1）逐期增减量

逐期增减量是报告期水平与前一期水平的差额，用以说明现象逐期增加或减少的数量。若以 $a_0, a_1, a_2, \cdots, a_{n-1}, a_n$ 表示时间数列各期发展水平，则逐期增减量为

$$a_1 - a_0, a_2 - a_1, a_3 - a_2, \cdots, a_{n-1} - a_{n-2}, a_n - a_{n-1}$$

（2）累积增减量

累积增减量是报告期水平与某一固定时期水平的差额，说明现象在一定时期内的总的增加或减少数量。若将固定时期水平选为数列最初水平，则累积增减量可表示为

$$a_1 - a_0, a_2 - a_0, a_3 - a_0, \cdots, a_{n-1} - a_0, a_n - a_0$$

不难看出，逐期增减量和累积增减量间有着密切的关系：

首先，由逐期增减量和累积增减量分别构成新的时间数列，它们首项相等，即

$$a_1 - a_0 = a_1 - a_0$$

其次，累积增减量是相应的逐期增减量之和，公式为

$$(a_1 - a_0) + (a_2 - a_1) + (a_3 - a_2) + \cdots + (a_n - a_{n-1}) = a_n - a_0$$

最后，相邻两项的累积增减量之差等于相应的逐期增减量，公式为

$$(a_n - a_0) - (a_{n-1} - a_0) = a_n - a_{n-1}$$

此外，为了消除季节变动的影响，还可以计算年距增减量指标，即本年某期水平减去上年同期水平的差值，以表明本期发展水平比上年同期发展水平增减的数量，即

$$年距增减量 = 本期发展水平 - 上年同期发展水平$$

【例 8 - 8】我国 2010—2015 年人均 GDP 统计情况如表 8 - 9 所示。

表 8 - 9 我国 2010—2015 年人均 GDP 统计情况

年份	2010	2011	2012	2013	2014	2015
人均 GDP/元	29 674	36 018	39 044	43 320	46 629	49 351
逐期增减量	—	6 344	3 026	4 276	3 309	2 722
累积增减量	—	6 344	9 370	13 646	16 955	19 677

4. 平均增减量

为了表明现象在一个较长的时期内在绝对量方面增加（减少）的情况，需要计算平均增减量。其计算公式为

$$平均增减量 = \frac{\sum 逐期增减量}{逐期增减量个数} = \frac{累积增减量}{时间数列项数 - 1}$$

由以上公式可以看出,平均增减量是逐期增减量的动态平均数。

【例8-9】由表8-9可知,我国2010—2015年人均GDP年平均增减量为

$$年平均增减量 = \frac{\sum 逐期增减量}{逐期增减量个数}$$

$$= \frac{6\ 344 + 3\ 026 + 4\ 276 + 3\ 309 + 2\ 722}{5} = 3\ 935.4(元)$$

或

$$年平均增减量 = \frac{累积增减量}{时间数列项数 - 1} = \frac{19\ 677}{61} = 3\ 935.4(元)$$

可见,两种计算方法的结果是一致的。

8.2.2 时间数列速度分析指标

速度分析指标是一种应用广泛的动态分析指标,既可用来分析和比较某种社会经济现象在不同发展时期、不同地区、不同部门和不同国家之间的发展变化程度,也可以作为编制和检查国民经济计划的参考。常用的速度分析指标有发展速度、增减速度、增长1%绝对值、平均发展速度和平均增减速度。

1. 发展速度

发展速度是研究某种社会经济现象发展程度的动态分析指标。它是用时间数列中的报告期水平与基期水平之比求得的,反映某种现象的发展方向和程度,一般用百分数表示,当发展速度较大时,也可以用倍数表示。其一般计算公式为

$$发展速度 = \frac{报告期水平}{基期水平} \times 100\%$$

当发展速度大于100%时,表示上升;当发展速度小于100%时,表示下降。按所采用的基期不同,发展速度指标可分为环比发展速度和定基发展速度。

1)环比发展速度。环比发展速度是报告期水平与前一期水平之比,反映社会经济现象逐期发展变化的相对程度。其计算公式为

$$环比发展速度 = \frac{报告期水平}{前一期水平} \times 100\%$$

用符号表示为

$$\frac{a_1}{a_0}, \frac{a_2}{a_1}, \frac{a_3}{a_2}, \cdots, \frac{a_n}{a_{n-1}}$$

2)定基发展速度。定基发展速度是报告期水平与某一固定基期水平之比,反映社会经济现象在较长一段时间内总的发展变化程度,故又称总发展速度。其计算公式为

$$定基发展速度 = \frac{报告期水平}{某一固定基期水平} \times 100\%$$

用符号表示为

$$\frac{a_1}{a_0}, \frac{a_2}{a_0}, \frac{a_3}{a_0}, \cdots, \frac{a_n}{a_0}$$

【例8-10】某地区2010—2015年的发展速度指标如表8-10所示。

表 8-10　某地区 2010—2015 年的发展速度指标

年份	2010	2011	2012	2013	2014	2015
GDP/万元	14 752	15 760	17 044	18 920	22 520	27 288
环比发展速度/%	—	106.8	108.1	111.0	119.0	121.2
定基发展速度/%	100.0	106.8	115.5	128.3	152.7	185.0

定基发展速度和环比发展速度均是说明现象在不同时间的发展变化的程度和方向的。所采用的基期不同，说明的问题也就不同，从而表现的侧面不同，二者之间既有区别又有联系。

现以图 8-1 表明环比发展速度与定基发展速度的区别。

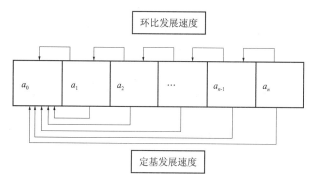

图 8-1　环比发展速度与定基发展速度

环比发展速度与定基发展速度之间的联系可从两个方面表述：

1）环比发展速度的连乘积等于相应的定基发展速度，即

$$\frac{a_1}{a_0} \times \frac{a_2}{a_1} \times \frac{a_3}{a_2} \times \cdots \times \frac{a_n}{a_{n-1}} = \frac{a_n}{a_0}$$

在表 8-10 中，某地区 2010—2015 年的环比发展速度的连乘积为

$$106.8\% \times 108.1\% \times 111.0\% \times 119.0\% \times 121.2\% = 185.0\%$$

该计算结果等于 2015 年的定基发展速度。

2）两个相邻时期的定基发展速度相除之商，等于相应的环比发展速度，即

$$\frac{a_n}{a_0} \div \frac{a_{n-1}}{a_0} = \frac{a_n}{a_{n-1}}$$

将表 8-10 中的有关数据代入上式，有

$$185.0\% \div 152.7\% = 121.2\%$$

该计算结果等于 2015 年的环比发展速度。

此外，在统计实务中，除了计算环比发展速度和定基发展速度外，有时为了避免季节变动的影响，还需要计算年距发展速度。年距发展速度是现象报告期的发展水平（即本期发展水平）与其上年同期发展水平之比。其计算公式为

$$年距发展速度 = \frac{本期发展水平}{上年同期发展水平} \times 100\%$$

2. 增减速度

增减速度是反映现象发展快慢（即增减程度）的相对指标，由增减量与基期水平对比求得，其计算结果一般用倍数或百分数表示，计算公式为

$$增减速度 = \frac{增减量}{基期水平} \times 100\%$$

把增减量的计算公式代入，可得

$$增减速度 = \frac{报告期水平 - 基期水平}{基期水平} \times 100\% = 发展速度 - 1$$

可见，增减速度也可以由发展速度减去1（或100%）求得。

由于发展速度有环比发展速度和定基发展速度之分，相应地，增减速度也分环比增减速度和定基增减速度两种，即

$$环比增减速度 = \frac{逐期增减量}{基期水平} \times 100\% = 环比发展速度 - 1$$

或

$$环比增减速度\ \frac{a_1 - a_0}{a_0}, \frac{a_2 - a_1}{a_1}, \frac{a_3 - a_2}{a_2}, \cdots, \frac{a_n - a_{n-1}}{a_{n-1}}$$

$$定基增减速度 = \frac{累计增减量}{固定基期水平} \times 100\% = 定基发展速度 - 1$$

或

$$定基增减速度：\frac{a_1 - a_0}{a_0}, \frac{a_2 - a_0}{a_0}, \frac{a_3 - a_0}{a_0}, \cdots, \frac{a_n - a_0}{a_0}$$

【例8-11】某地区2010—2015年的发展速度和增长速度指标如表8-11所示。

表8-11 某地区2010—2015年的发展速度和增长速度指标

年份		2010	2011	2012	2013	2014	2015
GDP/万元		14 752	15 760	17 044	18 920	22 520	27 288
发展速度/%	环比发展速度/%	—	106.8	108.1	18.0	119.0	121.2
	定基发展速度/%	100.0	106.8	115.5	128.3	152.7	185.0
增减速度/%	环比增减速度/%	—	6.8	8.1	8.0	19.0	21.2
	定基增减速度/%	—	6.8	15.5	28.3	52.7	85.0
增长1%绝对值		—	147.52	157.6	170.44	189.20	225.20

必须指出，环比增减速度与定基增减速度无直接的换算关系。如果由一个环比增减速度数列求其定基增减速度数列，则需先将各期环比增减速度换算成各期环比发展速度；再将它们连乘，得出各期的定基发展速度；最后，将各期定基发展速度分别减1或100%，即得各期的定基增减速度。相反，用现象各期的定基增减速度求各期的环比增减速度时，也要经过一定的变换计算。

此外，在统计实务中，为了避免季节变动的影响，还需要计算年距增减速度，它是年距

增减量与去年同期发展水平之比，即

$$\text{年距增减速度} = \frac{\text{年距增减量}}{\text{去年同期发展水平}} \times 100\% = \text{年距发展速度} - 1$$

3. 增长1%绝对值

水平指标通常用来描述现象发展变化的绝对数水平，而速度指标通常用来描述相对水平或程度，若单独使用这些指标则容易出现片面性，如在考察相对水平时须注意对比的基数，否则可能造成虚假现象。为此需要将速度指标与水平指标结合起来，最具代表性的指标就是增长1%绝对值。增长1%绝对值表示速度每增加1%而增加的绝对数量。其计算公式为

$$\text{增长1\%绝对值} = \frac{\text{逐期增减量}}{\text{环比增减速度} \times 100} = \frac{\text{前一期水平}}{100}$$

4. 平均发展速度和平均增减速度

社会经济现象在不同时期的发展程度是不同的。为了说明社会经济现象在若干连续时期内每期发展、增减变化的一般程度，需要根据社会经济现象在各个时期的速度差异加以抽象，计算其平均速度指标。平均速度指标有平均发展速度和平均增减速度两种。

平均发展速度是指社会经济现象各环比发展速度的动态平均数，用以说明在若干连续时期内平均每期发展变化的程度；平均增减速度说明现象在若干连续时期内平均每期增长或降低的程度，是根据它与平均发展速度的关系推算出来的，计算公式为

$$\text{平均增减速度} = \text{平均发展速度} - 1 \text{（或} 100\% \text{）}$$

根据所依据资料的不同，平均发展速度的计算方法有两种：一种是几何平均法；另一种是累计法。

（1）几何平均法

由于社会经济现象总发展速度不等于各期环比发展速度之和，而等于各期环比发展速度的连乘积，所以平均发展速度不能用一般的算术平均法计算，而要用几何平均法计算，这种方法又称为水平法。其计算公式为

$$\bar{x}_G = \sqrt[n]{x_1 \cdot x_2 \cdots x_n} = \sqrt[n]{\prod x}$$

式中，$\bar{x}_G$ 表示平均发展速度；x_i 表示各期环比发展速度（$i = 1, 2, \cdots, n$）；n 表示环比发展速度的项数；$\prod$ 表示连乘符号。

由于定基发展速度等于各期环比发展速度的连乘积，故计算平均发展速度的公式还可表示为

$$\bar{x}_G = \sqrt[n]{\frac{a_1}{a_0} \times \frac{a_2}{a_1} \times \frac{a_3}{a_2} \times \cdots \times \frac{a_n}{a_{n-1}}} = \sqrt[n]{\frac{a_n}{a_0}} = \sqrt[n]{R}$$

式中，R 表示总发展速度。

从公式中可以看出，在将最初水平 a_0 作为比较基础的情况下，平均发展速度的大小仅仅取决于最末水平 a_n，并且最初水平 a_0 以平均发展速度发展 n 期后正好等于最末水平 a_n，即 $a_n = a_0 \times \bar{x}_G^n$。所以这种计算平均发展速度的方法亦称为水平法。

另外，若给定一个区间平均发展速度，要求计算年平均发展速度，则年平均发展速度可表示为

$$\bar{x}_G = \sqrt[\sum f]{\bar{x}_1^{f_1} \times \bar{x}_2^{f_2} \times \cdots \times \bar{x}_n^{f_n}}$$

【例8-12】已知某地区2011—2015年社会消费品零售总额的环比发展速度分别为113.7%、117.7%、128.4%、130.5%、126.8%，试计算该地区2011—2015年社会消费品零售总额的平均发展速度和平均增减速度。

解：该地区2011—2015年社会消费品零售总额的平均发展速度为

$$\bar{x}_G = \sqrt[n]{\prod x} = \sqrt[5]{113.7\% \times 117.7\% \times 128.4\% \times 130.5\% \times 126.8\%}$$
$$= \sqrt[5]{2.843} = 123.2\%$$

该地区2011—2015年社会消费品零售总额的平均增减速度为

$$123.2\% - 1 = 23.2\%$$

【例8-13】若某地区2010年和2015年的社会消费品零售总额分别为7 250.3亿元、20 620亿元。试计算该地区2010—2015年的平均发展速度。

解：该地区2010—2015年的平均发展速度为

$$\bar{x}_G = \sqrt[n]{\frac{a_n}{a_0}} = \sqrt[5]{\frac{20\ 620}{7\ 250.3}} = \sqrt[5]{2.844} = 123.2\%$$

【例8-14】已知某地区2010—2015年社会消费品零售总额的总发展速度（即2015年的定基发展速度）为284.4%，试计算该地区2010—2015年社会消费品零售总额的平均发展速度。

解：2010—2015年社会消费品零售总额的平均发展速度为

$$\bar{x}_G = \sqrt[n]{R} = \sqrt[5]{2.844} = 123.2\%$$

计算结果表明，用以上三个公式计算的平均发展速度相同（若存在小数不一致的情况，则是由计算过程中四舍五入造成的）。

以上计算平均发展速度的三个公式，虽然形式不同，但其实质与计算结果均完全相同。计算平均发展速度，究竟采用哪个公式，主要取决于所掌握的资料。

【例8-15】某地区2010年GDP为59.05亿元，已知按每年107.5%的平均发展速发展，试计算2015年该地区GDP将达到的水平。

解：2015年该地区GDP将达到的水平为

$$a_n = a_0 \times \bar{x}_G^n = 59.05 \times 1.075^5$$
$$= 59.05 \times 1.435\ 6 = 84.77(亿元)$$

【例8-16】某地区2010—2013年进出口贸易总额的平均发展速度为107%，2014—2015年的平均发展速度为108.2%，试计算该地区2010—2015年进出口贸易总额的平均发展速度。

解：该地区2010—2015年进出口贸易总额的平均发展速度为

$$\bar{x}_G = \sqrt[\sum f]{\bar{x}_1^{f_1} \cdot \bar{x}_2^{f_2} \cdots \bar{x}_n^{f_n}} = \sqrt[5]{1.07^3 \times 1.082^2} = 107.5\%$$

由此可见，用水平法计算平均发展速度，侧重于考查中长期计划的期末发展水平，这种方法比较适宜对钢产量、粮食产量、GDP等水平指标的平均发展速度进行计算。采用水平法时可以直接用期末水平与期初水平资料进行计算，其优点是简便易算，但未考虑中间各期水平。当中间各期水平波动较大时，各环比发展速度的差异也较大。此时，用几何平均法计算的平均发展速度就不能确切地反映实际的发展过程。

(2) 累计法

累计法又称为方程式法，其基本思路是通过求解高次方程的正根来计算平均发展速度。这种方法的出发点是：从现象的最初水平出发，各期均按平均发展速度发展，并令各期的理论水平之和与各期的实际水平之和相等，即

$$a_0 \bar{x}_G^1 + a_0 \bar{x}_G^2 + \cdots + a_0 \bar{x}_G^n = a_1 + a_2 + \cdots a_{n-1} + a_n$$

整理得

$$a_0 (\bar{x}_G^1 + \bar{x}_G^2 + \cdots + \bar{x}_G^n) = \sum_{i=1}^{n} a_i$$

$$\bar{x}_G^1 + \bar{x}_G^2 + \cdots + \bar{x}_G^n = \sum_{i=1}^{n} \frac{a_i}{a_0}$$

解此方程，求出 $\bar{x}$ 的正根，即为累计法求得的平均发展速度。这种计算过程不胜其烦，在实际工作中，已编制了平均发展速度查对表，可根据年限和各年发展水平总和为基期的百分比 $\sum_{i=1}^{n} \frac{a_i}{a_0}$ 直接查表求得平均发展速度。示例如表 8-12 所示。

高次方程法考虑的是总体各期发展水平的总和，并未考虑每期水平的分布状况，所以只要 $\sum_{i=1}^{n} \frac{a_i}{a_0}$ 的数值确定了，$\bar{x}$ 也就随之确定，这是利用累计法求解平均发展速度时应注意的问题。

表 8-12 累计法递增速度查对表（1~5 年）

平均每年增减百分比/%	各年发展水平总和为基期的百分比/%				
	1 年	2 年	3 年	4 年	5 年
21.1	121.10	267.75	445.34	660.40	920.84
21.2	121.20	268.09	446.12	661.80	923.00
21.3	121.30	268.44	446.92	663.42	926.03
21.4	21.40	268.78	447.70	664.91	928.60
21.5	121.50	269.12	448.48	666.40	931.17
21.6	121.60	269.47	449.28	667.93	933.81
21.7	121.70	269.81	450.06	669.42	936.38

由此可见，用累计法计算平均发展速度，侧重于考查中长期计划各期水平的总和，即计划期间的累计总量。这种方法适用于计算基本建设投资额、新增固定资产额、住宅建筑面积、造林面积等指标的平均发展速度。

应用几何平均法和累计法两种方法求解平均发展速度的出发点是不同的，前者重于考查现象的末期水平，而后者着重于考查现象各期发展水平的累计总和。因此，对于同一资料，采用两种不同的方法计算平均发展速度，一般来说其结果是不相同的，只有当各期环比发展速度相等时，这两种方法计算的结果才会相等。

从理论上讲，平均发展速度是指时间数列中各期环比发展速度的动态平均数，它表明社会

经济现象在一个较长时期内逐期发展变化的平均程度；而平均增减速度是指时间数列中各期环比增减速度的动态平均数，它表明社会经济现象在一个较长时期内逐期增减的平均程度。

但是，从计算平均速度的方法看，平均增减速度并不能根据各期环比增减速度直接计算，而是应先计算平均发展速度；然后，根据平均发展速度与平均增减速度的关系来计算平均增减速度，即平均增减速度 = 平均发展速度 − 1。

因此，所谓平均速度指标的计算方法问题，实际上是指平均发展速度的计算。

5. 水平分析与速度分析的结合与应用

水平分析与速度分析都是利用一系列统计指标对现象进行动态分析，但两种分析各有不同的侧重点，分析结果的表现形式也各不相同。在实际应用中，为了全面认识现象变化特征，往往需要将这两种分析结合运用，具体地说，应注意以下几个问题。

(1) 正确选择基期

各种速度指标和增减水平指标都是在一定基期水平上计算的。进行这些计算和分析时，首先要根据研究目的，正确选择基期。例如，分析我国改革开放以来的变化，往往以1980年为基期；分析我国加入WTO之后的经济发展变化，则可将2000年或2001年作为基期。基期的选择一般要避开异常时期。如果基期水平因为异常因素的影响而过高或过低，那么相应的水平分析和速度分析就会失去分析意义或给人以错误的印象。

(2) 注意数据的同质性

速度分析要求时间数列中的数据是同质的。首先，不容许有零和负数，否则就不适宜计算速度，而只能用绝对数进行水平分析。例如，对利润额、净资产数额等经济指标进行分析时，就可能遇到这类情况。其次，如果现象在某个阶段内的发展非常不平衡，大起大落，就会降低甚至丧失平均速度的代表性和意义。这一点对于水平分析中的平均发展水平和平均增减量也同样适用。

(3) 将总平均发展速度与分段平均发展速度及环比发展速度结合起来进行分析

总平均发展速度概括反映现象在较长一段时期内的平均变化程度，现象在各个较短的发展阶段上的变化又各有其特殊性。因此，分析总平均发展速度时，有必要结合各个特定历史时期的分段平均发展速度来深入分析，甚至可利用典型时期的环比发展速度来补充说明。

(4) 将水平与速度结合起来进行分析

一般而言，基期水平低，容易产生高速度；基期水平高，速度就相对低。因此，高速度可能掩盖低水平，而低速度又可能隐藏高水平。为了对现象的动态做正确分析，既要考虑速度的快慢，也要考虑实际水平的高低，把相对速度与绝对水平结合起来进行分析。为此，可通过计算增长1%绝对值来补充说明增减速度。

8.3 时间数列趋势分析与预测

8.3.1 时间数列的影响因素及组合模型

1. 时间数列的影响因素

任何现象的观察值都会随时间的推移而发生变化，影响观察值变化的因素是错综复杂的，在诸多影响因素中，有的因素长期起作用，有的因素在短期内起作用，有的因素只是偶然发挥作用。例如，一个国家的经济受劳动力、资源和生产力水平的长期稳定影响，同时也受自然灾害、国际环境、政治因素等非长期因素的影响。在分析时间数列的变动规律时，很难精确地将这些因素的影响加以区分，但是可以对这些影响因素进行归纳分类，以更好地揭示时间数列变动的规律性。通常可以将时间数列的影响因素归纳为四类：长期趋势、季节变动、循环变动和不规则变动。

(1) 长期趋势

长期趋势是现象在较长时间内呈现出来的某种持续发展的趋势或状态。长期趋势是某种固定性因素作用于序列形成的，这种趋势可能是线性的（即不断增长或不断下降的直线形态），也可能是非线性的（即观察点呈曲线形态）。例如，中国的GDP在改革开放以后呈现出来的增长趋势、居民人均可支配收入的增长趋势、企业单位成本下降的趋势等。

(2) 季节变动

季节变动是现象观察值在一年之内随季节变化而呈现出来的周期性波动。一般意义上的季节，是由自然因素影响产生的。从更广泛的意义上讲，由社会、政治、经济、自然等因素引起现象在一年之内有规律地重复变动都可以称为季节变动。受季节性因素影响的现象非常多，如农产品收购、冰淇淋销售、服装销售、旅游等。研究现象在一年内的季节变动规律，至少需要三周期的资料；以年度为单位的数据则不能观察季节变动。

(3) 循环变动

循环变动是现象在较长时间内（通常在一年以上）呈现出的波浪式的起伏变动。与趋势变动不同的是，循环变动不是朝着一个方向的持续运动，而是涨落相间的交替变动，如经济周期波动不断重复着上升、顶峰、下降、低谷的过程；与季节变动不同的是，循环变动的周期不是一年，而是一年以上并且无固定的周期长度。

(4) 不规则变动

不规则变动是一种随机波动，是由偶然因素引起的时间数列波动。这些偶然因素有自然灾害、战争、流行病、政治事件等。不规则变动往往是不可预测的、不重复的在短时期内发挥影响。

对某一个时间数列来说，这四个因素可能同时存在，也可能单独存在。

2. 时间数列的组合模型

时间数列分析的目的就是对以上四个影响因素进行测定，揭示现象变动的规律性，为认识和预测事物的发展提供依据。按照四个影响因素影响方式的不同，可以设定不同的组合模型，通常有乘法模型、加法模型和混合模型三种。通常，以 Y 表示时间数列的指标数值；以 T 表示长期趋势成分；以 S 表示季节变动成分；以 C 表示循环变动成分；以 I 表示不规则变动成分。

乘法模型、加法模型和混合模型的表现形式如下：

$$乘法模型：Y = TSCI$$

$$加法模型：Y = T + S + C + I$$

$$混合模型：Y = T + I$$

$$Y = S + T$$

乘法模型的假定前提是时间数列的四个影响因素是相互影响的，时间数列中的每个观察值是它们交互作用的结果。时间数列的总变动是各因素变动的乘积。此乘法模型中，Y 和 T 为总量指标，S、C、I 是比率，用百分数表示；S、C、I 均取正值，但它们在1附近上下波动。利用乘法模型可以将四个影响因素很容易地从时间数列中分离出来，因此，乘法模型在时间数列分析中被广泛应用。

加法模型的假定前提是时间数列的四个影响因素相互独立地发挥作用，时间数列的总变动是各影响因素变动的总和。在加法模型中，Y 和 T 为总量指标，S、C、I 分别是季节变动、循环变动、不规则变动对长期趋势产生的偏差，或是正值，或是负值。

混合模型为乘法模型和加法模型的结合。

8.3.2 长期趋势变动分析

时间数列的长期趋势是就一个较长的时期而言的，一般来说，分析长期趋势所选的时期越长越好。对长期趋势的测定和分析，是时间数列的重要工作，其主要目的有三个：一是为了认清现象随时间发展变化的趋势和规律性；二是为了对现象未来的发展趋势做出预测；三是为时间数列中剔除长期趋势成分，以便分解出其他类型的影响因素。

长期趋势分析就是采用适当的方法对时间数列进行修匀，使修匀后的数列排除季节变动、循环变动和不规则变动的影响，显示出现象变动的基本趋势，以便认识和掌握现象发展变化规律，对未来的状况进行预测和分析。

长期趋势分析有线性趋势分析和非线性趋势分析；时间数列趋势的测定方法有时距扩大法、移动平均法、指数平滑法和线性模型法等。

1. 线性趋势分析

线性趋势分析是现象随时间的推移而呈现出的稳定增长或下降的线性变化规律。线性趋势的分析方法有很多，这里介绍几种常用方法。

（1）时距扩大法

时距扩大法是测定长期趋势最原始、最简单的方法。它是将原始时间数列中较小时距的若干个数据加以合并，得到较大时距单位的数据。当原时间数列中各指标数值上下波动，使现象变化规律表现不明显时，可通过扩大数列时间间隔来抵消较小时距数据所受到的偶然因素的影响，以反映现象发展的长期趋势。

【例8-17】根据表8-13的数据，用时距扩大法分析某商场2015年销售额的长期趋势。

表8-13 某商场2015年各月销售额

月份	1	2	3	4	5	6	7	8	9	10	11	12
月销售额/万元	91	70	84	83	80	91	86	96	94	98	96	101

从表8-13所给资料可以看出，该商场2015年各月销售额有高有低，但总的来说是增长的。本例将以月为时距的时间数列合并为以季为时距的时间数列，结果如表8-14所示。原时间数列中不能很好地观察出长期趋势，而扩大时间间距后的新时间数列可以明显地看出该商场的销售额所呈现的长期趋势（增长趋势）。

表 8-14　据时距扩大法计算的某商场 2015 年各季销售额的长期趋势

销售额	一季度	二季度	三季度	四季度
季销售额/万元	245	254	276	295
月平均销售额/万元	81.67	84.67	92	98.33

时距扩大法的优点是简便直观。但是它的缺点也很突出，扩大间距后形成的新时间数列比原数列的数据少，信息大量流失，不便于进一步分析。

（2）移动平均法

移动平均法是对时距扩大法的一种改良。它是采取逐期递推移动的方法对原数列按一定时距扩大，得到一系列扩大时距的平均数。它的原理和时距扩大法类似，通过扩大时距来消除时间数列中的不规则变动和其他变动，以揭示时间数列的长期趋势。移动平均法较时距扩大法的优点在于其可以保留更多的数据信息，对原时间数列的波动起到一定的修匀作用。移动平均法的具体使用步骤如下：

第一步，扩大原时间数列的时间间隔，选定一定的时距项数 N。

第二步，采用递推移动的方法对原数列依次移动 N 项并计算一系列序时平均数。

【例 8-18】如表 8-15 所示，为某钢铁企业 2006—2015 年钢材产量及其 3 项移动平均和 4 项移动平均的计算结果。

表 8-15　某钢铁企业 2006—2015 年钢材产量及其 3 项移动平均和 4 项移动平均的计算结果

年份	钢材产量/万吨	3 项移动平均/万吨	4 项移动平均/万吨	4 项移动平均正位/万吨
2006	2.86	—	—	—
2007	2.83	2.91	3.02	—
2008	3.05	3.07	3.10	3.06
2009	3.32	3.19	3.21	3.16
2010	3.21	3.26	3.33	3.27
2011	3.25	3.33	3.47	3.40
2012	3.54	3.55	3.68	3.58
2013	3.87	3.82	3.82	3.75
2014	4.07	3.91	—	—
2015	3.79	—	—	—

在 3 项移动平均中

$$T_{2007} = \frac{T_{2006} + T_{2007} + T_{2008}}{3} = \frac{2.86 + 2.83 + 3.05}{3} = 2.91$$

$$T_{2008} = \frac{T_{2007} + T_{2008} + T_{2009}}{3} = \frac{2.83 + 3.05 + 3.32}{3} = 3.07$$

……

4项移动平均与3项移动平均不同,4项移动平均要求移动两次,但第一次移动的趋势值也是按照上述方法计算,即

$$T_1 = \frac{T_{2006} + T_{2007} + T_{2008} + T_{2009}}{4} = \frac{2.86 + 2.83 + 3.05 + 3.32}{4} = 3.02$$

$$T_2 = \frac{T_{2007} + T_{2008} + T_{2009} + T_{2010}}{3} = \frac{2.83 + 3.05 + 3.32 + 3.21}{4} = 3.10$$

...

然后,再对以上计算出的趋势值进行2项移动平均得到某时间点趋势值,即

$$T_{2008} = \frac{T_1 + T_2}{2} = \frac{3.02 + 3.10}{2} = 3.06$$

$$T_{2009} = \frac{T_2 + T_3}{2} = \frac{3.10 + 3.21}{2} = 3.16$$

...

从上例中可以看出,移动平均法具有以下特点:

1)时距项数越大,对时间数列的修匀效果越强。3项移动平均的波动明显小于原数列,一些小波动仍然存在;4项移动平均进一步削弱了波动,时间数列持续上升的长期趋势表现较为明显。

2)当移动平均的时距项数N为奇数时,只需一次移动平均,其移动平均值作为移动平均项中间时期的趋势代表值;当移动平均的时距项数N为偶数时,移动平均值代表的是偶数项的中间位置水平,无法对正某一时期,所以需要依次将相邻两项再次移动平均,如此才能使平均对正某一时期值。第二次移动平均称为移正平均,也称中心化的移动平均数。

3)N的选择要考虑周期性波动的周期长短,平均时距N应与周期长度一致。当时间数列包含季节变动时,移动平均的时距项数N应与季节变动长度一致,一般为4个季度或12个月。

4)移动平均以后,其数列的项数较原数列少。当原数列的项数为N项时,移动N项,移动后的新数列项数为$N-(n-1) = N-n+1$项,比原序列项数减少$n-1$项。

5)虽然移动项数越多,修匀效果越好,但是移动项数过多,会造成数据丢失增加。所以,应综合地考虑以上几个特点来选择合适的移动平均时距项数。

(3)指数平滑法

指数平滑法把过去时间数列值的加权平均数作为趋势值,它是加权移动平均法的一种特殊情形。其基本形式是根据本期的实际值Y_t和本期的趋势值$\hat{Y}_t$分别以不同权数α和$1-\alpha$计算加权平均数来作为下期的趋势值$\hat{Y}_{t+1}$。观测时间越远,其权数越小;观测时间越近,其权数越大。指数平滑法的基本模型为

$$\hat{Y}_{t+1} = \alpha Y_t + (1-\alpha)\hat{Y}_t$$

式中,$\hat{Y}_{t+1}$表示时间数列第$t+1$期趋势值;Y_t表示时间数列第t期的实际值;$\hat{Y}_t$表示时间列第t期的趋势值;α表示平滑系数($0<\alpha<1$)。

利用指数平滑法模型进行预测,从基本模型中可以看出,只需一个t期的实际值Y_t,一个t期的趋势值$\hat{Y}_t$和一个α值。利用指数平滑法模型进行预测时,所用数据量和计算量都

很少，这是移动平均法所不能及的。

指数平滑法可分为一次指数平滑法和多次指数平滑法。本节介绍一次指数平滑法的应用。

【例 8-19】 某公司 2015 年前八个月的销售额见表 8-16，试用指数平滑法进行长期趋势分析。已知 1 月份预测值为 150.8 万元，分别取 $\alpha=0.2$ 和 $\alpha=0.8$。预测结果见表 8-16。

表 8-16 某公司 2015 年前八个月的销售额预测

月份	实际销售额/万元	一次指数平滑预测值/万元	
		$\alpha=0.2$	$\alpha=0.8$
1	154	150.80	150.80
2	148	$0.2\times154+(1-0.2)\times150.8=151.44$	153.56
3	142	150.75	149.07
4	151	149.00	143.41
5	145	149.40	149.48
6	154	148.52	145.90
7	157	149.62	152.38
8	151	151.10	156.08
9	—	151.08	152.02

一次指数平滑法比较简单，但也有问题，由【例 8-19】可看出，α 值和初始值的确定是关键，它们直接影响趋势值误差的大小。

在应用指数平滑法时，选择合适的平滑系数是非常重要的。选择是否得当，直接影响预测结果。α 值越大，说明预测越依赖于近期信息；α 值越小，则表示预测越依赖于历史信息。选择平滑系数 α 值时，一个总的原则是使预测值与实际观察值之间的误差最小。理论上，α 值取 [0,1] 的任意数据均可。具体如何选择，则要视时间数列的变化趋势决定。

1) 当时间数列呈较稳定的水平趋势时，α 应取得小一些，如从 [0.1, 0.3] 选取，以减小修正幅度。这时，各期观察值的权数差别不会太大，且预测模型能包含更长时间数列的信息。

2) 当时间数列波动较大时，宜选择居中的 α 值，如从 [0.3, 0.5] 选取。这时，模型能迅速地根据当前的信息对预测进行大幅度的修正。

3) 当时间数列波动很大，呈现明显的上升或下降趋势时，α 值应取得大一些，如从 [0.6, 0.8] 选取。这样能使预测模型灵敏度更高，以迅速跟上实际数据的变化。

4) 在实际预测中，可取几个 α 值进行试算，比较预测误差，最终选择误差最小的那个 α 值。

初始值的确定：如果时间数列观察期 N 大于 15，则经过长期平滑链的推算，初始值的影响变得相对较小，为了简便起见，可用第一期水平作为初始值。但是如果 N 小于 15，则初始值的影响较大，可以选用最初几期的平均数作为初始值。

（4）线性模型法

线性模型法也称直线趋势方程拟合法，就是根据时间数列发展形态的特点，选择一种合适的数学方程式，进而以 t 代表时间，以 y 代表实际观测值，然后依据此方程来分析长期趋势的方法。

要拟合一条符合上述要求的趋势线，最合理的方法就是最小二乘法（最小平方法），它既适用于直线拟合，也适用于曲线拟合。直线趋势方程为

$$y_c = a + bt$$

式中，y_c 表示时间数列的趋势值；t 表示时间；a 表示直线趋势方程的起点值；b 表示直线趋势方程的斜率，即 t 每变动一个单位时，长期趋势值增加（或减少）的数值。

下面利用最小二乘法来求解参数 a、b。

令 $Q = \sum(y - a - bt)^2$，为使其最小，需对 a 和 b 求偏导并令偏导数等于 0，整理得

$$\begin{cases} \sum y = na + b\sum t \\ \sum ty = a\sum t + b\sum t^2 \end{cases}$$

解得

$$\begin{cases} b = \dfrac{n\sum ty - \sum t \sum y}{n\sum t^2 - \sum (t)^2} \\ a = \bar{y} - b\bar{t} \end{cases}$$

式中，n 表示时间的项数；$\bar{y} = \dfrac{\sum y}{n}$；$\bar{t} = \dfrac{\sum t}{n}$；其他符号所代表的意义同前。

【例 8-20】用某省 2010—2014 年"十一黄金周"国内人均旅行消费数据建立直线趋势方程并进行长期趋势分析，如表 8-17 所示。

表 8-17 某省 2010—2014 年"十一黄金周"国内人均旅行消费数据最小二乘法计算表

年份	时间序号 t	消费 y/元	t^2	ty	y_c
2010	1	1 217	1	1 217	1 219.2
2011	2	1 343	4	2 686	1 314.8
2012	3	1 362	9	4 068	148.4
2013	4	1 509	16	6 036	1 506.0
2014	5	1 621	25	8 105	1 601.6
合计	15	7 052	55	22 112	7 052.0

由表 8-17 得

$$\sum t = 15, \sum y = 7\,052, \sum t^2 = 55, \sum ty = 22\,112$$

代入公式得

$$b = \frac{n\sum ty - \sum t \sum y}{n\sum t^2 - \sum(t)^2} = \frac{5 \times 22\,112 - 15 \times 7\,052}{5 \times 55 - 15 \times 15} = 95.6$$

$$a = \bar{y} - b\bar{t} = \frac{7\,052}{5} - 95.6 \times \frac{15}{5} = 1\,123.6$$

从而求得直线趋势方程为

$$y_c = 1\,123.6 + 95.6t$$

把各 t 值代入上式，便可求得相对应的趋势值 y_c，详见表 8-17。这里需要指出的是，表 8-17 "十一黄金周"国内人均旅行消费数据用直线趋势拟合，是因为各年的逐期增减量大体相当，具备了直线型时间数列的特征。

在对时间数列按最小二乘法进行直线趋势拟合运算时，为使计算简便，可以用坐标移位法将原点 O 移到时间数列的中间项，使 $\sum t = 0$（即简捷法）。当时间数列的项数 N 为奇数时，可以取中间项的时间顺序号为 0，中间项以前的时间序号从中间往前依次为 -1，-2，-3，…，中间项以后的时间序号从中间往后依次为 1，2，3，…；当时间数列的项数 N 为偶数时，将最中间的两项分别设为 -1，1，然后从中间到两边，以前各期依次取 -3，-5，-7，…，以后各期依次取 3，5，7，…。这样，求解公式便可简化为

$$\begin{cases} b = \dfrac{\sum ty}{\sum t^2} \\ a = \dfrac{\sum y}{n} \end{cases} \text{（简捷法公式）}$$

用简捷法公式计算的直线趋势方程和标准方程组求出的方程实际上是同一条趋势线，所不同的是原点的位置，原点改变后的趋势值和原点改变前的趋势值是相等的。

同一资料按简捷法公式计算，有

$$b = \frac{\sum ty}{\sum t^2} = \frac{974}{10} = 97.4$$

$$a = \frac{\sum y}{n} = \frac{7\,052}{5} = 148.4$$

即

$$y_c = 148.4 + 97.4t$$

将各 t 值代入上式，便可求得各年的趋势值 y_c，详见表 8-18。

利用最小二乘法对原数列进行长期趋势测定时，通过趋势值来修匀原数列，会得到比较接近原值的趋势值。此外，还可利用所求直线趋势方程对近期的数列做出预测。

例如，根据表 8-17 求出直线趋势方程，并将 $t=6$ 代入，便能预测该省 2015 年的国内人均旅行消费数据，即

$$y_c = 1\,123.6 + 95.6t = 1\,123.6 + 95.6 \times 6 = 1\,697.2(\text{元})$$

根据表 8-18 求出直线趋势方程，并将 $t=3$ 代入，便能预测该省 2015 年的国内人均旅行消费数据，即

$$y_c = 148.4 + 97.4 \times 3 = 1\,702.6(\text{元})$$

表 8-18 某省 2010—2014 年 "十一黄金周" 国内人均旅行消费数据最小二乘法计算表（简捷法）

年份	时间序号 t	消费 y/元	t^2	ty	y_c
2010	-2	1 217	4	-2 434	1 215.6
2011	-1	1 343	1	-1 343	1 313.0
2012	0	1 362	0	0	148.4
2013	1	1 509	1	1 509	1 507.8
2014	2	1 621	4	3 242	1 605.2
合计	15	7 052	10	974	7 052.0

需要注意的是，这里的直线趋势方程 $y_c = a + bt$ 不涉及变量 t 与变量 y 之间的任何因果关系，也没有考虑误差的任何性质，因此它仅仅是一个直线拟合公式。同时还需指出，作为较长期的一种趋势，利用所拟合的数学方程式进行预测时，必须假定影响趋势变化的因素到预测年份仍起作用。上面的例题只是为了说明分析计算的方法，简便起见，一般选用的数据都比较少，实际应用时，应丰富数据以便更好地反映长期趋势。

2. 非线性趋势分析

当时间数列各时期的数值随时间而不同，且各时期的变化率或趋势线的斜率有明显变动但又有一定规律性时，现象的长期趋势就不再是线性，而可能是非线性。

现象的非线性趋势的形式多种多样，这里只介绍常见的抛物线型和指数曲线型。

（1）抛物线型

如果时间数列二级增减量（即各期增减量的逐期增减量）大体相同，表明现象变化趋势是一个弯曲的曲线，则可用抛物线方程拟合一条合适的曲线。建立的趋势方程为

$$y_c = a + bt + ct^2$$

方程中有三个待定参数，根据最小二乘法，可得如下标准方程组，即

$$\begin{cases} \sum y = na + b\sum t + c\sum t^2 \\ \sum ty = a\sum t + b\sum t^2 + c\sum t^3 \\ \sum t^2 y = a\sum t^2 + b\sum t^3 c\sum t^4 \end{cases}$$

解此方程组，求出参数 a、b、c，就可得到抛物线的趋势方程。

与直线趋势分析一样，抛物线趋势分析也可用简捷法解出参数以建立抛物线的趋势方程。若将原数列的中点移至坐标原点，使 $\sum t = 0$，则标准方程组可简化为

$$\begin{cases} \sum y = na + c\sum t^2 \\ \sum ty = b\sum t^2 \\ \sum t^2 y = a\sum t^2 + c\sum t^4 \end{cases}$$

解此方程组，求出参数 a、b、c，也可得到方程。得到抛物线的趋势方程后，即可计算出各个时期趋势值，进行分析预测。

（2）指数曲线型

当现象发展水平的每期按大体相等的增减速度变化时，时间数列适宜拟合指数曲线。建立的指数曲线趋势方程为

$$y_c = ab^t$$

式中，a 表示修匀数列的初始水平；b 表示单位时间内趋势值的发展速度。

由于指数曲线具有如下特性

$$Y_t = ab^t, y_{t+1} = ab^{t+1}, \frac{Y_{t+1}}{Y_t} = \frac{ab^{t+1}}{ab^t} = b$$

所以，当时间数列的各期数值大致按某一相同比率增减时，可以考虑拟合指数方程。联系常用的复利公式：$P_n = P_0 (1+r)^n$，令 $Y_t = P_t$，$a = P_0$，$b = 1+r$，$n = t$，则复利公式与指数方程完全一致，可见指数曲线是一种常用的典型趋势线。

为估计参数 a、b，可在 $y_c = ab^t$ 两边同时取对数，即 $\ln Y = \ln a + t \ln b$，令 $Y' = \ln Y$、$a' = \ln a$、$b' = t \ln b$，可将指数曲线方程转化为直线形式，即

$$y' = a' + b'^t$$

先按照最小二乘法估计出 a' 和 b'，再取反对数得参数 a、b 的估计值，进而得到指数曲线趋势方程，计算出各个时期的趋势值，进行趋势分析。

3. 季节变动分析

季节变动是指一些现象由于受自然条件或经济条件的影响在一个年度内随季节的更替而发生比较有规律的变动。例如，农产品的生产量、某些商品的销售量会因时间的变化而分为农闲农忙、淡季旺季。季节变动往往会给社会生产和人民的经济生活带来一定影响。测定季节变动的意义主要在于通过分析与测定过去的季节变动规律，为当前的经营管理决策提供依据，以避免由于季节变动引起不良影响。分析与测定季节变动规律还可以预测未来，制订计划，以便提前做好合理安排。

根据是否排除长期趋势的影响，测定季节变动的方法可分为两种：一是不排除长期趋势的影响，直接根据原时间数列来测定；二是依据消除长期趋势后的时间数列来测定。前者常用同期平均法，后者常用趋势剔除法。但是，不管采用哪种方法，都需要具备连续多年的各月（季）资料，以保证所求的季节比率具有代表性，从而能比较客观地描述现象的季节变动。现将两种测定方法介绍如下。

（1）同期平均法

在现象不存在长期趋势或长期趋势不明显的情况下，一般直接用平均的方法通过消除循环变动和不规则变动来测定季节变动，在统计学中将这种方法称为同期平均法。

这种方法是测定季节变动最简便的方法，其特点是测定季节变动时，不考虑长期趋势的影响。它是以若干年资料数据求出同月（季）的平均水平与全年各月（季）水平，用二者对比得出各月（季）的季节指数以表明季节变动的程度。季节指数是用来刻画数列在一个年度内各月或季的典型季节特征，反映某一月份或季度的数值占全年平均数值的大小。如果现象的发展没有季节变动，则各期的季节指数应等于 100%；如果某一月份或季度有明显的

季节变化,则各期的季节指数应大于或小于100%。季节变动的程度是根据各季节指数与其平均数(100%)的偏差程度来测定的。

同期平均法的具体步骤如下:

第一步,列表,将各年同月(季)的数值列在同一纵栏内;

第二步,将各年同月(季)数值加总,求出月(季)平均;

第三步,将所有月(季)数值加总,求出总的月(季)平均;

第四步,求季节指数,即 S = 各月(季)平均/全期各月(季)平均 100%。

【例8-21】某商场某品牌彩色电视机2011—2015年月度销售量资料如表8-19所示,试用同期平均法进行变动分析。

表8-19 某商场某品牌彩色电视机2011—2015年月度销售量

月份	1	2	3	4	5	6	7	8	9	10	11	12	合计
2011年/台	10	50	80	90	50	20	8	9	10	60	50	20	457
2012年/台	15	54	85	93	51	22	9	9	11	75	54	22	500
2013年/台	22	60	88	95	56	23	9	10	14	81	51	23	532
2014年/台	23	64	90	94	60	30	11	12	15	85	59	25	573
2015年/台	25	70	93	98	62	32	13	14	19	90	61	28	605
同月合计/台	95	298	436	475	279	127	50	54	69	391	275	118	2 667
月平均/台	19	60	87	95	56	25	10	11	14	78	56	24	44.45
季节比率/%	43	134	196	213	125	57	22	24	31	176	126	53	1 200

第一步,列表,将各年同月的数值列在同一栏内;

第二步,将各年同月数值加总,求出月平均;

第三步,将所有月数值加总,求出总的月平均,即

$$总的月平均 = \frac{2\,667}{60} = 44.45(台)$$

第四步:求季节指数,即

$$S = \frac{各月(季)平均}{全期各月(季)平均} \times 100\%$$

从表中数据可知,2月、3月、4月、5月、10月、11月的季节指数均大于100%,是销售的旺季,其他月份的季节指数均小于100%,是销售的淡季。

假设2016年该商场销售的彩色电视将比2015年增加5%,即达到605×(1+5%) = 635.25(台)。若要利用季节比率对各月的销售量进行预测,则可先将635.25量除以12,再乘以各月的季比率求得。例如,1月份预测值 = 635.25/12×43% = 22.76(台)。

同期平均法计算简便,易于理解。但不能消除时间数列所包含的长期趋势和循环波动。因此,当时间数列存在明显的长期趋势时,该方法的季节指数不够准确。当时间数列在剧烈的上升趋势时,年末季节指数明显高于年初的季节指数;当时间数列存在下降趋势时,年末季节指数明显低于年初的季节指数。此时,不宜用同期平均法进行季节变动分析,而应该用

趋势剔除法来测定其季节变动。

(2) 趋势剔除法

在具有明显的长期趋势变动的数列中,为了测定季节变动,必须先将长期趋势变动因素剔除。假定长期趋势、季节变动、循环变动和不规则变动对数列的影响可以用乘法模型反映。为了精确计算季节指数,首先设法从数列中消除趋势因素(T),然后用平均的方法消除循环变动(S),进而分解出季节变动成分。其具体步骤如下:

第一步,计算移动平均值(季度数据采用 4 项移动平均,月份数据采用 12 项移动平均),并将结果进行中心化处理,得到各期的长期趋势值 T。

第二步,计算移动平均的比值,即将数列的各观察值除以相应的中心化移动平均值,得到包含循环变动和不规则变动的季节变动指数。

第三步,用平均的方法消除循环变动和不规则变动,计算出各比值的季度(或月份)平均值,即季节指数。

第四步,调整季节指数。各季节指数的平均数应等于 1 或 100%,若根据第三步计算的季节比率的平均值不等于 1,则需要进行调整,具体方法是:将第三步中计算的每个季节比率的平均值除以它们的总平均值。

【例 8-22】按趋势剔除法计算表 8-20 中某企业各季销售额的季节指数。

表 8-20　某企业各季销售额

季度	一	二	三	四
第一年/亿元	4.8	4.1	6.0	6.5
第二年/亿元	5.8	5.2	6.8	7.4
第三年/亿元	6.0	5.6	7.5	7.8
第四年/亿元	6.3	5.9	8.0	8.4

首先,利用移动平均法求得长期趋势值 T,然后利用公式 $S \times C \times I = Y/T$ 计算各季包含了循环变动和不规则变动的季节变动指数,结果如表 8-21 所示。

表 8-21　企业销售额季节指数计算表(一)

项目	季度	销售额 Y/亿元	移动平均	修正平均	季节变动指数(包括循环变动、不规则变动)$S \times C \times I = Y/T$
第一年	一	4.8			
	二	4.1	5.350		
	三	6.0	5.600	5.475	1.096
	四	6.5	5.875	5.738	1.113

续表

项目	季度	销售额 Y/亿元	移动平均	修正平均	季节变动指数（包括循环变动、不规则变动）$S \times C \times I = Y/T$
第二年	一	5.8	6.075	5.975	0.971
	二	5.2	6.300	6.188	0.840
	三	6.8	6.350	6.325	1.075
	四	7.4	6.450	6.400	1.156
第三年	一	6.0	6.625	6.538	0.918
	二	5.6	6.725	6.675	0.839
	三	7.5	6.800	6.730	1.109
	四	7.8	6.875	6.838	1.141
第四年	一	6.3	7.000	6.938	0.908
	二	5.9	7.150	7.075	0.834
	三	8.0			
	四	8.4			

其次，利用同期平均法计算销售额的季节指数，消除循环变动和不规则变动。求得的季节指数分别是 0.932、0.838、1.093、1.137，如表 8-22 所示。

表 8-22　销售额季节指数计算表（二）

季节变动指数 （包括循环变动、不规则变动）	一季度	二季度	三季度	四季度
第一年			1.096	1.113
第二年	0.971	0.840	1.075	1.156
第三年	0.918	0.839	1.109	1.141
第四年	0.908	0.834		
各季平均	0.932	0.838	1.093	1.137
季节指数/%	93.2	83.8	109.3	113.7

如果上一步求得的四个季节指数的平均数不为 1，则还需进行调整，即先求得四个季节指数的总平均数，再用四个季节指数与总平均数的比率作为最后的季节指数。该例题中上一步计算的四个季节指数的平均数已经为 1，所以不用再进行调整。

4. 循环变动分析

循环变动是指变动周期大于一年、有一定规律的重复变动。循环变动的周期一般超过一年，且没有固定的变动期限或规律，很难事先预知。循环变动各个时期有不同的原因，变动程度也有自己的特点，这和季节变动基于大体相同的原因和相对稳定的周期形成对照，所以不能用测定季节变动的方法来研究循环变动。通常用剩余法来测定循环变动,其基本思想是:对各期资料用长期趋势和季节比率来消除趋势变动和季节变动,得到反映循环变动与不规则变动的数列;然后采用移动平均法消除不规则变动,便可得出反映循环变动程度的各期循环变动系数,即

$$Y = T \cdot S \cdot C \cdot I$$

$$\frac{Y}{T \cdot S} = \frac{T \cdot S \cdot C \cdot I}{T \cdot S} = C \cdot I$$

将 $C \cdot I$ 数列进行移动平均修匀,修匀后的数列即为各期循环变动的系数。

测定循环变动的程度,认识经济波动的某些规律,预测下一个循环变动可能产生的各种影响,以便充分利用有利因素,避免不利因素,这对保持国民经济持续稳定的发展具有重要意义。但是循环变动预测和长期趋势预测不同,循环变动预测属于景气预测,在很大程度上要依靠经济分析,仅对历史资料进行统计处理是不够的。

复习思考

1. 什么是季节变动?为什么要测定季节变动?
2. 变量数列与时间数列的区别是什么?
3. 简述动态平均数和一般平均数的区别。
4. 为什么平均发展速度不能用相对数时间数列的平均发展水平计算求得?
5. 什么是长期趋势?为什么要测定长期趋势?
6. 计算平均发展速度的水平法和累计法有何不同?
7. 时期数列和时点数列有何区别?

实践技能训练

1. 通过互联网、统计年鉴等,查询我国 2010—2015 年的 GDP 资料。要求:

(1) 借助 Excel 计算年平均 GDP、年平均增减量、年平均增减率(即年平均增减速度)。

(2) 建立趋势直线方程以反映 GDP 的长期发展趋势,并预测 2018 年的 GDP。

2. 调查本省或本市三年内各月的旅游支出资料;或选择一个企业,了解其三年内各月的销售量(额)资料。用季节变动分析方法分析旅游支出或企业销售量(额)的季节变动规律。

3. 分析预测社会消费品零售总额。

注:社会消费品零售总额(Total Retail Sales of Consumer Goods)是指批发和零售业、住宿和餐饮业以及其他行业直接售给城乡居民和社会集团的消费品零售额。其中,对居民的消费品零售额,是指售予城乡居民用于生活消费的商品金额;对社会集团的消费品零售额,是指售给机关、社会团体、部队、学校、企事业单位、居委会或村委会等,公款购买的用作非生产、非经营使用与公共消费的商品金额。在各类与消费有关的统计数据中,社会消费品零售总额是表现国内消费需求最直接的数据。它是反映各行业通过多种商品流通渠道向居民和社会集团供应的生活消费品总量,是研究国内零售市场变动情况、反映经济景气程度的重要指标。

表8-23是国家统计局公布的我国2006—2015年社会消费品零售总额数据。

表8-23 我国2006—2015年社会消费品零售总额

年份	2006	2007	2008	2009	2010	2011	2012	2013	2014	2015
社会消费品零售总额/万亿元	7.9	9.4	11.5	13.3	15.8	18.7	21.4	24.3	27.2	30.1

需要分析的问题：

(1) 制作社会消费品零售总额的变化趋势图；

(2) 选择适当的方法预测2018年的社会消费品零售总额；

(3) 分析社会消费品零售总额发展趋势对我国经济的影响。

知识能力训练

一、名词解释

1. 时间数列。

2. 相对数时间数列。

3. 平均数时间数列。

4. 发展水平。

5. 增减量。

6. 发展速度。

7. 增减速度。

8. 增长1%绝对值。

9. 序时平均数。

10. 平均增减量。

11. 平均发展速度。

12. 长期趋势。

13. 季节变动。

14. 不规则变动。

15. 循环变动。

16. 移动平均法。

二、单项选择题

1. 时间数列就是（   ）。

A. 将一系列统计指标按时间先后顺序排列起来

B. 将一系列不同统计指标按时间先后顺序排列起来

C. 将统计指标在不同时间上的数值按时间先后顺序排列起来

D. 将一系列相同统计指标按时间先后顺序排列起来

2. 时期数列中的指标数值是（   ）。

A. 每隔一定时间统计一次　　　　B. 连续不断统计而取得

C. 间隔一月统计一次　　　　　　D. 定期统计一次

3. 定基增减速度与环比增减速度的关系是（　　）。
   A. 定基增减速度等于各环比增减速度的连乘积
   B. 定基增减速度是各环比增减速度之和
   C. 各环比增减速度的连乘积加一等于定基增减速度加一
   D. 各环比增减速度加一后的连乘积等于定基增减速度加一

4. 一般平均数与动态平均数的共同之处是（　　）。
   A. 二者都是反映现象的一般水平
   B. 都是反映同一总体的一般水平
   C. 共同反映同质总体在不同时间上的一般水平
   D. 都可以消除现象波动的影响

5. 某企业 2017 年的产值比 2010 年增长了 1 倍，比 2015 年增长了 0.5 倍，则该企业 2015 年的产值比 2010 年增长了（　　）。
   A. 0.33　　　　　　　　　　　　B. 0.5
   C. 0.75　　　　　　　　　　　　D. 1

5. 假设有表 8-24 所示资料，则该企业一季度平均完成计划（　　）。

表 8-24　某企业一季度某产品生产资料

月份	1	2	3
某产品实际完成数	500	612	832
完成计划的比/%	100	102	104

   A. 102%　　　　　　　　　　　　B. 102.3%
   C. 97.3%　　　　　　　　　　　　D. 103%

7. 某企业 1 月、2 月、3 月、4 月各月的平均职工人数分别为 190 人、214 人、220 人和 232 人，则该企业一季度平均职人数为（　　）。
   A. 215 人　　　　　　　　　　　B. 208 人
   C. 222 人　　　　　　　　　　　D. 214 人

8. 某企业 2011—2015 年的工业总产值环比增长速度分别为 6.5%、7%、7.3%、7.5%、7.7%，则其平均增长速度为（　　）。
   A. 7.1%　　　　　　　　　　　　B. 107.09%
   C. 7.09%　　　　　　　　　　　D. 107.3%

9. 时间数列中的平均发展速度（　　）。
   A. 是各时期定基发展速度的动态平均数
   B. 是各时期环比发展速度的算术平均数
   C. 是各时期的环比发展速度的调和平均数
   D. 是各时期的环比发展速度的几何平均数

10. 已知某厂产品产量的环比发展速度：2013 年为 103.5%；2014 年为 104%；2016 年为 105%。且 2016 年产品产量的定基展速度为 116.4%，则该厂 2015 年产品产量的环比发展速度为（　　）。

A. 18.9% B. 113%
C. 101% D. 103%

11. 应用几何平均数计算平均发展速度主要是因为（　　）。

A. 各时期环比发展速度之和等于总速度

B. 各时期环比发展速度之积等于总速度

C. 几何平均法计算简便

D. 它和社会现象平均速度形成的客观过程一致

12. 用累计法推算平均发展速度，可使（　　）。

A. 推算的期末水平等于实际期末水平

B. 推算的各期水平等于各期实际水平

C. 推算的各期水平之和等于实际各期水平之和

D. 推算的累计增长量等于实际的累计增长量

13. 已知同一统计指标不同年度的数值顺序排列，欲求季节比率，则应采用（　　）。

A. 按月（季）平均法 B. 移动平均法
C. 上述两种方法都可以 D. 上述两种方法都不能

14. 采用移动平均法计算序时平均数的方法是（　　）。

A. 加权算术平均数 B. 简单算术平均数
C. 几何平均法 D. 调和平均法

三、多项选择题

1. 按所排列的统计指标性质的不同，可以将时间数列分为（　　）。

A. 时点数列 B. 时期数列
C. 绝对数时间数列 D. 平均数时间数列
E. 相对数时间数列

2. 相对数时间数列可以是（　　）。

A. 两个时期数列之比

B. 两个时点数列之比

C. 一个时期数列和一个时点数列之比

D. 结构相对数构造的相对数时间数列

E. 强度相对数时间数列

3. 编制时间数列应遵循的原则有（　　）。

A. 时期长短应该相等

B. 总体范围应该一致

C. 指标经济内容应该相同

D. 指标的计算方法、计算价格和计量单位应该一致

E. 数列中的各个指标值具有可比性

4. 设某企业月末库存材料如表8-25所示：

表 8-25　某企业月末库存材料

月份	1	2	3	4	5
库存额/万元	10	11	13	12	10

则该时间数列具如下特点（　　）。

A. 数列中的各项指标数值可以相加

B. 数列中的各项指标数值不能相加

C. 数列中的每一指标数值大小与计算间隔长短存在直接关系

D. 数列中的每一指标数值大小与计算间隔长短不存在直接关系

E. 数列中的每一指标数值都是间隔一定时间登记一次

5. 下列表述不正确的有（　　）。

A. 在相对数时间数列中，各指标数值是不能相加的。而平均数时间数列中，各指标数值是可以相加的

B. 时间数列是以时间为分组标志而组成的分组数列，它是变量数列的一种

C. 与 2000 年相比，粮食产量增加了四倍，也就是翻了两番

D. 已知某市 2011—2015 年工业总产值的年增长速度分别为 4%、5%、9%、11% 和 6%，则这五年的平均增长速度为 6.97%

E. 时点数列一般都是不连续数列，但如果它的资料是逐日登记，且逐日排列的，这时就可以看成是连续时点数列

6. 时间数列的速度指标主要有（　　）。

A. 定基发展速度和环比发展速度　　B. 定基增长速度和环比增长速度

C. 各环比发展速度的几何平均数　　D. 各环比增减速度的序时平均数

E. 平均增减速度

7. 在时间数列中，发展水平包括（　　）。

A. 报告期水平和基期水平　　B. 中间水平

C. 最初水平　　D. 最末水平

E. 平均水平

8. 定基发展速度和环比发展速度之间的数量关系是（　　）。

A. 对比的基础时期不同

B. 所反映的经济内容不同

C. 二者都属于速度指标

D. 定基发展速度等于各环比发展速度之积

E. 两相邻定基发展速度之比等于相应的环比发展速度

9. 下列表述正确的是（　　）。

A. 平均增减量可以用定基增减速度乘以最初水平的 $1/n$ 求得

B. 平均增减量可以用累计增减量除以逐期增减量个数求得

C. 已知一个时间数列的项数、平均增减量和平均发展速度，可以求出实际的最初水平和最末水平

D. 已知时间数列的最末时期对最初时期的定基发展速度和累计增减量，可以求出实际

最初水平和最末水平

E. 定基增减速度可以用平均增减量与最初水平之比的 n 倍求得，也可以用累计增减量除以最初水平求得

10. 下列现象属于时期数列的有（　　）。

A. 某药店各月药品库存数　　　　B. 某药店各月实现的销售额

C. 某企业某年各月月末人数　　　D. 某企业某年内各季度产值

E. 某企业历年产品产量

四、计算题

1. 某仓库 1 月 1 日某产品库存为 1 800 吨，3 月 1 日为 2 000 吨，6 月 1 日为 2 100 吨，6 月 30 日为 1 940 吨。问：该产品上半年平均库存是多少？

2. 某企业 2015 年各季度实际产值和产值计划完成程度如表 8－26 所示。

表 8－26　某企业 2015 年各季度实际产值和产值计划完成程度

季度	一	二	三	四
实际产值/亿元	110	115	124	132
计划完成百分比/%	120	125	128	122

要求：试计算该企业年度计划平均完成程度指标。

3. 某商业企业 2015 年上半年各月利润额如表 8－27 所示。

表 8－27　某商业企业 2015 年上半年各月利润额

月份	1	2	3	4	5	6
利润额/万元	201	250	286	302	310	284

要求：计算该企业 2015 年上半年各月平均实现利润额。

4. 某省城乡居民储蓄存款年底余额如表 8－28 所示。

表 8－28　某省城乡居民储蓄存款年底余额

年份	2011	2012	2013	2014	2015
储蓄存款余额/亿元	7 408	7 625	8 002	8 240	8 691

要求：计算 2011—2015 年期间居民储蓄存款平均余额。

5. 某企业存款账户 2015 年存款余额如表 8－29 所示。

表 8－29　某企业存款账户 2015 年存款余额

日期	1 月 1 日	3 月 1 日	4 月 30 日	7 月 1 日	9 月 30 日	12 月 31 日
余额/万元	12 000	13 240	14 550	15 020	13 280	14 660

要求：计算 2015 年存款平均余额。

6. 某企业的生产增加值资料如表 8-30 所示。

表 8-30　某企业的生产增加值资料

月份	（上年）12	1	2	3	4	5	6
生产增加值/万元	1 230	1 230	1 234	1 240	1 274	1 280	1 297
月末人数/人	87	89	92	95	95	98	97

要求：计算该企业上半年平均每人每月的生产增加值。

7. 某企业 2015 年各月职工人数资料如表 8-31 所示。

表 8-31　某企业 2015 年各月职工人数资料

月份	（上年）12	1	2	3	4	5	6
全部工人数	180	188	192	195	194	199	201
非生产工人人数/人	54	59	62	65	65	68	67

要求：计算该企业上半年的生产工人平均比例。

8. 某地区 GDP 历年变化情况是：1995—1999 年每年递增 8%；2000—2005 年每年递增 5%；2006—2011 年每年递增 9%；2012—2015 年每年递增 7%。试计算该地区 1995—2015 年 GDP 的年平均增长速度。

9. 某地区对外贸易总额，2010 年是 2005 年的 135.98%，2011 增长 30.12%，2012—2015 年每年递增 6%，到 2015 年对外贸易总额已达到 1 460 亿元。

要求：
（1）计算 2005—2015 年该地区对外贸易总额的年平均增长速度；
（2）若按此年平均增长速度发展，预测到 2018 年该地区对外将会达到什么规模。

10. 某企业 2010—2015 年产量资料如表 8-32 所示。

表 8-32　某企业 2010—2015 年产量资料

年份	产量/万吨	累计增长量/万吨	定基发展速度/%	定基增长速度/%
2010	1 150			
2011		26		
2012			101.9	
2013				21.7
2014				22.4
2015			105.8	

要求：
（1）依据指标间相互关系推算填表；

（2）求产量年平均增长速度。

10. 某地区的机动车销售量如表8-33所示。

表8-33 某地区的机动车销售量

年份	2012	2013	2014	2015	2016	2017
销售量/万辆	28	29.8	32.5	34	38	45

要求：试用最小二乘法拟合趋势直线，并预测2020年该地区机动车的销售量。

11. 某地区的耕地面积资料如表8-34所示。

表8-34 某地区的耕地面积资料

年份	2012	2013	2014	2015	2016	2017
耕地面积/万亩	210	205	198	187	182	177

要求：以最小二乘法拟合趋势直线，并预测到2020年该地区的耕地面积将减少到多少？

12. 某地区2013—2017年各季某产品销售资料如表8-35所示。

表8-35 某地区2013—2017年各季某产品销售资料

年份	一季度	二季度	三季度	四季度
2013	22	28	31	20
2014	25	29	33	21
2015	20	27	35	19
2016	24	26	33	23
2017	27	30	33	22

要求：根据表中资料用"按季平均法"测定该地区2013—2017年各季产品销售的季节指数。

第 9 章

Excel 在统计中的应用

学习目标

【知识目标】
➢ 了解 Excel 的基本操作
➢ 掌握 Excel 统计函数和 Excel 统计模板的使用方法
➢ 掌握 Excel 在统计模块中的使用方法

【能力目标】
➢ 灵活应用 Excel 对统计数据进行分析

案例导读

某商店对持信用卡顾客的正态假设检验

商店经理想为商店持信用卡的顾客建一新的付款系统,经过详细的经济分析,她判定如果新系统的月平均利润低于 70 元就不能有效地使用资金。于是随机抽取了 200 个月的利润,计算得出月平均利润为 66 元。如果 $\alpha = 0.05$,则有无充分的证据说明新系统不是一项节省资金的系统?假设总体的标准偏差为 30 元。

图 9-1 所示的工作表可用于正态分布平均值的左尾检验、右尾检验和双尾检验,检验结果基于 α 判决法和 P 值报告法。输入样本大小、样本平均值和总体的标准偏差,指定假设总体平均值(Mean)和显著性水平 α。

建立图 9-1 所示的 Excel 工作表的步骤:

1)打开一个新的 Excel 工作表并输入 B 列所示标记。

2)在 C 列的公式中使用 B 列的名称,选取 B4:C12 单元格,从"插入"菜单中依次选择"名称"→"指定"选项;在"指定名称"对话框中选中"名称创建于最左列"复选框,单击"确定"按钮。

3)输入 C 列所示的公式(按图 9-1 所示输入公式,或通过单击适当的、已命名的单元

	A	B	C
1	大样本已知均值标准差	z检验	
2			
3	样本值		
4	例数	n	200
5	均值	Mean	66
6	检验假设		
7	检验假设	Homean	70
8	检验水平	α	0.05
9	标准差	Std	30
10	统计量		
11	标准误	Se	=std/SQRT(n)
12	Z值	z	=(Mean-Homean)/Se
13	检验		
14	左尾检验		
15	P值	p	=NORMSDIST(z)
16	右尾检验		
17	P值	p	=1-NORMSDIST(z)
18	双尾检验		
19	P值	p	=IF(z>0,2*(1-NORMSDIST(z)),2*NORMSDIST(z))

图9－1　正态假设检验的标记和公式（已知均值标准差计算公式）

格插入函数来建立公式）。

4）得到图9－1 A列所示的外观，按“Ctrl”＋“`”键。

因为想知道月平均利润是否小于70元，所以备择假设为“H_1: Mean < 70”，零假设为“H_0: Mean > 70”或简单地为“H_0: Mean = 70”。由于数据已经总结过，故可直接在Excel工作表单元格中输入样本大小n、样本均值、总体的标准偏差、假设总体平均值和显著性水平，如图9－2所示。

	A	B	C	D
1	大样本已知均值标准差	z检验		
2				
3	样本值			
4	例数	n	200	
5	均值	Mean	66	
6	检验假设			
7	检验假设	Homean	70	
8	检验水平	a	0.05	
9	标准差	Std	30	
10	统计量			
11	标准误	Se	2.1213	
12	Z值	z	−1.8856	
13	检验			
14	左尾检验			
15	P值	p	0.0297	
16	右尾检验			
17	P值	p	0.9703	
18	双尾检验			
19	P值	p	0.0593	
20				

图9－2　正态假设检验

结论：得到z值小于－1.886的概率是0.029 7。如果零假设为真（每月平均利润为70元），则得到样本均值为66元或小于它的概率约为3%，即有充分的证据说明新系统是一项节省资金的系统。

思考：

1. 如何加载统计分析模块？
2. 如何应用Excel统计函数和Excel统计模板？
3. 如何运用Excel统计函数和Excel统计模板进行统计数据分析？

第 9 章　Excel 在统计中的应用

9.1　Excel 简介

9.1.1　Excel 统计功能简介

在统计数据处理中，Excel 是操作相对简单也比较容易的软件，对于一般的统计分析，其功能也相对全面。在此就 Excel 在统计工作中的应用做一些介绍。

Excel 在统计分析中主要用到以下几个功能：统计制表、统计制图、描述统计和统计分析计算。

1. 分析工具

在 Excel 中有一个"分析工具"选项，当运行"工具"→"加载宏"后，会在"工具"下拉菜单下中出现"数据分析"子菜单，单击它可以完成对应的统计计算，如图 9 – 3 所示。

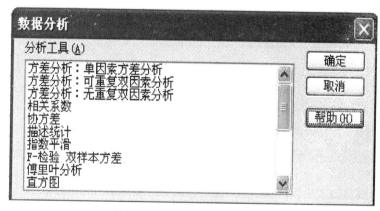

图 9 – 3　"数据分析"对话框

2. Excel 中的公式和函数

Excel 中的公式和函数的相关内容单独分一节进行介绍。

9.1.2　Excel 中的公式和函数

Excel 具有强大的计算功能。它不但能利用公式进行简单的代数运算，而且能分析复杂的数学模型。它的数学、统计、财务等 10 类 300 多种函数（预定义的内装公式）可以直接用于计算。它可以使用数组公式同时进行多重计算，并得出一个或多个结果。本节根据统计计算的要求，重点讲述如何在 Excel 中使用公式和函数。

1. 公式概述

公式是在工作表中对数据进行分析计算的等式。公式的计算范围不仅仅限于本工作表的数值，还包括同一工作簿中不同工作表的数值，乃至其他工作簿中工作表的数值。公式的内容包括运算项（元素）和运算符。运算项可以是数值，也可以是单元格或单元格区域的引用，或单元格的标志和名称，还可以是工作表函数。这些运算项的具体内容将在后面分别叙述。

(1) 公式的运算符

公式的运算符有以下四种类型：

第一种是算术运算符，包括 + 、 - 、 * （乘）、/（除）、%、^（乘方）。遇有负数可在前面加 " - "（负号），或用括号表示。% 和前面的数字连在一起作为一个数值处理，例如 5%，系统将自动转换为 0.05 计算。

第二种是比较运算符，包括 > 、 < 、 > = （大于或等于）、 < = （小于或等于）、 < >（不等于）。比较运算符可用于比较两个数值，其运算结果产生逻辑值 TRUE 或 FALSE。例如，对公式 A2 > 100 进行运算，结果如出现 TRUE，则表示公式成立，即 A2 真的大于 100；如出现 FALSE，则表示公式不能成立，即 A2 不大于 100。

第三种是文字运算符（、）和连字符（&）。Excel 不仅能进行数值运算，而且能进行文字值（文字型数据）的运算。利用连字符 " & "，可以把一个或多个文字值连接起来，求得一个连续的文字值。例如公式"一季度"&"销售额"，即把"一季度"和"销售额"两个文字值连接起来，成为"一季度销售额"。如果一季度所在的单元格为 A3，则还可以将公式改为 A3&"销售额"，即把单元格和文字值连接起来。但要注意，文字值必须加双引号，以便识别。

第四种是引用运算符。在公式中如要引用单元格或单元格区域的地址（行列号）进行运算，就必须加引用运算符。引用运算符有两种。一是联合运算符，以逗号（,）表示。例如公式 SUM(B3,B4,B5,B6,B7)，表明要将 B3、B4、B5、B6、B7 五个单元格的数值相加求得合计。式中，SUM 是求和函数，括号内是函数的参数，五个单元格之间要用逗号隔开。二是区域运算符，以冒号（:）表示。例如公式 SUM(B3:B7)，表明要把 B3 至 B7 单元格求和。例如公式：SUM(B3:B5 A4:C4)，表明竖向 B3:B5 和横向 A4:C4 两个交叉区域的数值相加求和，中间要用空格表示交叉，交叉处的单元格 B4 同时从属于两个区域的引用。交叉运算符使用较少。

(2) 公式的运算顺序

工作表中的公式是按照一定的顺序进行计算的，这种顺序可称为语法。按照语法的要求，公式必须从 " : " 开始，后面是参加计算的运算项和运算符。在各类运算符中，首先运行引用运算符，其次运行算术运算符，再次运行文字运算符和比较运算符。其中，算术运算符的计算顺序是： - （负数）；%；^；* 和/； + 和 - 。例如 5 + 2 * 3，首先计算 2 * 3 = 6，然后计算 5 + 6 = 11。如要提前计算 5 + 2，则需用括号将其括起来，即公式改为（5 + 2）* 3，计算结果为 21。同一级的运算符（如 * 和/），按从左到右的顺序进行计算，如有需要提前计算的部分，则也需用括号括起来。

(3) 公式中数值的转换

在公式中，各种运算符都要求有一定类型的数据与之相适应。如果输入的数据类型不符合要求，有些将自动转换为可用的类型，有些则不能计算。例如公式:"1" + "2"，式中使用 " + "，其运算项应是数字；现在 1 和 2 带有双引号，表明是文字型数据。但系统能自动将其转换为数字进行计算，其计算结果为 3；又比如公式： = 10 - " $4.00 "，式中 " $4.00 " 是文字型数据；但系统不考虑其货币符号，转换为数字计算，计算结果为 6。

(4) 输入公式

对于比较简单的公式，可直接在单元格中输入。首先单击待输入公式的单元格，然后输入"="和公式的内容（窗口上方编辑栏中同时显示公式）。输入完毕后按"Enter"键确认，计算结果即自动记入该单元格内，编辑栏中的公式消失。如要再查看公式内容，则可双击该单元格，公式即复现；再按"Enter"键，即返回计算结果。

对于比较复杂的公式，最好在编辑栏中输入。首先要选定待输入公式的单元格，然后单击编辑栏中的"编辑公式"按钮，其右侧框中即出现一个"："（同时在其左侧出现输入按钮"√"和取消按钮"×"；还在编辑栏下方弹出计算结果显示框，框的右端并列"确定"和"取消"两个按钮），用户可在"："后面输入公式，输入终了，计算结果即显示在编辑栏下的显示框中。按"Enter"键确认，或单击"确定"按钮，或单击"输入"按钮，均可将计算结果记入选定的单元格内。

在公式中如需使用函数，则可单击编辑栏左端函数框旁的向下箭头，从弹出的常用函数列表中选定所需要的函数，即出现该函数的对话框（帮助信息称"公式选项板"）。在对话框上部参数框中输入必要的参数，对话框底部即显示出计算结果。再按"Enter"键确认，计算结果即记入选定的单元格内。如果常用函数列表中没有所需函数，则可单击"其他函数"项，屏幕弹出"粘贴函数"对话框，再从中选择所需函数。

输入数组公式与输入单值公式方法基本相同。首先单击待输入公式的单元格，如要求多个结果则需单击待输入公式的单元格区域；然后输入公式，系统将自动为公式加上括号；最后按"Ctrl"＋"Shift"＋"Enter"组合键结束操作，计算结果即显示在选定的单元格内。

(5) 编辑公式

如要修改公式，则需先单击包含待修改公式的单元格，然后在"编辑栏"中进行修改，修改后，按"Enter"键确认。公式中如果引用了单元格行列号，则会自动按修改后的行列号重新计算，得出新的结果。如要修改公式中的函数，则必须同时修改函数的参数。修改数组公式，可单击"编辑栏"选项；修改后，按"Ctrl"＋"Shift"＋"Enter"组合键结束操作。

如要移动公式，则需先单击包含待移动公式的单元格，然后将鼠标指针指向选定区域的边框，按住鼠标左键将其拖至目标区域左上角的单元格，放开鼠标，即替换了目标区域的全部数据。复制公式与移动公式的操作基本相同，只是在拖动选定区域时需按住"Ctrl"键。应当指出，移动或复制公式，需从"工具"菜单的"选项"对话框中选择"视图"卡，在"窗口"选项下单击"公式"选项。还需指出，移动公式，单元格引用不改变；复制公式，单元格绝对引用也不改变，但单元格相对引用将会改变。

删除公式时需先单击包含待删除公式的单元格，然后按"Delete"键即可删除。如要删除数组公式，则需先单击数组区域中任一单元格，然后在"编辑"菜单中选择"定位"命令，单击"定位条件"按钮，从其对话框中选择"当前数组"选项，再按"Delete"键删除。

(6) 公式的出错提示

如果公式不能正确算出结果，则系统会显示一个错误值。有时公式引用单元格有错误，也会使公式产生错误。现将各项错误值的含义和常见的错误简述如下：

1) 错误值的含义：

①#####！指输入或计算结果的数值太长，单元格容纳不下。

②#VALUE！指使用了错误的参数，或运算对象的类型不对。

③#DIV/0！指公式中除数为0，或引用了空单元格或包含0值的单元格。

④#NAME？指公式中使用了不能识别的单元格名称。

⑤#N/A 指公式或函数中没有可用的数值。

⑥#REF！指单元格引用无效。

⑦#NUM！指公式或函数中某一数字有问题。

⑧#NULL！指对两个不相交的单元格区域引用使用了交叉引用运算符（空格）。

如要了解各项错误值产生的原因和处理方法，则可单击"帮助"菜单中的"创建公式和审核工作表"选项，从中选择"公式与错误值疑难解答"选项。

2) 常见错误。公式可能出现的错误很多，常见的主要有以下几项：

①圆括号（）未成对出现，二者缺一。

②引用单元格区域使用了不正确的运算符，应使用冒号（:）。

③缺少必选的参数，或输入了多余的参数。

④在函数中使用嵌套函数不符合要求。

⑤引用工作簿或工作表的名称中含有非字母字符，但未加单引号。

⑥外部引用缺少工作簿名称和路径。

⑦公式中输入数字不应加格式，如$1,000，应输入1000，不应带货币符号和千分位点。

(7) 公式中单元格的引用

1) 引用的作用和常设形式。公式中，引用的作用在于标出工作表上参加计算的单元格或单元格区域，指明公式计算所用数据的位置。一个公式可以引用工作表上不同单元格的数据，多个公式也可以引用同一单元格的数据；还可以引用同一工作簿中不同工作表的数据，或者不同工作簿中工作表的数据，乃至其他应用程序的数据。引用其他工作簿的数据叫作外部引用；引用其他应用程序的数据叫作远程引用。引用有A1和R1C1两种表现形式，常设为A1形式（默认形式）。这种形式用英文字母表示列，用数字表示行。例如：

引用A列5行交叉处的单元格，可输入A5。

引用A列5行至10行的单元格区域，可输入A5:A10（中间的冒号表示起止范围）。

引用A列5行至E列5行的单元格区域，可输入A5:E5。

引用5行各列所有的单元格，可输入5:5。

引用5行至10行各列所有的单元格，可输入5:10。

引用C列各行所有的单元格，可输入C:C。

引用C列至E列各行所有的单元格，可输入C:E。

在公式中，利用单元格引用进行计算可以迅速、简便地得出结果。例如，假设某表的单元格B5、C5、D5、E5、E2、E3、E4都需计算合计数。若先计算B5单元格的合计数，则需先选定该单元格，然后单击"编辑栏"选项的"="按钮，再单击"编辑栏"选项左端函数框旁的向下箭头，从弹出的函数列表中选择求和函数"SUM"，在"SUM"对话框的"Number1（参数1）"框中输入"单元格引用B2:B4"，按"Enter"键确认，其计算结果即自动记入该单元格内。其他各单元格的合计数均可照此计算。不仅如此，如果将鼠标指针移至该单元格右下角的填充柄上，当指针变成"+"字形时，按住鼠标左键向右拖曳至 E5 单元格，放开鼠标，就可以一次求得 C5、D5、E5 的合计数（实际是移动公式的一种方法）。E2～E4 单元格的合计数也可照此求得。

2) 绝对引用和相对引用。绝对引用是指当复制公式时，公式中引用的单元格位置不变；相对引用是指当复制公式时，公式中引用的单元格位置将随之改变为新的位置。在公式中，一般使用相对引用；如果要求复制公式时引用的单元格位置不变，则需使用绝对引用。使用绝对引用的好处是可使存放固定数值（如税率、利率等）的单元格位置在复制公式时不发生变动。在 A1 形式下，如要使用绝对引用，则需在列标和行号前面加上美元符号"$"。例如 A5，需改为 $A$5。

引用的另一种形式 R1C1，也可以用于绝对引用和相对引用。要使用 R1C1 形式，需在"工具"菜单中单击"选项"对话框，从中选择"常规"选项卡，在选项卡的"设置"项下选择"R1C1"引用样式（前面方框中出现"√"）。R1C1 形式与 A1 形式不同的是：引用单元格的行和列都用数字表示，行号前加字母 R，列号前加字母 C；而且 R1C1 本身是绝对引用，相当于 A1 形式下的 $A$1。若要在 R1C1 形式下使用相对引用，则需给行号和列号加上方括号[ ]。举例如下：

引用 R 表示对当前行的绝对引用。

引用 C 表示对当前列的绝对引用。

引用 R2C2 表示对 2 行 2 列单元格的绝对引用。

引用 R[2]C[2]表示对当前行向下第 2 行、当前列向右第 2 列单元格的相对引用。

引用 R[-2]C 表示对当前列向上第 2 行单元格的相对引用（"-"表示逆向）。

引用 RC[-2]表示对当前行向左第 2 列单元格的相对引用。

引用 R[-2]表示对当前行向上第 2 行整行单元格区域的相对引用。

此外，在复制公式时，如果只要求引用单元格的行保持不变（列可以变），或者只要求引用单元格的列保持不变（行可以变），就需要使用混合引用。即在一次引用中，既有绝对引用，又有相对引用。例如，在 A1 形式下引用 $A5，是对 A 列的绝对引用和对 5 行的相对引用；引用 A$5，是对 5 行的绝对引用和对 A 列的相对引用。在 R1C1 形式下引用 R[-2]C2，是对当前行向上第 2 行的相对引用和对当前列向右第 2 列的绝对引用；引用 RC[-2]，是对当前行的绝对引用和对当前列向左第 2 列的相对引用。

3) 三维引用和外部引用。当需要引用一个工作簿中多个工作表的同一单元格或单元格区域时，可使用多维引用。

例如，某商场的"销售额"工作簿中包含 12 个月的"销售额"工作表，现在要汇总全年的销售额，就需要使用三维引用。假定要在汇总表的 B2 单元格中记入销售额全年总计，首先要将该单元格激活，然后输入"=SUM(Sheet1:Sheet12!A2)"。其中，Sheet1:Sheet12 是 1—12 月的工作表标签；"!"将工作表和单元格隔开；A2 是销售额所在的单元格。输入完毕后，按"Enter"键确认，即将计算结果记入 B2 单元格内。

由于三维引用涉及多个工作表，故如果工作表发生变动，就必然会影响三维引用。下面以公式"=SUM(Sheet3:Sheet6!B2:B5)"为例说明其影响。

如果在引用工作表范围（Sheet3：Sheet6）中插入另一工作表，则该工作表单元格区域（B2：B5）的数值也要计算在内。

如果在引用工作表范围中删除某一工作表，则该工作表单元格区域的数值也要被去掉。

如果把引用工作表范围中的某一工作表移至范围以外，则该工作表单元格区域的数值也会被删除。

如果把引用范围起止的工作表（Sheet3 或 Sheet6）移至工作簿的其他位置，系统将自动调整引用范围，包含新的起止位置中间的所有工作表。

引用其他工作簿数据的外部引用，其操作方法和三维引用基本相同，只是在输入公式时需依次输入其他工作簿的名称、工作表的名称、引用的单元格或单元格区域。上例中，如果是五个单位的全年销售额分别存在于工作簿 Book1～Book5 的工作表 Sheet1 的 A2 单元格中，则可在当前工作表的 A1 单元格中输入"＝SUM（[Book1]Sheet1：[Book5]Sheet1！A2）"，按"Enter"键确认，即将五个单位的全年销售额汇总到一起。

4）公式的循环引用。在公式中直接引用或间接引用自身所在单元格，叫作循环引用。出现循环引用有两种情况。一种情况是输入公式错误，当按"Enter"键确认时，系统给出提示，指出"此公式不能计算"。此时如按提示单击"确定"按钮，则系统将自动显示"循环引用"工具栏，并指出产生循环引用的单元格（会在该单元格中出现一个蓝色圆点，屏幕底行状态栏显示"循环"二字及该单元格的位置）。此时可通过重新输入正确公式，消除循环引用。另一种情况是有些公式需要循环引用，此时可使用"迭代法"算出结果。使用迭代法求解循环引用的步骤如下：

首先，单击"工具"菜单中的"选项"对话框，在弹出的对话框中打开"重新计算"选项卡。

其次，在选项卡的左侧选定"反复操作"项（前面出现"√"），按"Enter"键确认，即可按默认的最多迭代次数 100 和最大误差 0.001 进行运算（默认值如不合适可以改变）。

最后，当迭代次数和误差有一项达到要求时，即自动停止运算，显示出计算结果。

再举一简例说明求解循环引用。假定 A1 单元格的数值为 2 000，B1 单元格的公式为"＝A1－C1"，C1 单元格的公式为"＝B1＊0.3"，两个公式互相引用。现按上述方法反复操作，即可求得结果：C1 单元格为 461.538 4；B1 单元格为 1 538.461 6。

2. 使用函数

如前所述，函数是预先确定含义的内装公式。函数可以在公式中使用，也可以单独使用。使用函数可以简化计算、提高效率、减少差错，故在工作中应尽量利用函数。

（1）可用于统计函数

Excel 为用户提供了数学和三角函数、统计函数、数据库函数、财务函数、工程函数、逻辑函数、文本函数、日期和时间函数、信息函数、查找和引用函数共 10 类 300 多种函数，可以满足多方面的计算要求。其中，以统计函数为最多，达 78 种；此外还有 14 种数据库函数用以从数据库提取数据进行计算，以及在统计中经常使用的数学函数等。

（2）函数名称及功能简介

1）统计函数。

①用于数据整理的函数。FREQUENCY——以垂直数组形式求频率分布。

②用于描述统计的函数。MODE——求一组数据的众数;MEDIAN——求一组数据的中位数;AVERAGE——求一组数据的均值;AVERAGEA——求数据清单中数据的均值;HARMEAN——求调和平均数;GEOMEAN——求几何平均数;TRIMMEAN——求去掉最大值和最小值的平均数;MAX——求数据清单中的最大值;MAXA——求数据清单中包含逻辑值和字符串的最大值;MIN——求数据清单中的最小值;MINA——求数据清单中包含逻辑值和字符串的最小值;LARGE——求一组数据中第 k 个最大值;SMALL——求一组数据中第 k 个最小值;QUARTILE——求一组数据的四分位差;AVEDEV——求样本数据与其均值的平均离差;DEVSQ——求样本数据与其均值离差的平方和;STDEV——求样本标准差;STDEVA——求包含逻辑值和字符串的样本标准差;STDEVP——求总体标准差;STDEV-PA——求包含逻辑值和字符串的总体标准差;VAR——求样本方差;VARA——求包含逻辑值和字符串的样本方差;VARP——求总体方差;VARPA——求包含逻辑值和字符串的总体方差;KURT——求一组数据的峰度;SKEW——求一组数据的偏度。

③用于概率分布的函数。BINOMDIST——求二项分布的概率;NEGBINOMDIST——求负二项分布;CRITBINOM——求累积二项分布大于或等于临界值的最小值;PISSON——求泊松分布;NORMDIST——求非标准正态分布的累积函数;NORMINV——求非标准正态分布累积函数的逆函数;NORMSDIST——求标准正态分布的累积函数;NORMSINV——求标准正态分布累积函数的逆函数;STANDARDIZE——求 z 分布的正态化数值;LOGNORMDIST——求对数正态分布的累积函数;LOGINV——求对数正态分布累积函数的逆函数;HYPGEOMSIST——求超几何分布;BETADIST——求 β 分布的累积函数;BETAINV——求 β 分布累积函数的逆函数;GAMMADIST——求 v 分布的累积函数;GAMMAINV——求 v 分布累积函数的逆函数;GAMMALN——求 v 分布累积函数的自然对数;EXPONDIST——求指数分布;WEIBULL——求韦伯分布;PROB——求指定区域内事件对应概率之和;PERMUT——求从数据集合中选取若干对象的排列数。

④用于参数估计的函数。CONFIDENCE——求总体均值的置信区间。

⑤用于假设检验的函数。CHIDIST——求分布的单尾概率;CHIINV——返回分布单尾概率的逆函数;CHITEST——返回相关性检验值;ZTEST——求检验的单尾概率值;TDIST——求 t 分布;TINV——求 t 分布的逆函数;TTEST——求 t 分布相关的概率;FDIST——求 F 分布;FINV——求 F 分布的逆函数;FTEST——求 F 检验的单尾概率。

⑥用于方差分析的函数。COVRB——求协方差。

⑦用于相关和回归的函数。CORREL——求相关系数;PEARSON——求皮尔逊乘积矩相关系数;RSQ——求皮尔逊乘积矩相关系数的平方;FISHER——求费雪变换值(用于相关系数的假设检验);FISHERIVE——求费雪变换的逆函数;LINEST——建立直线方程;INTERCEPT——求直线方程的截距;SLOPE——求直线方程的斜率;FORECAST——求线性趋势值(预测值);TREND——求线性趋势值(预测值);STEYX——求趋势值的标准误差;LOGEST——建立指数曲线方程;GROWTH——求指数曲线趋势值(预测值)。

⑧其他统计函数。COUNT——求数组中数据的个数(只计算数字型数据);COUNTA——求数组中数据的个数(包含逻辑值、文本值等);RANK——求某一数值在数组中的排位;PERCENTRANK——求某一数值的百分比排位;PERCENTILE——求数据区域中第 k

个百分比数据。

2) 统计中常用的数学函数。SUM——参数求和；SUMIF——将符合指定条件的单元格相加；PRODUCT——参数相乘；QUOTIENT——求两数相除的整数部分；MOD——求两数相除的余数；POWER——求数值的乘幂；SQRT——求平方根；RAND——求 0~1 的随机数；RANDBETWEEN——求指定的两数之间的随机数；COMBIN——求指定对象数目的组合数；COUNTIF——求符合指定条件区域的非空单元格数；FACT——求某数的阶乘；LN——求某数的自然对数；LOG——求某数以指定数为底的对数；LOG10——求某数以 10 为底的对数；SUMPRODUCT——求两组对应值的乘积之和 $\sum xy$；SUMSQ——求参数的平方和（即 $\sum X_2$、$\sum y_2$）；SUMXMY2——求两数组对应值之差的平方和（即 $\sum (x-y)^2$）；SUMX2MY2——求两数组对应值平方差之和（即 $\sum (x^2-y^2)$）；SUMX2PY2——求两数组对应值平方和之和（即 $\sum (x^2+y^2)$）。

9.1.3 Excel 的统计分析模板加载

1. 安装 Excel 数据分析程序的方法

如果用户在 Excel 的 "工具" 菜单中没有找到 "数据分析" 选项，则说明用户安装的 Excel 不完整，还需在 Excel 中安装 "分析工具库"。具体安装方法如下：

1) 在 "工具" 菜单中，单击 "加载宏" 选项，则弹出 "加载宏" 对话框，如图 9-4 所示。

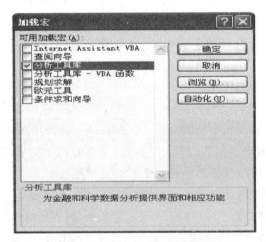

图 9-4 "加载宏" 对话框

2) 在 "加载宏" 对话框中将 "分析工具库" 复选框选中，单击 "确定" 按钮，系统将会引导用户进行安装。如果用户在安装 Excel 时选择的是 "典型安装"，则需要使用 CD-ROM 进行安装；如果用户在安装 Excel 时选择的是 "完全安装"，则 Excel 默认从硬盘中直接进行安装。无论是何种情况，安装完毕后，"数据分析" 选项都会自动出现在 Excel 的 "工具" 菜单中。

2. 工作表函数与分析工具的区别

第一，分析工具的分析结果和输出结果之间不存在动态联系，工作表函数输入项和输出结果之间则存在动态联系。

第二，工作表函数的输出结果只占用一个单元格，分析工具的输出结果则要根据分析内容与选项来安排占用单元格的数目。

第三，工作表函数只能测定所要分析的一个内容，大部分分析工具则能够从事系列计算，所以分析工具可用于更加复杂的统计分析。

第四，分析工具必须在安装"分析工具库"之后才能使用，而工作表函数可随时使用，无须安装。

9.2 Excel 在统计中的应用

9.2.1 Excel 在数据整理和显示中的应用

1. 数据的筛选和排序

（1）数据筛选

在对统计数据进行整理时，首先需要进行审核，以保证数据的质量。对审核中发现的错误应尽可能予以纠正。如果对发现的错误无法纠正，或者有些数据不符合调查的要求而又无法弥补，就要对数据进行筛选。

数据筛选有两方面内容：一是将某些不符合要求的数据或有明显错误的数据予以剔除；二是将符合某种特定条件的数据筛选出来，并将不符合特定条件的数据予以剔除。数据筛选可借助计算机自动完成。

【例9-1】如图9-5所示，是8名学生4门课程的考试成绩（单位：分）。试找出统计学成绩等于75分的学生、英语成绩排在前3名的学生、4门课程的成绩都高于70分的学生。

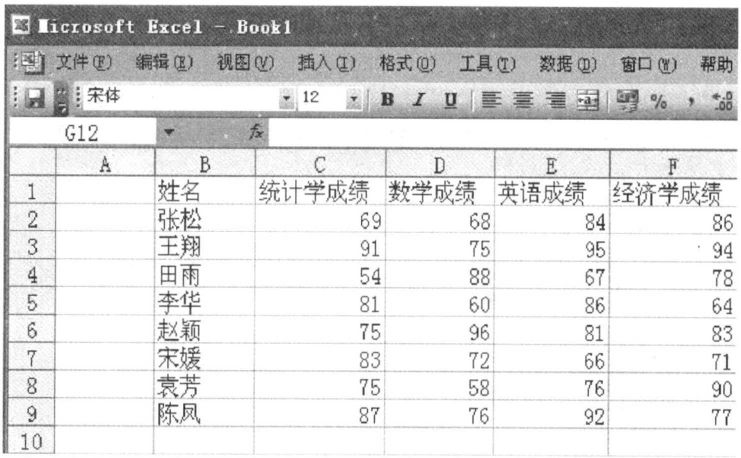

	A	B	C	D	E	F
1		姓名	统计学成绩	数学成绩	英语成绩	经济学成绩
2		张松	69	68	84	86
3		王翔	91	75	95	94
4		田雨	54	88	67	78
5		李华	81	60	86	64
6		赵颖	75	96	81	83
7		宋媛	83	72	66	71
8		袁芳	75	58	76	90
9		陈凤	87	76	92	77

图 9-5　8名学生的考试成绩

首先，单击"数据"菜单下的"筛选"命令。如果要筛选出满足给定条件的数据，则可使用"自动筛选"命令，如图9-6所示。

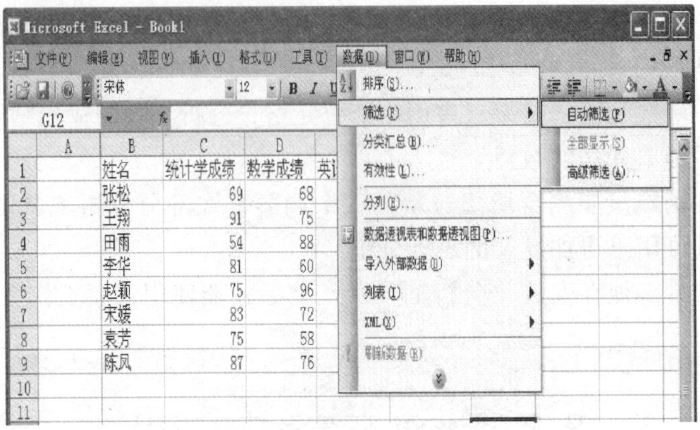

图9-6 "自动筛选"命令

单击"自动筛选"命令，这时会在第一行出现下拉箭头，用鼠标右键单击下拉箭头会出现图9-7所示界面。

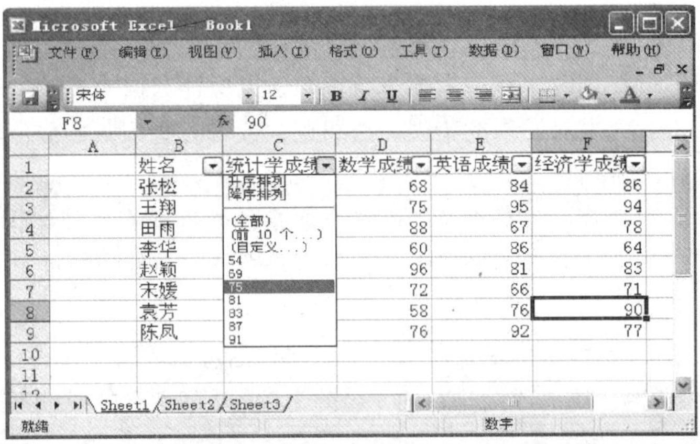

图9-7 自动筛选统计学成绩等于75分的学生

若要筛选统计学成绩等于75分的学生，则可选择"75"，即得到结果，如图9-8所示。

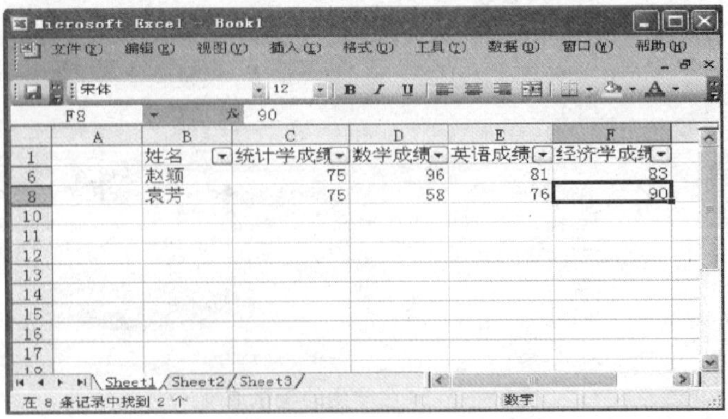

图9-8 自动筛选结果（统计学成绩等于75分）

若要筛选英语成绩排在前3名的学生,则可选择"前10个",并在对话框中输入数据"3",得到结果,如图9-9所示。

图9-9 自动筛选结果(英语成绩排在前3名的学生)

如果要筛选4门课程的成绩都高于70分的学生,则需要使用"高级筛选"命令,因为设定的条件比较多。使用"高级筛选"命令时,必须建立条件区域。这时需要在数据清单上面至少留出3行作为条件区域,然后把数据清单中含有筛选值的数据列复制、粘贴到条件区域的一个空行,再在条件标志下面的一行中输入要匹配的条件,如图9-10所示。

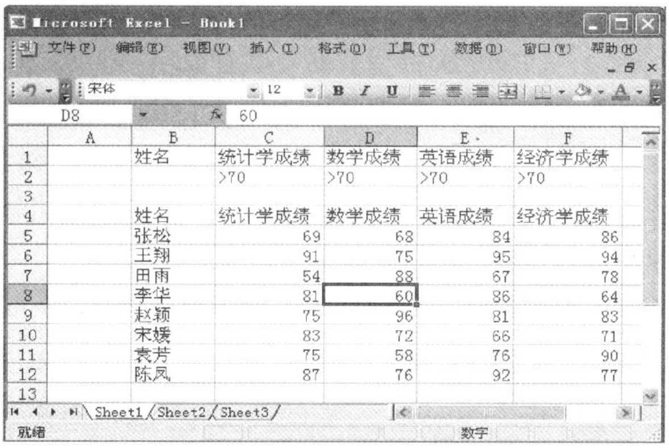

图9-10 高级筛选条件的输入界面

然后,在"高级筛选"对话框中修改"列表区域"或"条件区域",结果如图9-11所示。

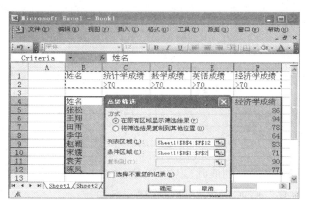

图9-11 "高级筛选"对话框

单击“确定”按钮后，出现图 9-12 所示的结果。

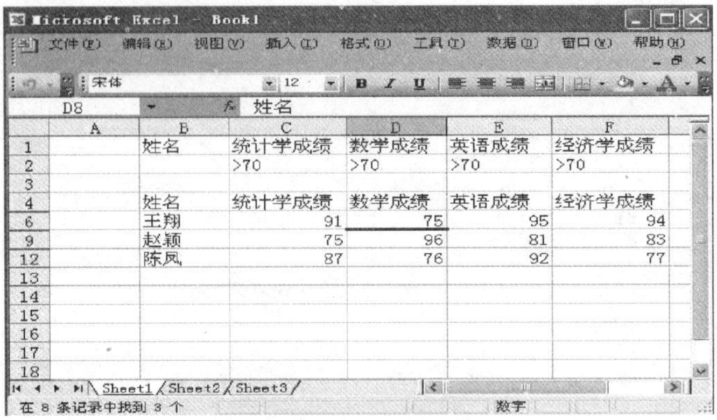

	A	B	C	D	E	F
1		姓名	统计学成绩	数学成绩	英语成绩	经济学成绩
2			>70	>70	>70	>70
3						
4		姓名	统计学成绩	数学成绩	英语成绩	经济学成绩
6		王翔	91	75	95	94
9		赵颖	75	96	81	83
12		陈风	87	76	92	77

图 9-12　高级筛选结果

（2）数据排序

数据排序就是按一定顺序将数据排列，其目的是便于研究者通过浏览数据发现一些明显的特征或趋势，找到解决问题的线索。排序还有助于对数据检查、纠错，为重新分组或归类提供依据。在某些场合，排序本身就是分析的目的之一。

对于名义级数据，如果是字母型数据，则排序有升序与降序之分，升序更常见些，因为升序跟字母的自然排列相同；如果是汉字型数据，则有很多排列方式。例如，按汉字的首位拼音字母排列，这与字母型数据的排序完全一样；也可按笔画顺序进行排序，其中也有笔画多少的升序与降序之分。交替运用不同方式排序，在汉字型数据的检查、纠错中十分有用。区间数据和比数据的排序只有两种，即递增和递减。排序后的数据也称为顺序统计量。无论是定性数据还是定量数据，其排序均可借助计算机完成。

【例 9-2】有一张由 8 名学生的学习成绩构成的数据清单（单位：分），如图 9-13 所示。试根据总成绩的递增顺序按列排序。

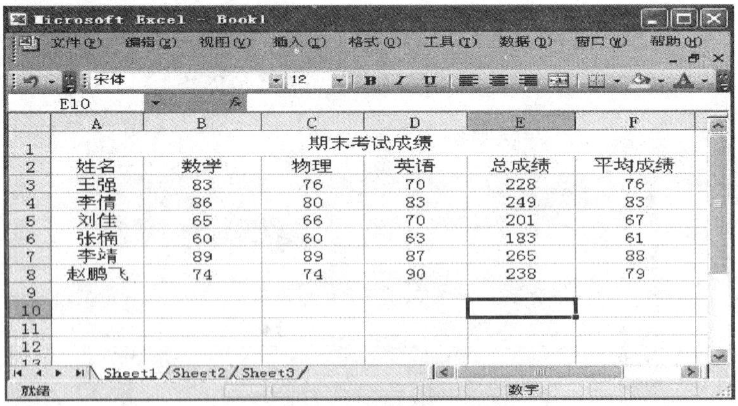

	A	B	C	D	E	F
1	期末考试成绩					
2	姓名	数学	物理	英语	总成绩	平均成绩
3	王强	83	76	70	228	76
4	李倩	86	80	83	249	83
5	刘佳	65	66	70	201	67
6	张楠	60	60	63	183	61
7	李靖	89	89	87	265	88
8	赵鹏飞	74	74	90	238	79

图 9-13　学习成绩数据清单

所谓按列排序，就是根据一列或几列中的数据清单进行排序。排序时，Excel 将按指定字段的值和指定的“升序”或“降序”排序次序重新设定行。

1) 单击数据区域内的任意一个单元格。
2) 选取"数据"菜单中的"排序"命令，出现"排序"对话框，如图 9-14 所示。

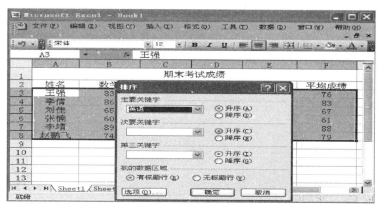

图 9-14 "排序"对话框

3) 在"排序"对话框中，单击"主要关键字"右边的下拉列表按钮，在下拉列表中选取主要关键字段，如"总成绩"，如图 9-15 所示。

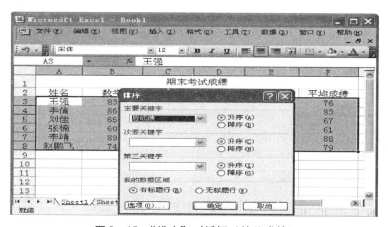

图 9-15 "排序"对话框（按总成绩）

4) 制定"升序"或"降序"（此例中为"升序"）。单击"主要关键字"右边的"升序"单选按钮。
5) 还可以用同样的方法选择"次要关键字""第三关键字"以及"升序"或"降序"。
6) 排除字段名行。因为字段名行不参加排序，所以如果数据清单中含有字段名行，则应单击"有标题行"单选按钮将其排除，否则单击"无标题行"单选按钮。
7) 单击"确定"按钮执行排序。记录的行序被重新组织，总成绩最低的学生被排在第一个，如图 9-16 所示。

当对数据清单按列进行排序且只有一个排序关键字时，可以直接使用工具栏中的"升序"或"降序"按钮来完成排序，如图 9-17 所示。

1) 单击排序字段中的任意一个单元格。
2) 单击工具栏中的"升序"或"降序"按钮。通常情况下，Excel 是按列排序的，但也可以按行排序。所谓按行排序，就是根据一行或几行中的数据清单进行排序。排序时，

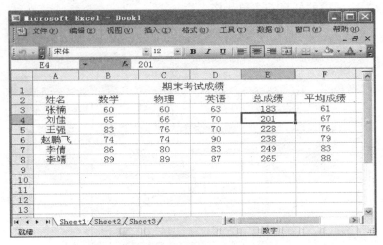

图 9-16 按"总成绩"排序的成绩单

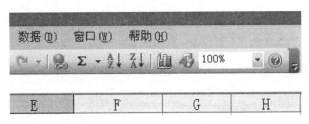

图 9-17 "升序"或"降序"按钮

Excel 将按指定行的值和指定的"升序"或"降序"排序次序重新设定列。

1) 单击数据区域内的任意一个单元格。

2) 选取"数据"菜单中的"排序"命令,出现"排序"对话框。

3) 单击该对话框中的"选项"按钮,出现"排序选项"对话框,如图 9-18 所示。

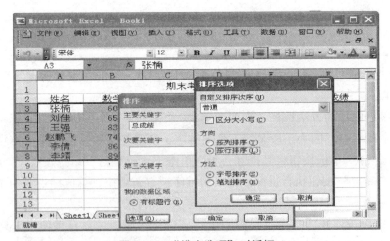

图 9-18 "排序选项"对话框

4) 在"排序选项"对话框中的"方向"列表下,单击"按行排序"单选按钮。

5) 单击"确定"按钮。

余下步骤与按列排序的步骤相同。

2. 利用直方图制作频率分布表

在给定数据单元格区域和接收区间的情况下,计算数据的个别频率和累积频率,用于统计有限集中某个数值元素的出现次数。例如,在一个有 20 名学生的班级里,可以确定以字母打分(如 A、B - 等)所得分数的分布情况。直方图表会给出字母得分的边界以及在最低边界与当前边界之间某一得分出现的次数。出现频率最多的某个得分即为数据组中的众数。

1)"直方图"对话框,如图 9 - 19 所示。

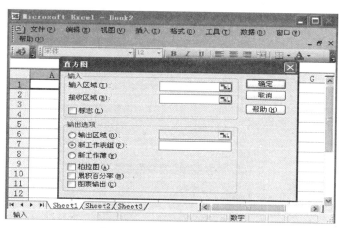

图 9 - 19 "直方图"对话框

2)"接收区域"编辑框(可选)。在此输入接收区域的单元格引用,该区域应包含一组可选的用来定义接收区间的边界值。这些值应当按升序排列。只要这些值存在,Excel 就会统计在当前边界点和相邻的高值边界点之间的数据点个数。如果某个数值等于或小于某个边界值,则该值将被归到以该边界值为上限的区间中。所有小于第一个边界值的数值将一同计数,同样所有大于最后一个边界值的数值也将一同记数。如果省略此处的接收区域,则 Excel 将在数据组的最小值和最大值之间创建一组平滑分布的接收区间。

3)"柏拉图"复选框。选中此复选框,可以在输出表中同时按降序排列频率数据。如果此复选框被清除,则 Excel 将只按升序来排列数据,即省略输出表中最右边的三列数据。

4)"累积百分率"复选框。选中此复选框,可以在输出表中添加一列累积百分比数值,并同时在直方图中添加累积百分比折线。如果清除此选项,则会省略累积百分比。

5)"图表输出"复选框。选中此复选框,可以在输出表中同时生成一个嵌入式直方图。

【例 9 - 3】学生历次考试成绩统计。按照一定区间生成频率分布表,使用"直方图"分析工具来完成(数据文件名:直方图. xls)。

1)打开数据文件"直方图. xls",如图 9 - 20 所示。

2)选择"数据分析"对话框中的"直方图"选项,跳出"直方图"对话框,如图 9 - 21 所示。

3)在"输入区域"对应编辑框输入学生成绩数据的引用" $B$2:$F$15"。

4)在"接受区域"对应编辑框输入数据划分单元格的引用" $A$18:$A$22"。

5)查看是否在输入栏里选择了"标志"复选框(在此,考虑选定"标志"复选框)。

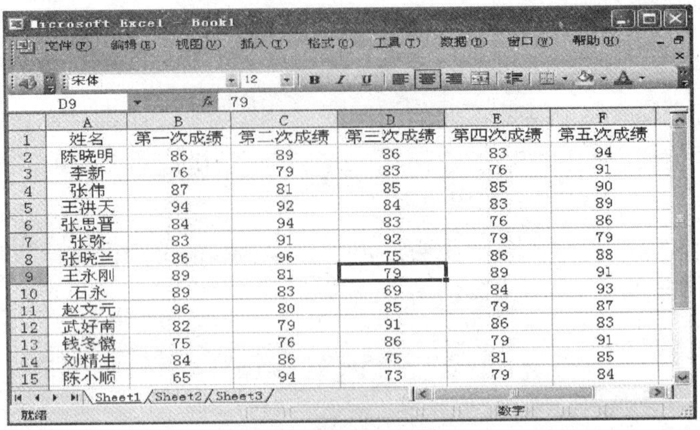

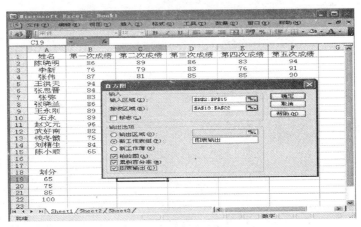

图 9-20 直方图.xls

图 9-21 "直方图"对话框（1）

在输出选项中选择"新工作表组"单选按钮，在其对应编辑框中输入输出工作表名称，如"图表输出"。选择"柏拉图"复选框、"累积百分率"复选框、"图表输出"复选框，如图 9-22 所示。

图 9-22 "直方图"对话框（2）

6) 单击"确定"按钮，输出结果如图 9 – 23 所示。

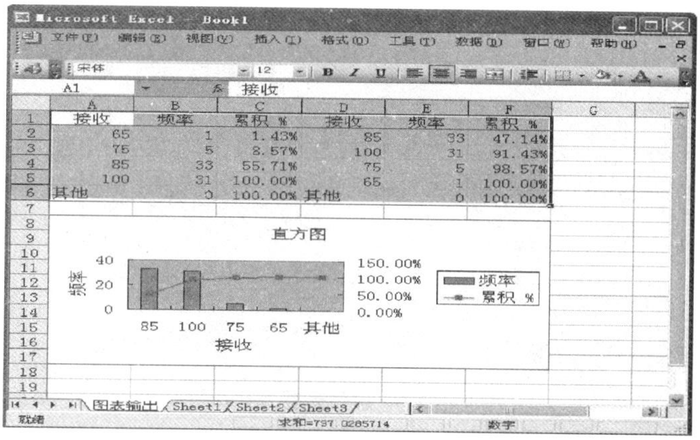

图 9 – 23　【例 9 – 3】输出结果

在图 9 – 23 所示的统计结果中，可以看到输出的内容分为两部分：一部分是数据形式；另一部分是直方图形式。在数据部分，显示每个区间中的人数及累计百分率数值。由统计结果可知，在第一次考试中有 6 人的成绩在 100 ~ 85 分，5 人的成绩在85 ~ 75 分，1 人的成绩在75 ~ 65 分，1 人的成绩在 65 分以下。

3. 数据透视表

假设已经建立了一张统计表，若要建立一个交叉式的复合分组统计表，则可以使用"数据透视表"功能，如图 9 – 24 所示。

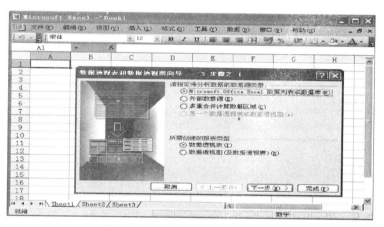

图 9 – 24　"数据透视表"对话框

打开数据透视表和数据透视图向导后，选择待分析数据的数据源及要创建的报表类型，然后单击"下一步"按钮，选择数据区域，再单击"下一步"按钮，选择数据透视表的保存位置，最后单击"完成"按钮。

【9 – 4】假设已经建立了一张某单位部分人事统计表，试利用数据透视表，按性别统计各职称的基本工资总额（数据文件名：数据透视表.xls）。

1) 打开数据"数据透视表.xls"，如图 9 – 25 所示。
2) 单击"数据"菜单选择"数据透视表和数据透视图"命令进入"数据透视表和数

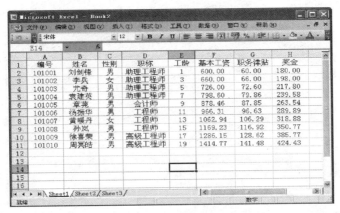

图 9-25 "数据透视表.xls"

据透视图向导"界面,选择创建的报表类型为"数据透视表"。

3)单击"下一步"按钮,输入或选定建立数据透视表的数据源区域,如图 9-26 所示。

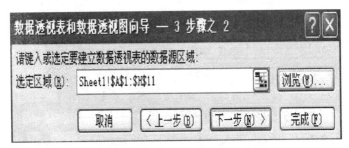

图 9-26 "数据透视表和数据透视图向导—3 步骤之 2"对话框

4)单击"下一步"按钮,在"数据透视表显示位置"列表下选择"新建工作表"单选按钮,如图 9-27 所示。

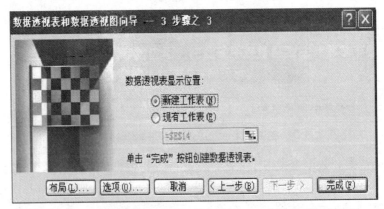

图 9-27 "数据透视表和数据透视图向导—3 步骤之 3"对话框

5)单击"完成"按钮,则会在新建工作表中生成"数据透视表字段列表",如图 9-28 所示。

第 9 章　Excel 在统计中的应用

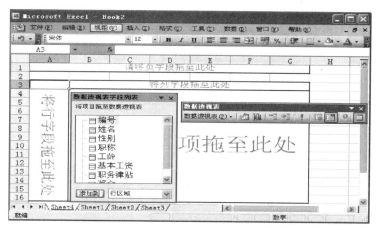

图 9-28　生成"数据透视表字段列表"

6）将"职称"拖至行字段处,将"性别"拖至列字段处,将"基本工资"拖至数据项处,即得到所需数据透视表,如图 9-29 所示。

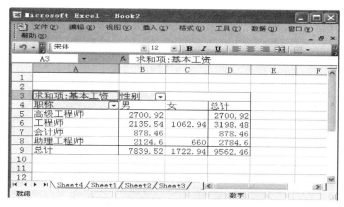

图 9-29　数据透视表

9.2.2　Excel 在描述统计中的应用

1. 描述统计

1）如图 9-30 所示,为"描述统计"对话框示例。

2）"输入区域"编辑框。在此输入待分析数据区域的单元格引用。该引用必须由两个或两个以上按列或行组织的相邻数据区域组成。

3）"分组方式"选项。如果需要指出输入区域中的数据是按行还是按列排列,则请单击"逐行"或"逐列"单选按钮。

4）"标志位于第一行/列"复选框。如果输入区域的第一行中包含标志项,则请选中"标志位于第一行"复选框;如果输入区域的第一列中包含标志项,则请选中"标志位于第一列"复选框;如果输入区域没有标志项,则该复选框不会被选中,Excel 将在输出表中生成适宜的数据标志。

5）"平均数置信度"复选框。如果需要在输出表的某一行中包含均值的置信度,则请

· 255 ·

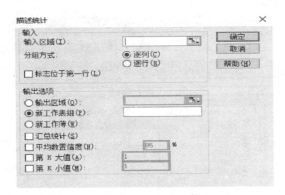

图 9-30 "描述统计"对话框示例

选中此复选框，然后在右侧的编辑框中，输入所要使用的置信度。例如，数值95%可用来计算显著性水平为5%时的均值置信度。

6) "第 K 大值"复选框。如果需要在输出表的某一行中包含每个区域的数据的第 k 个最大值，则请选中择此复选框，然后在右侧的编辑框中，输入 K 的数值。如果输入 1，则这一行将包含数据集中的最大数值。

7) "第 K 小值"复选框。如果需要在输出表的某一行中包含每个区域的数据的第 k 个最小值，则请选中此复选框，然后在右侧的编辑框中，输入 K 的数值。如果输入 1，则这一行将包含数据集中的最小数值。

8) "输出区域"编辑框。在此输入对输出表左上角单元格的引用。此工具将为每个数据集产生两列信息。左边一列包含统计标志项，右边一列包含统计值。根据所选择的"分组方式"选项的不同，Excel 将为输入表中的每一行或每一列生成一个两列的统计表。

9) "新工作表组"单选按钮。单击此按钮，可在当前工作簿中插入新工作表，并由新工作表的 A1 单元格开始粘贴计算结果。如果需要给新工作表命名，则请在右侧编辑框中输入名称。

10) 新工作簿。单击此按钮，可创建一个新工作簿，并在新工作簿的新工作表中粘贴计算结果。

11) "汇总统计"复选框。如果需要 Excel 在输出表中生成下列统计结果，则请选中此复选框。这些统计结果有：平均值、标准误差（相对于平均值）、中值、众数、标准偏差、方差、峰值、偏斜度、极差（全距）、最小值、最大值、总和、总个数、Largest (#)、Smallest (#) 和置信度。

【例 9-6】某老师对几名学生的五次考试成绩进行分析，以便解决几个学生在学习方面的问题。使用"描述统计"分析工具对数据进行统计分析（数据文件名：描述统计.xls）。

1) 打开数据"描述统计.xls"，如图 9-31 所示。
2) 选择"数据分析"对话框中的"描述统计"选项，跳出"描述统计"对话框。
3) 在"输入区域"编辑框中输入三列数据所在的单元格区域引用"$A$4:$F$8"。
4) 单击"逐行"单选按钮。
5) 选中"标志位于第一行"复选框。
6) 在"输出选项"列表下单击"新工作表组"单选按钮，并在对应编辑框中输入新工

第 9 章 Excel 在统计中的应用

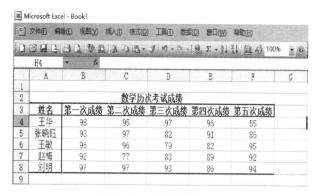

图 9 – 31 描述统计 . xls

作表的名称，如图 9 – 32 所示。

图 9 – 32 "描述统计"对话框

7）选中"汇总统计"复选框。

8）选中"平均数置信度"复选框，并在相应的编辑框中输入"95"。

9）选中"第 K 大值"和"第 K 小值"复选框，并在相应编辑框中输入"1"。

10）单击"确定"按钮。

11）数据输出到新创建的工作表"协方差分析结果"中的"A1:J18"区域，如图 9 – 33 所示。

图 9 – 33 【例 9 – 6】输出结果

· 257 ·

在数据输出的工作表中，可以看出学生成绩的各种分析结果。其中，第 3 行～第 18 行分别为：平均值、标准误差、中值、标准偏差、样本方差、峰值、偏斜度、区域、最小值、最大值、求和、计数、最大（1）（第 1 大值）、最小（1）（第 1 小值）、置信度。根据标准偏差值可以看出，王华的成绩离散程度最大，即其成绩极不稳定，刘明的成绩是最稳定的。若取中值进行分析则是王华的成绩最好；平均值为刘明最佳。总体而言，王华的成绩应该是最好的，只是最后一次的成绩太差，造成了较大的影响。

2. 描述统计主要函数

除了用 Excel 数据分析中的描述统计函数得到数据的基本描述统计量外，还可以直接通过该函数得到各个统计量的值。

1）打开数据文件。

2）在"插入函数"对话框中的"选择函数"列表中选择函数，在"或选择类别"中选择"统计"，如图 9 - 34 所示。

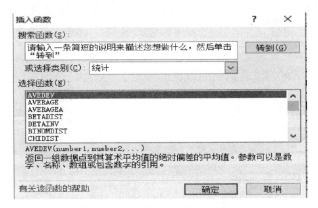

图 9 - 34 "插入函数"对话框

3）选择了需要计算的函数后，单击"确定"按钮。例如，选择"AVEDEV"选项，单击"确定"按钮，就会出现如图 9 - 35 所示界面。

图 9 - 35 "函数参数"对话框

4）在指定的数据区域计算描述统计量，单击"确定"按钮，即在指定的空白单元格返回该函数值。

5）使用其他函数进行计算的方法与上述完全相同。Excel 中常用描述统计量函数对照表见表 9 - 1。

表 9－1　Excel 中常用描述统计量函数对照表

函数名称（英）	函数名称（中）	公式或符号
AVEDEV	平均差	$A.D=\frac{\sum\|x-\bar{x}\|}{n}$
AVERAGE	算术平均数	$\bar{x}=\frac{\sum x}{n}$
GEOMEAN	几何平均数	$\bar{x}_G=\sqrt[n]{\Pi x}$
HARMEAN	调和平均数	$\bar{x}_H=\frac{n}{\sum\frac{1}{x}}$
MAX	最大值	R_{max}
MEDIAN	中位数	M_e
MIN	最小值	R_{min}
MODE	众数	M_o
STDEV	样本标准差（标准偏差）	$\sigma=\sqrt{\sum x/n}$
STDEVP	总体标准差	$\sigma=\sqrt{\sum X/N}$
VAR	样本方差	S^2
VARP	总体方差	σ^2

9.2.3　Excel 在抽样调查与抽样分布中的应用

1. 用 Excel 进行抽样

用 Excel 进行抽样时，首先要对各个总体单位进行编号，编号可以按随机原则，也可以按有关标志或无关标志（具体可参见书中有关抽样的章节），编号后，将编号输入工作表。

【例 9－7】假定有 80 个总体单位，每个总体单位给一个编号，共有 1～80 个编号，将编号输入工作表后如图 9－36 所示。

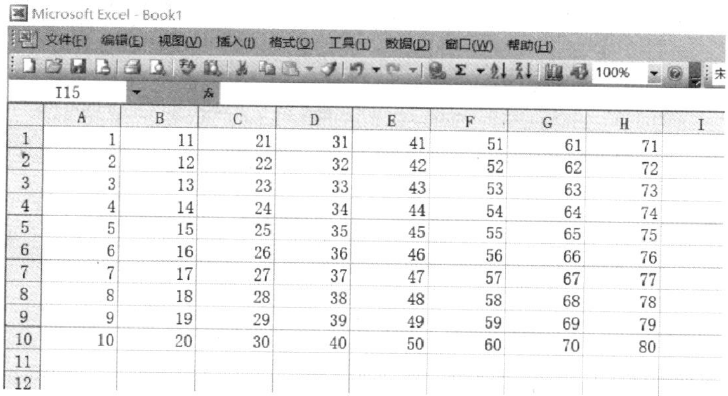

	A	B	C	D	E	F	G	H	I
1	1	11	21	31	41	51	61	71	
2	2	12	22	32	42	52	62	72	
3	3	13	23	33	43	53	63	73	
4	4	14	24	34	44	54	64	74	
5	5	15	25	35	45	55	65	75	
6	6	16	26	36	46	56	66	76	
7	7	17	27	37	47	57	67	77	
8	8	18	28	38	48	58	68	78	
9	9	19	29	39	49	59	69	79	
10	10	20	30	40	50	60	70	80	
11									
12									

图 9－36　【例 9－7】输入结果

1) 单击"工具"菜单,选择"数据分析"选项,打开"数据分析"对话框,从中选择"抽样"选项,如图9-37所示。

图9-37 "数据分析"对话框

2) 单击"抽样"选项,弹出"抽样"对话框,如图9-38所示。

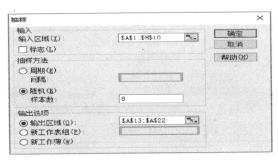

图9-38 "抽样"对话框

3) 在"输入区域"编辑框中输入总体单位编号所在的单元格区域,本例是$A$1:$H$10,系统将从A列开始抽取样本,然后按顺序抽取至H列。如果输入区域的第一行或第一列为标志项(横行标题或纵列标题),则可单击"标志"复选框。

4) 在"抽样方法"列表下,有"周期"和"随机"两种抽样模式:"周期"模式即所谓的等距抽样,采用这种抽样方法,需将总体单位数除以要抽取的样本单位数,求得取样的周期间隔。例如,若要在80个总体单位中抽取10个,则需在"间隔"输入框中输入"8";"随机"模式适用于纯随机抽样、分类抽样、整群抽样和阶段抽样。采用纯随机抽样,只需在"样本数"输入框中输入要抽取的样本单位数即可;若采用分类抽样,则必须先将总体单位按某一标志分类编号,然后在每一类中随机抽取若干单位,这种抽样方法实际是分组法与随机抽样的结合;整群抽样也要先将总体单位分类编号,然后按随机原则抽取若干类作为样本,并对抽中的类的所有单位全部进行调查。

5) 指定输出区域,在这里输入"$A$12",单击"确定"按钮后,即可得到抽样结果,8个随机抽取的样本编号显示在区域"A12:A19"单元格中。

2. 用Excel求置信区间

用Excel的"统计函数"工具进行抽样调查中的区间估计测算。下面结合实例来说明具体的操作。

【例 9－8】某商店随机抽查 10 名营业员，统计他们的日营业额（单位：千元），见图 9－39 中的“A2:A11”单元格。假定该商店各营业员的日营业额服从正态分布，试以 95% 的置信度估计该商店营业员的日营业额的置信区间。

为构造区间估计的工作表，在工作表中输入下列内容：A 列输入样本数据；B 列输入计算指标；C 列输入计算公式（其实，输入计算公式后显现的是计算结果）；为了说明计算过程，在 D 列中展示 C 列的计算公式。其输入结果如图 9－39 所示。

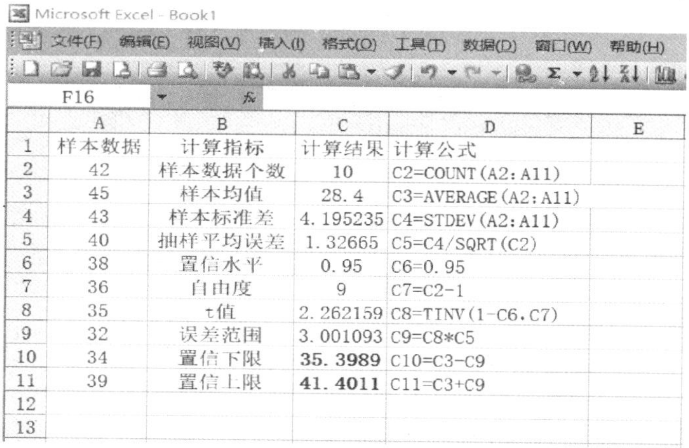

	A	B	C	D	E
1	样本数据	计算指标	计算结果	计算公式	
2	42	样本数据个数	10	C2=COUNT(A2:A11)	
3	45	样本均值	28.4	C3=AVERAGE(A2:A11)	
4	43	样本标准差	4.195235	C4=STDEV(A2:A11)	
5	40	抽样平均误差	1.32665	C5=C4/SQRT(C2)	
6	38	置信水平	0.95	C6=0.95	
7	36	自由度	9	C7=C2-1	
8	35	t值	2.262159	C8=TINV(1-C6,C7)	
9	32	误差范围	3.001093	C9=C8*C5	
10	34	置信下限	**35.3989**	C10=C3-C9	
11	39	置信上限	**41.4011**	C11=C3+C9	
12					
13					

图 9－39　【例 9－8】输入结果

1）把样本数据输到“A2:A11”单元格。

2）在 C2 中输入公式“=COUNT(A2:A11)”，得到计算结果“10”。“COUNT”是计数函数，得出样本容量 $n=10$。

3）在 C3 中输入“=AVERAGE(A2:A11)”；在 C4 中输入“=STDEV(A2:A11)”，在 C5 中输入“=C4/SQRT(C2)”；在 C6 中输入 0.95；在 C7 中输入“=C2－1”；在 C8 中输入“=TINV(1－C6,C7)”；在 C9 中输入“=C8 * C5”；在 C10 中输入“=C3－C9”；在 C11 中输入“=C3+C9”。在输入每一个公式并按“Enter”键以后，便可得到表9－2 所示的结果。

表 9－2　结果显示

样本数据	计算指标	计算公式	计算结果/千元
42	样本数据个数	C2=COUNT(A2:A11)	10
45	样本均值	C3=AVERAGE(A2:A11)	28.4
43	样本标准差	C4=STDEV(A2:A11)	4.195 235
40	抽样平均误差	C5=C4/SQRT(C2)	1.326 65
38	置信水平	C6=0.95	0.95
36	自由度	C7=C2－1	9
35	*t* 值	C8=TINV(1－C6,C7)	2.262 159
32	误差范围	C9=C8 * C5	3.001 093

续表

样本数据	计算指标	计算公式	计算结果/千元
34	置信下限	C10 = C3 − C9	35.398 9
39	置信上限	C11 = C3 + C9	41.401 1

从上面的结果可以知道，该商店营业员的日营业额的置信下限为 35.398 9 千元，置信上限为 41.401 1 千元。由计算结果可以得出，有 95% 的把握认为该商店营业员的日营业额在 35.398 9～41.401 1 千元。

在表 9-2 中，对于不同的样本数据，依其格式，只要输入新的样本数据，再对 C 列公式略加修改，就会自动给出置信区间。

9.2.4 Excel 在抽样调查中的应用

1. 用 Excel 进行区间估计

【例 9-9】某学校为了调查该校学生一天的消费情况，随机抽查了 50 个学生，其消费额（单位：百元）如下：

15 11 12 13 14 15 7 8 9 10 11 12 13 14 15 10 9 10 11 16
20 25 23 33 29 30 25 20 16 13 12 13 13 10 1 0 6 7 8 9 8 7
5 15 18 12 10

求在置信度为 90% 时，学生平均消费额的估计区间。

1）把数据输到"A2:A50"单元格。

2）在 C2 中输入公式"= COUNT(A2:A50)"；C3 中输入"= AVERAGE(A2:A50)"；在 C4 中输入"STDEV(A2:A50)"；在 C5 中输入"= C4/SQRT(C2)"；在 C6 中输入 0.90；在 C7 中输入"= C2 − 1"；在 C8 中输入"= TINV(1 − C6，C7)"；在 C9 中输入"= C8 ∗ C5"；在 C10 中输入"= C3 − C9"；在 C11 中输入"= C3 + C9"。在输入每一个公式并按"Enter"键后，便可得到图 9-40 所示的结果，从结果可知，学生平均消费额的置信下限为 12.241 812 14，置信上限为 14.941 861 33。

关于总体方差的估计、总体比例的估计等可按类似方法进行。

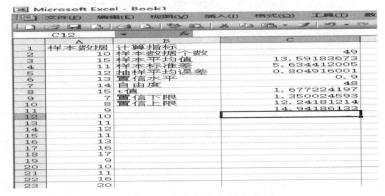

图 9-40 参数估计数据及结果

2. 用 Excel 进行假设检验

假设检验包括一个正态总体的参数检验和两个正态总体的参数检验。对于一个正态总体参数的检验,可利用统计函数工具和自己输入公式的方法计算统计量,并进行检验。本例主要介绍如何使用 Excel 进行两个正态分布的均值方差的检验。

【例 9 – 10】为了评价两个学校的教学质量,分别在两个学校抽取样本。在 A 学校抽取 30 名学生,在 B 学校抽取 35 名学生,对两个学校的学生同时进行一次英语标准化考试,成绩如表 9 – 3 所示。假设学校 A 考试成绩的方差为 64,学校 B 考试成绩的方差为 100,检验两个学校的教学质量是否有显著差异(显著性水平 $\alpha = 0.05$)。

表 9 – 3　A、B 两个学校的英语标准化考试成绩

学校 A						学校 B						
70	97	85	87	64	73	76	91	57	62	89	82	93
86	90	82	83	92	74	64	80	78	99	59	82	70
72	94	76	89	73	88	85	83	87	78	84	84	70
91	79	84	76	87	88	79	72	91	93	75	85	65
85	78	83	84	91	74	74	79	64	84	66	66	85

假定我们将表 9 – 3 中学校 A 的数据输到工作表中的"A2:A31",学校 B 的数据输到工作表的"B2:B41"。

1)选择"工具"下拉菜单,再选择"数据分析"选项。

2)在"分析工具"列表框中选择"z – 检验:双样本平均差检验",如图 9 – 41 所示。

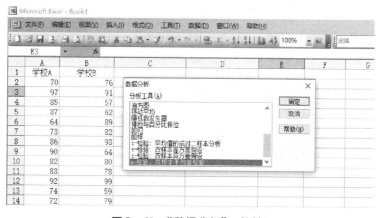

图 9 – 41　"数据分析"对话框

3)当出现对话框后,在"变量 1 的区域"方框内输入"A2:A31";在"变量 2 的区域"方框内输入"B2:B41";在"假设平均差"方框内输入"0";在"变量 1 的方差"方框内输入"64";在"变量 2 的方差"方框内输入"100";在"α"方框内输入"0.05";在"输出选项"列表下选择输出区域(在此选择"新工作表组"),如图 9 – 42 所示。

图 9-42 "z-检验：双样本平均差检验"对话框

4) 所有选项设置好后，单击"确定"按钮。

5) 输出结果如表 9-4 所示。

表 9-4 z-检验：双样本平均差检验的输出结果

项目	变量1	变量2
平均数	82.5	78
已知协方差	64	100
观测值个数	30	35
假设平均差	0	
z	2.0 905 749	
P (Z<=z) 单尾	0.018 283	
z 单尾临界	1.6 448 535	
P (Z<=z) 双尾	0.0 365 661	
z 双尾临界 $z > z_{\frac{a}{2}}$	1.9 599 628	

由于 $z > z_{\frac{a}{2}}$，所以拒绝 H_0（零假设），即两个学校的教学质量有显著差异。

9.2.5 Excel 在方差分析中的应用

1. 单因素方差分析

用 Excel 进行方差分析时，对数据格式有特殊的要求，不能使用前面学过的列表格式，而应使用特殊的表格形式。在单因素方差分析中，把因素的不同显著性水平作为表格的列（或行），把不同显著性水平下的重复次数作为行（或列）；在进行双因素方差分析时，以一个因素的不同显著性水平作为列，以另一个因素以及试验的重复次数作为行。这种设计使得 Excel 最多只能进行两个因素的方差分析。

【例 9-11】为了调查面试和录用率间的关系，试用方差分析的方法比较在 5% 的显著性水平下能否认为面试对录用率有显著影响。

在 Excel 中，先对数据按面试排序，然后把面试成绩整理成图 9－43 所示形式。从分组结果可以看出，在不同因素水平下的观测个数并不相同，但方差分析原理完全相同，只是计算公式上稍有不同。当然，使用统计软件进行计算时完全看不出这种影响。

	A	B	C	D	E	F	G
1			面试成绩				
2	1	2	3	4	5	6	
3	0.8	0.5	0.8	0.5	0.7	0.6	
4	0.75	0.6	0.9	0.6	0.8	0.7	
5	0.6	0.7	0.7	0.8	0.8	0.8	
6	0.7	0.8	0.9	0.6	0.7	0.9	
7	0.6	0.76	0.56	0.7	0.8	0.8	
8	0.9	0.63	0.55	0.9	0.5	0.7	
9							
10							

图 9－43 【例 9－11】输入结果

在 Excel 的"分析工具库"选项中选择"方差分析：单因素方差分析"选项，指定相应的数据区域和显著性水平，单击"确定"按钮后的输出结果如图 9－44 和图 9－45 所示。

	A	B	C	D	E	F
1	方差分析：单因素方差分析					
2						
3	SUMMARY					
4	组	观测数	求和	平均	方差	
5	1	6	4.35	0.725	0.01375	
6	2	6	3.99	0.665	0.01223	
7	3	6	4.41	0.735	0.021667	
8	4	6	4.1	0.683333	0.021667	
9	5	6	4.3	0.716667	0.013667	
10	6	6	4.5	0.75	0.011	
11						

图 9－44 单因素方差分析的汇总表

	A	B	C	D	E	F	G
1	方差分析：单因素方差分析						
2							
3	方差分析						
4	差异源	SS	df	MS	F	P-value	F crit
5	组间	0.031158	5	0.006232	0.38442	0.855475	2.533555
6	组内	0.486317	30	0.016211			
7							
8	总计	0.517475	35				
9							
10							

图 9－45 单因素方差分析的方差分析表

由图 9－45 可知各组数据的描述统计指标。从各组的均值看，录用率最低的为 0.665，最高的为 0.735；从各组的方差看，最小的为 0.011，最大的为 0.021 667。判断数据是否符为同方差假设的一个经验方法是：如果各组之中的最大方差与最小方差之间的比值不超过 4，就可以认为是同方差的。

在这个例子中，如果假设数据是同方差的，则方差分析的中得出的 P 值（P-value）等于 0.855 475（大于 0.05），因此应接受 H_0，检验的结论是：面试对录用率没有显著影响。

注意，软件给出的 P 值是单侧检验的 P 值。

2. 用 Excel 进行无重复双因素方差分析

无重复双因素方差分析可以同时分析两个因素对因变量的影响。下面来看一个简单的例子。

【例 9－12】为了比较四个不同学校教师的收入（单位：元）设计了以下实验：从四个学校中，将教师按教龄分为 10 个等级。各等级选择一名教师进行调查，调查结果如图 9－46 所示。显著性水平 $\alpha=0.01$。试分析不同学校教师的收入是否有显著差异。教师的教龄对收入有显著影响吗？

	不同学校老师的月收入（元）			
教龄（年）	新疆大学	温州大学	兰州大学	郑州大学
1	2000	2500	2000	2000
3	2100	2600	2500	2000
5	2500	2800	2600	3000
7	3000	3000	2600	3000
9	3000	2800	2800	3000
9	3000	2800	2800	3000
10	3500	3500	3500	3500
15	3500	4000	4000	4000
20	4000	4500	5000	4500
30	5000	5500	5500	5000

图 9－46　不同学校教师的月收入

在 Excel 表格中输入相应的数据，从“数据分析”选项中选择“方差分析：无重复双因素分析”选项，在对话框中输入数据区域、显著性水平和输出方式，得到方差分析表，如图 9－47 所示。从分析结果可以看出，行因素（学校）的 P 值为 1.09E－16，小于 0.01，说明不同学校对教师的收入有显著影响；列因素（教龄）的 P 值为 0.149 985，大于 0.01，说明教龄对教师的收入都有显著影响。

方差分析：无重复双因素分析

SUMMARY	观测数	求和	平均	方差
1	4	8500	2125	62500
3	4	9200	2300	86666.67
5	4	10900	2725	49166.67
7	4	11600	2900	10000
8	4	11600	2900	13333.33
9	4	11600	2900	13333.33
10	4	14000	3500	0
15	4	15500	3875	62500
20	4	18000	4500	166666.7
30	4	21000	5250	83333.33
新疆大学	10	31600	3160	811555.6
温州大学	10	34000	3400	964444.4
兰州大学	10	33300	3330	1340111
郑州大学	10	33000	3300	955555.6

方差分析

差异源	SS	df	MS	F	P-value	F crit
行	35217250	9	3913028	73.99877	1.09E-16	2.250131
列	304750	3	101583.3	1.92103	0.149985	2.960351
误差	1427750	27	52879.63			
总计	36949750	39				

图 9－47　无重复双因素方差分析表

3. 用 Excel 进行有重复双因素方差分析

与无重复双因素方差分析不同，有重复双因素方差分析可以分为有交互作用和无交互作用两种情况。Excel 只能分析有交互作用的情况。

【例 9-13】一家计算机公司在美国、英国、德国、中国四个国家销售大型计算机、小型计算机、微型计算机。为了比较不同国家三类计算机销售人员的收入（单位：元），随机收集了一组数据，如图 9-48 所示。假设数据是正态的和等方差的。试在 $\alpha=0.05$ 的显著性水平下分析各因素及其交互作用的影响是否显著。

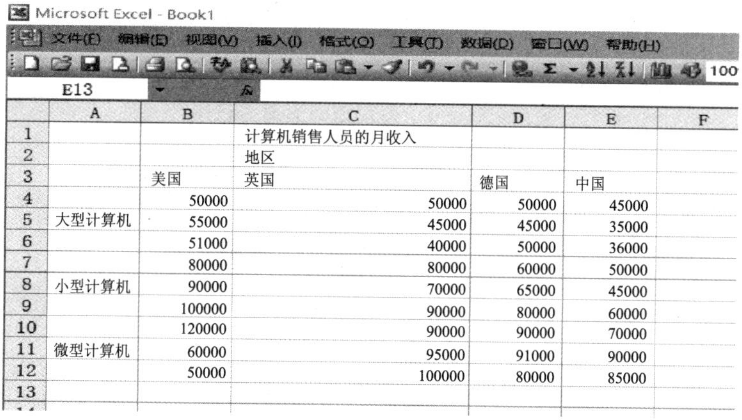

	A	B	C	D	E	F
1			计算机销售人员的月收入			
2			地区			
3		美国	英国	德国	中国	
4		50000	50000	50000	45000	
5	大型计算机	55000	45000	45000	35000	
6		51000	40000	50000	36000	
7		80000	80000	60000	50000	
8	小型计算机	90000	70000	65000	45000	
9		100000	90000	80000	60000	
10		120000	90000	90000	70000	
11	微型计算机	60000	95000	91000	90000	
12		50000	100000	80000	85000	
13						

图 9-48 计算机销售人员的月收入数据

在 Excel 表格中输入相应的数据，从“数据分析”选项中选择“方差分析：可重复双因素分析”选项，在对话框中输入“数据区域、显著性水平和输出方式”，并指明每种处理重复的次数（这里为 3 次），如图 9-49 所示。注意，在可重复双因素分析的“输入区域”（右侧的编辑框中要包括行和列的分组状况，否则 Excel 会报错。最后得到的方差分析表如图9-50 和图 9-51 所示。从分析结果可以看出，样本（行因素，即产品类型）的 P 值为 0.001 121，说明销售的计算机类型对销售人员的平均收入有明显差异；列因素（国家）的 P 值为 0.004 051 <0.05，说明国家因素对收入有显著影响；两个因素的交互作用的 P 值为 0.004 588 <0.05，说明二者的交互作用对销售人员的平均收入有显著影响。

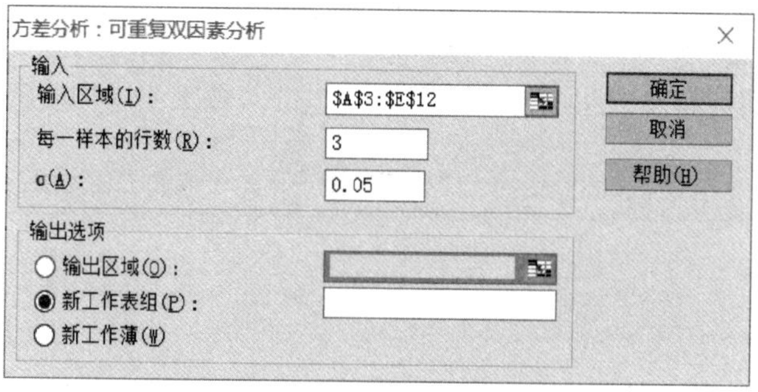

图 9-49 “方差分析：可重复双因素分析”对话框

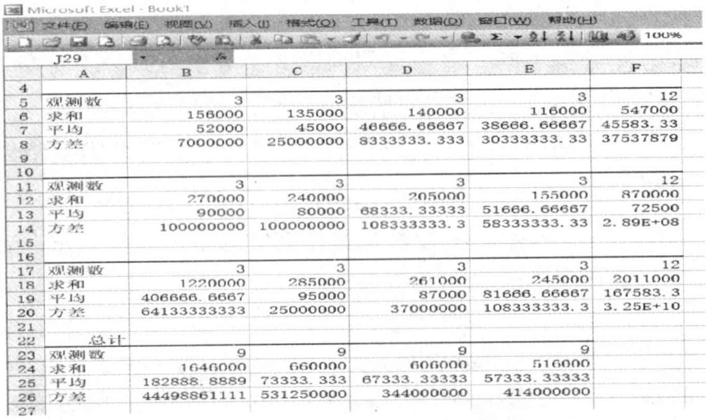

	A	B	C	D	E	F
4						
5	观测数	3	3	3	3	12
6	求和	156000	135000	140000	116000	547000
7	平均	52000	45000	46666.66667	38666.66667	45583.33
8	方差	7000000	25000000	8333333.333	30333333.33	37537879
9						
10						
11	观测数	3	3	3	3	12
12	求和	270000	240000	205000	155000	870000
13	平均	90000	80000	68333.33333	51666.66667	72500
14	方差	100000000	100000000	108333333.3	58333333.33	2.89E+08
15						
16						
17	观测数	3	3	3	3	12
18	求和	1220000	285000	261000	245000	2011000
19	平均	406666.6667	95000	87000	81666.66667	167583.3
20	方差	64133333333	25000000	37000000	108333333.3	3.25E+10
21						
22	总计					
23	观测数	9	9	9	9	
24	求和	1646000	660000	606000	516000	
25	平均	182888.8889	73333.333	67333.33333	57333.33333	
26	方差	44498861111	531250000	344000000	414000000	

图 9－50　可重复双因素方差分析表

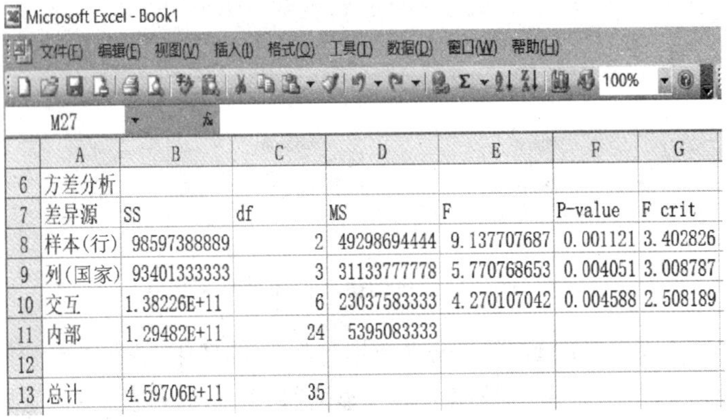

	A	B	C	D	E	F	G
6	方差分析						
7	差异源	SS	df	MS	F	P-value	F crit
8	样本(行)	98597388889	2	49298694444	9.137707687	0.001121	3.402826
9	列(国家)	93401333333	3	31133777778	5.770768653	0.004051	3.008787
10	交互	1.38226E+11	6	23037583333	4.270107042	0.004588	2.508189
11	内部	1.29482E+11	24	5395083333			
12							
13	总计	4.59706E+11	35				

图 9－51　【例 9－13】输出结果

9.2.6　Excel 在相关分析与回归分析中的应用

1. 相关分析

相关分析可用于判断两组数据之间的关系。我们可以使用相关分析来确定两个区域中数据的变化是否相关。用 Excel 进行相关分析的方法有两种：一是利用相关系数函数，如 CORREL 函数和 PERSON 函数；另一种是利用数据分析功能、相关分析宏。这里主要介绍后者。

【9－14】10 个同类企业的生产性固定资产年均价值和工业增加值资料如表 9－5 所示。

表 9－5　10 个同类企业的生产性固定资产年均价值和工业增加值资料

企业编号	生产性固定资产价值/万元	工业增加值/万元
1	318	524
2	910	1 019
3	200	638
4	409	815

续表

企业编号	生产性固定资产价值/万元	工业增加值/万元
5	415	913
6	502	928
7	314	605
8	1 210	1 516
9	1 022	1 219
10	1 225	1 624
合计	6 525	9 801

要求根据资料计算相关系数,并说明两变量相关的方向和程度。

将数据输入工作表后:

1) 选择"工具"下拉菜单,再选择"数据分析"选项。

2) 在"分析工具"列表中选择"相关系数"选项。

3) 当出现"选项"对话框时,在"输入区域"右侧输入框内输入"A2:B11",在"输出选项"列表中选择输出区域(在此选择"新工作表组")。最后单击"确定"按钮,得出如图 9-52 所示结果。

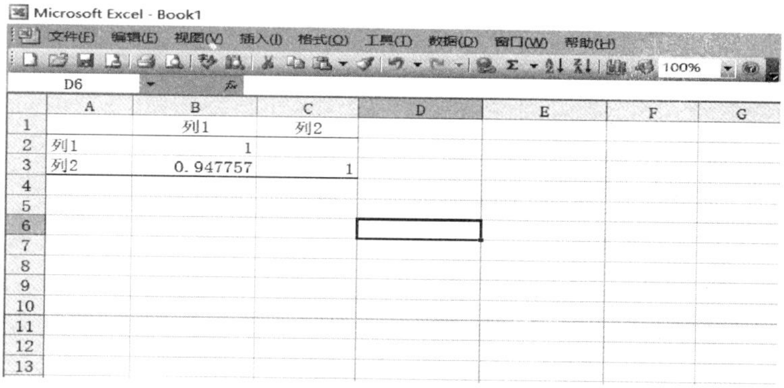

图 9-52 相关系数输出结果

4) 根据上述步骤计算相关系数矩阵,得出两个变量之间的相关系数,如"生产性固定资产价值"与"工业增加值"的相关系数为 0.947 757,属于高度正相关。

2. 回归分析

利用 Excel 可以很容易地进行回归分析,包括一元线性回归分析和多元线性回归分析。

【例 9-15】根据表 9-5 的资料,编制回归方程,估计标准误差,并估计生产性固定资产(自变量)为 1 100 万元时,工业增加值(因变量)的可能值。

1) 选择"工具"下拉菜单。

2) 选择"数据分析"选项。

3) 在"分析工具"列表中选择"回归"选项。

4) 当出现"回归"对话框时,在"输入 Y 的区域"输入框内输入"B2:B11",在

"输入 X 的区域"输入框内输入"A2:A11"，在"输出选项"列表中选择输出区域（这里选择"新工作表组"）。

5）最后，单击"确定"按钮。

6）得到图 9－53 所示结果。

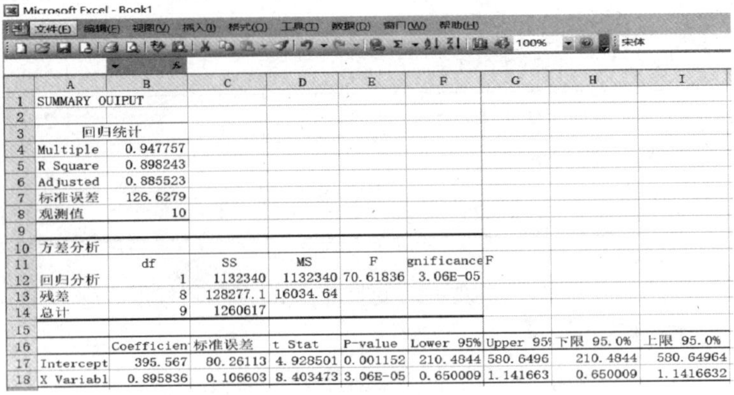

	A	B	C	D	E	F	G	H	I
1	SUMMARY OUIPUT								
2									
3	回归统计								
4	Multiple	0.947757							
5	R Square	0.898243							
6	Adjusted	0.885523							
7	标准误差	126.6279							
8	观测值	10							
9									
10	方差分析								
11		df	SS	MS	F	gnificance	F		
12	回归分析	1	1132340	1132340	70.61836	3.06E-05			
13	残差	8	128277.1	16034.64					
14	总计	9	1260617						
15									
16		Coefficien	标准误差	t Stat	P-value	Lower 95%	Upper 95%	下限 95.0%	上限 95.0%
17	Intercept	395.567	80.26113	4.928501	0.001152	210.4844	580.6496	210.4844	580.64964
18	X Variabl	0.895836	0.106603	8.403473	3.06E-05	0.650009	1.141663	0.650009	1.1416632

图 9－53　回归分析输出结果

图 9－53 中的回归统计部分给出了判定系数 R^2、调整后的 R^2、标准误差等。方差分析部分给出的显著性水平 F 值表明，回归方程是显著的；最下面的部分给出了参数 a、b 的值（$a=395.567$、$b=0.895\ 836$）、参数 a、b 的标准差、t 检验的统计量、P 值，以及下限 95% 和上限 95%（据此可知参数 a、b 的置信区间）。例如，此时有 95% 的把握确信，a 的取值范围为 210.484 4～580.649 64；b 的取值范围为 0.650 009～1.141 663 2。除表中输出的结果外，还可以根据需要给出残差图、线性拟合图等。所以，该例题中得到的回归方程为：$y_c=395.567+0.895\ 836x$；回归标准误差为：$S_{yx}=126.627\ 9$。当生产性固定资产 $x=1\ 100$ 万元时，工业总产值 $y_c=395.567+0.895\ 836\times 1\ 100=1\ 380.986\ 6$（万元）。

9.2.7　Excel 在时间数列中的应用

1. 用 Excel 进行季节变动分析

为介绍 Excel 在季节变动分析中的应用，在此采用趋势剔除法计算季节指数。

【例 9－16】某小型企业的销售收入如表 9－6 所示。

表 9－6　某小型企业的销售收入

年份	春/万元	夏/万元	秋/万元	冬/万元
2007	79	48	68	107
2008	97	66	85	134
2009	113	91	100	148
2010	136	105	125	174

把数据输到工作表中的 B2:B17 单元格。用 Excel 构造一张季节变动分析表，结果如图 9－54 所示。

Microsoft Excel - Book1

	A	B	C	D	E	F	G
1	季节	销售收入	4项移动平均				
2	2002.1	79					
3	2002.2	48					
4	2002.3	68					
5	2002.4	107					
6	2003.1	97					
7	2003.2	66					
8	2003.3	85					
9	2003.4	134					
10	2004.1	113					
11	2004.2	91					
12	2004.3	110					
13	2004.4	148					
14	2005.1	136					
15	2005.2	105					
16	2005.3	125					
17	2005.4	174					
18							

图 9－54　季节变动分析表的输入结果

1）计算 4 项移动平均。在 C3 单元格输入公式“＝AVERAGE(B2:B5)”，然后将公式复制到 C4:C15 单元格。其结果如图 9－54 的 C 列所示。

2）计算移动平均趋势值（中心化移动平均数），即对 C 列的结果再进行一次 2 项移动平均。在 D4 单元格输入公式“＝AVERAGE(C3:C4)”，然后将公式复制到 D5:D15 单元格。其结果如图 9－55 的 D 列所示。

3）将实际值除以相应的趋势值。在 E4 单元格输入公式“＝B4/D4”，然后将公式复制到 E5:E15 单元格。其结果如图 9－55 的 E 列所示。

4）计算同季平均。在 F2 单元格输入公式“＝(E6＋E10＋E14)/3，在 F3 单元格输入公式“＝(E7＋E11＋E15)/3”；在 F4 单元格输入公式“＝(E4＋E8＋E12)/3”；在 F5 单元格输入公式“＝(E5＋E9＋E13)/3”。其结果如图 9－55 的 F 列所示。

5）计算总平均值。在 G2 单元格输入公式“＝AVERAGE(E4:E15)”。

6）计算季节指数。将同季平均值除以总平均值。在 H2 单元格输入公式“＝F2/G2”；在 H3 单元格输入公式“＝F3/G2”；在 H4 单元格输入公式“＝F4/G2”；在 H5 单元格输入公式“＝F5/G2”。计算结果如图 9－55 的 H 列所示。

Microsoft Excel - Book1

	A	B	C	D	E	F	G	H
1	季节	销售收入	4项移动平均	趋势值	B4/D4	同季平均	总平均值	季节指数
2	2002.1	79				1.0848189	1.002505	1.08210822
3	2002.2	48	75.5			0.7771198		0.77517795
4	2002.3	68	80	77.75	0.874598	0.8697973		0.86762386
5	2002.4	107	84.5	82.25	1.300912	1.2782841		1.27508997
6	2003.1	97	88.75	86.625	1.119769			
7	2003.2	66	95.5	92.125	0.716418			
8	2003.3	85	99.5	97.5	0.871795			
9	2003.4	134	105.75	102.625	1.305725			
10	2004.1	113	109.5	107.625	1.049942			
11	2004.2	91	113	111.25	0.817978			
12	2004.3	100	118.75	115.875	0.862999			
13	2004.4	148	122.25	120.5	1.228216			
14	2005.1	136	128.5	125.375	1.084746			
15	2005.2	105	135	131.75	0.796964			
16	2005.3	125						
17	2005.4	174						
18								

图 9－55　季节变动分析输出结果

2. 用 Excel 进行时序预测

【例 9-17】某煤矿某年 1~11 月的采煤量如表 9-7 所示。

表 9-7 某煤矿 1~11 月的采煤量

月份	产量/万吨	月份	产量/万吨
1	9.03	7	9.15
2	9.06	8	9.36
3	9.12	9	9.45
4	8.73	10	9.30
5	8.94	11	9.24
6	9.30	12	—

(1) 用移动平均法进行预测

1) 将原始数据录到 B2:B12 单元格，结果如图 9-56 所示。

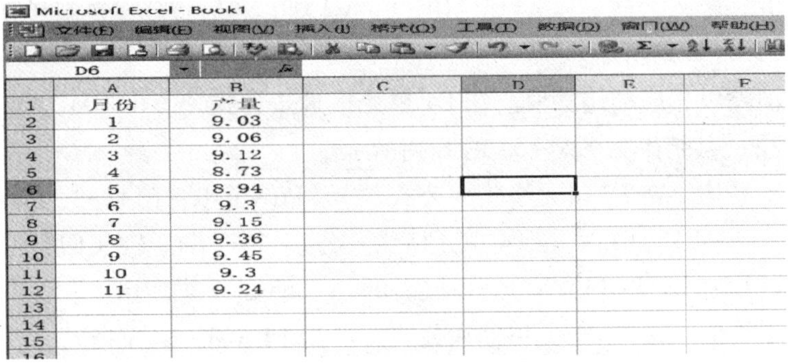

图 9-56 移动平均的输入结果

2) 选择"工具"下拉菜单下的"数据分析"选项，弹出图 9-57 所示的对话框。

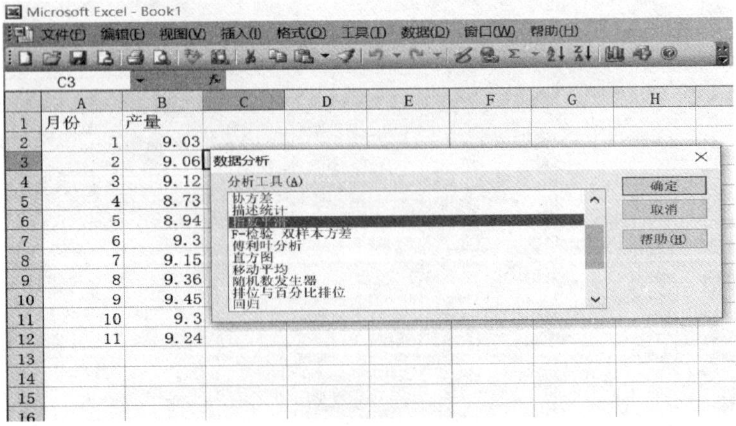

图 9-57 "数据分析"对话框（1）

3)在"分析工具"列表中选择"移动平均"选项,单击"确定"按钮,弹出"移动平均"对话框,相应作如下输入,即可得到图 9 – 58 所示的对话框。

图 9 – 58 "移动平均"对话框

4)在"输出区域"右侧输入框输入"＄B＄2:＄B＄12"(即原始数据所在的单元格区域)。

5)在"间隔"右侧输入框输入"3",表示使用 3 项移动平均。

6)在"输出区域"右侧输入框输入"C2",即将输出区域的左上角单元格定义为 C2。

7)选择"图表输出"复选框和"标准误差"复选框。

8)单击"确定"按钮。

9)得到图 9 – 59 所示的移动平均结果。分析:在图 9 – 59 中,"C4:C12"单元格对应的数据即为 3 项移动平均的预测值;"D6:D12"单元格即为标准误差。

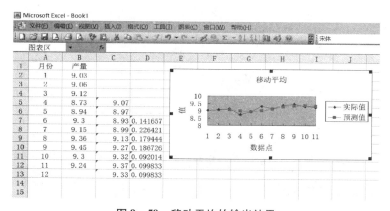

图 9 – 59 移动平均的输出结果

(2)用指数平滑法进行预测

1)将原始数据输到"B2:B12"单元格。

2)选择"工具"下拉菜单下的"数据分析"选项,弹出图 9 – 60 所示的对话框。

3)在"分析工具"列表中选择"指数平滑"选项,单击"确定"按钮,弹出"指数平滑"对话框,作相应输入,结果如图 9 – 61 所示。

4)单击"确定"按钮。

5)经过以上操作,即可得到指数平滑结果,如图 9 – 62 所示。C3:C12 单元格对应的数

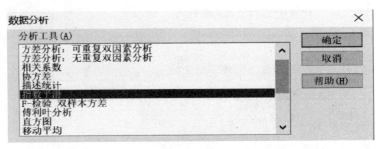

图 9-60 "数据分析"对话框（2）

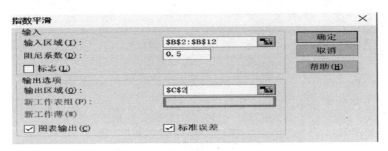

图 9-61 "指数平滑"对话框

据即为指数平滑的预测值；D6:D12 单元格对应的数据即为标准误差。

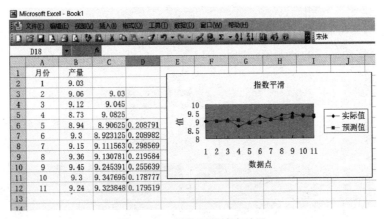

图 9-62 指数平滑输出结果

（3）用趋势预测法进行预测

1）把相关数据输到 Excel 中，其中月份输到 "A2:A12" 单元格，月产量输到 "B2:B12" 单元格。

2）在工作表中选择一个空的单元格。在此选择 "D2" 单元格。

3）选择 "插入" 下拉菜单。

4）选择 "函数" 选项。

5）当 "插入函数" 对话框出现时，在函数类别框（"或选择类别" 列表框）中选择 "统计" 选项；在函数名字（"选项函数" 列表）中选择 "FORECAST"，结果如图 9-63 所示。

第 9 章　Excel 在统计中的应用

图 9-63　"插入函数"对话框

6）单击"确定"按钮，出现"函数参数"对话框。在"x"中输入"12"（预测的是 12 月），在"Know-y's"中输入"B2:B12"（因变量），在"Know-x's"中输入"A2:A12"（自变量），结果如图 9-64 所示。

图 9-64　"函数参数"对话框

7）单击"确定"按钮。

8）经过以上操作，即可得到趋势预测的结果："D2 = 9.396 545 455"，即该煤矿 12 月的采煤量约为 9.396 545 455 万吨。

复习思考

1. 将所选多列调整为等列宽，最快的方法是什么？

2. 在 Excel "工具"下拉菜单的"选项"对话框里，选择"编辑"选项卡，设定小数位数为"2"，然后在单元格中输入"35"后的结果是什么？

3. 在 Excel 中，若需要将一表格中所有小于 0 的数全部用斜体加粗的格式表示，则应如何操作？

4. 如何将设置了格式的单元格恢复为空单元格？

5. 如何把数值作为文本数据输入？

6. 在多张工作表中同时输入相同的内容，最快的办法是什么？

7. 如何对数据清单进行筛选（自动筛选、高级筛选）？

8. 制作图表时，应该注意什么问题？

实践技能训练

一、利用 Excel 对数据进行描述统计分析

1. 分别用函数和数据分析工具计算这 31 个地区人口的总和、平均值、中位数、众数、标准差，具体数据如表 9-8 所示。

表 9-8　2008 年 31 个地区人口统计

地区	总人口/万人	地区	总人口/万人
北京	1 695	山东	9 417
天津	1 176	河南	9 429
河北	6 989	湖北	5 711
山西	3 411	湖南	6 380
内蒙古	2 414	广东	9 544
辽宁	4 315	广西	4 816
吉林	2 734	海南	854
黑龙江	3 825	重庆	2 839
上海	1 888	四川	8 138
江苏	7 677	贵州	3 793
浙江	5 120	云南	4 543
安徽	6 135	西藏	287
福建	3 604	陕西	3 762
青海	554	宁夏	618
新疆	2 131	甘肃	2 628
江西	4 400		

2. 根据抽样调查得知，某月 X 市 50 户居民购买消费品支出如表 9-9 所示。

表 9-9　某月 X 市 50 户居民购买消费品支出

单位：元

830	880	1 230	1 100	1 180	1 580	1 210	1 460	1 170	1 080
1 050	1 100	1 070	1 370	1 200	1 630	1 250	1 360	1 270	1 420
1 180	1 030	870	1 150	1 410	1 170	1 230	1 260	1 380	1 510
1 010	860	810	1 130	1 140	1 190	1 260	1 350	930	1 420
1 080	1 010	1 050	1 250	1 160	1 320	1 380	1 310	1 270	1 250

根据以上数据，以 900、1 000、1 100、1 200、1 300、1 400、1 500、1 600 为组限，对居民户月消费支出额编制组距式变量数列，并计算居民户月消费支出额的累计频数和频率。同时，对分组资料用各种统计图加以表现。

3. 假定有 100 个总体单位，每个总体单位给一个编号，共有 1～100 个编号，从这些数据中抽取一定的样本数据进行分析。

二、Excel 图表制作及编辑

1. 统计图表的建立。以表 9-10 为例，建立柱形图。某地区 2011—2015 年普通高等教育、中等职业教育及普通高中招生人数如表 9-10 所示。

表 9-10　某地区 2011—2015 年普通高等教育、中等职业教育及普通高中招生人数

年份	普通高等教育/万人	中等职业教育/万人	普通高中/万人
2011	50	65	87
2012	54	74	87
2013	56	81	84
2014	60	81	83
2015	64	87	83

2. 建立自定义图表。以表 9-11 为例，建立分离饼形图，并将其添加到自定义图表中，以便以后可以直接套用。某学校现有专任教师 212 人。其中，具有高级职称的教师占 30.0%；具有硕士学位的教师占 35.8%；具有学士学位的教师占 34.2%，如表 9-11 所示。试绘出该院教师职称分布图。

表 9-11　某学校教师职称分布情况

职称	比例/%
高级职称	30.0
硕士学位	35.8
学士学位	34.2

三、Excel 区间估计和方差分析

如表 9-12 所示，为 50 辆汽车传动系统出现故障时所行驶的实际里程数。

表 9-12　50 辆汽车传动系统出现故障时所行驶的实际里程数

单位：千米

85 092	32 609	59 465	77 437	32 534	64 090	32 464	59 902	39 323	89 641
94 219	116 803	92 857	63 436	65 605	85 861	64 342	61 978	67 998	59 817
101 769	95 774	121 352	69 568	74 276	66 998	40 001	72 069	25 066	77 098
69 922	35 662	74 425	67 202	118 444	53 500	79 294	64 544	86 813	116 269
37 831	89 431	73 341	85 288	138 114	53 402	85 586	82 256	77 539	88 798

求曾经出现过传动系统问题的汽车总体中在出现传动系统问题时所行驶里程均值的 95% 置信区间。

四、方差分析

1. 单因素方差分析：采用四种不同产地的原料萘，按同样的工艺条件合成萘酚，测定所得产品的熔点，如表 9-13 所示。问原料萘的产地是否显著影响产品的熔点？（显著性水平 $\alpha = 0.1$）

表 9-13　不同产地原料萘合成的萘酚的熔点

产地 1/℃	产地 2/℃	产地 3/℃	产地 4/℃
124.0	123.0	121.5	123.5
123.0	123.0	121.0	121.0
123.5		123.0	
123.0			

2. 双因素方差分析：某种火箭使用四种燃料、三种推进器进行射程试验。在每种燃料与每种推进器的组合下火箭各发射两次，射程数据如表 9-14 所示。当显著性水平 $\alpha = 0.05$ 时，检验不同燃料（因素 A）、不同推进器（因素 B）的火箭的射程是否有明显差异？交互作用是否显著？

表 9-14　火箭的射程数据

因素	B1	B2	B3
A1	58.2, 52.6	56.2, 41.2	65.3, 60.8
A2	49.1, 42.8	54.1, 50.5	51.6, 48.4
A3	60.1, 58.3	70.9, 73.2	39.2, 40.7
A4	75.8, 71.5	58.2, 51.0	48.7, 41.4

五、一元线性回归模型

某地区 2008—2016 年的人均收入和商品零售总额如表 9-15 所示。

表 9-15　某地区 2008—2016 年的人均收入和商品零售总额

年份	人均收入 X/元	商品零售总额 Y/亿元
2008	450	26
2009	550	32
2010	680	44
2011	730	62
2012	810	70
2016	930	89
2014	1 050	103
2015	1 160	115
2016	1 250	128

试配合适当的回归模型进行显著性检验；若2017年该地区人均收入为1 300元，当显著性水平 $\alpha=0.05$ 时，试估计2017年商品零售总额为多少？

六、长期趋势分析

1. 如表9-16所示，为某地区2008—2016年的GDP资料，请根据所给数据，分别用移动平均法、趋势方程法和统计函数对2018年的GDP进行预测。

表9-16　某地区2008—2016年的GDP

年份	GDP/亿元
2008	10 965
2009	12 033
2010	13 582
2011	15 987
2012	18 493
2013	21 631
2014	26 581
2015	31 404
2016	33 535

2. 试根据表9-16所给数据计算发展速度和平均发展速度、增长量和平均增长量。

七、Excel 综合指数计算试验

商品的销售额情况如表9-17所示。

表9-17　商品的销售额情况

商品类别	计量单位	商品价格/元		销售量		销售额/百元			
		p_0	p_1	q_0	q_1	$q_0 p_0$	$q_1 p_1$	$q_1 p_0$	$q_0 p_1$
大米	百公斤	300.0	360.0	2 400	2 600	7 200	9 360	7 800	8 640
猪肉	公斤	18.0	20.0	84 000	95 000	15 120	19 000	17 100	16 800
食盐	500克	1.0	0.8	10 000	15 000	100	120	150	80
服装	件	100.0	130.0	24 000	23 000	24 000	29 900	23 000	31 200
电视机	台	4 500.0	4 300.0	510	612	22 950	26 316	27 540	21 930
合计	—	—	—	—	—	69 370	84 696	75 590	78 650

试计算拉氏价格指数和销售量指数。

知识能力训练

一、选择题

1. 若在A1单元格内输入"（15）"，则A1单元格的内容为（　　）。

A. 字符串15　　　　　　　　　　B. 字符串（15）

C. 数值 15 D. 数值 –15

2. 用户在 Excel 工作表中输入日期时，不符合日期格式的数据是（　　）。

A. 10 – 01 – 99 B. 01 – OCT – 99

C. 1999 年 10 月 1 日 D. "10/01/99"

3. 在 sheet2 的 C1 单元格内输入公式时，需要引用 sheet1 中 A2 单元格的数据，正确引用为（　　）。

A. sheet1！A2 B. sheet1（A2）

C. sheet1 A2 D. sheet1！(A2)

4. 若在 book2.xls 的当前工作表中引用 book1.xls 中 sheet1 的 A2 单元格的数据，则缺省情况下的引用为（　　）。

A. ［book1.xls］sheet1！a$2 B. ［book1.xls］sheet1：$a$2

C. ［book1.xls］sheet1！a2 D. ［book1.xls］sheet1！$a2

5. 单元格内输入了"=［XSTJ］工资！B5"，其中 XSTJ 是（　　）。

A. 工作簿 B. 工作表

C. 单元格区域 D. 单元格

6. 已知工作表的 K6 单元格内的公式为"=F6*$D$4"，将它复制到 K7 后，复制后的 K7 单元格中的公式为（　　）。

A. =F7*$D$5 B. =F7*$D$4

C. =F6*$D$4 D. =F6*$D$5

7. 在工作表的 D7 单元格内输入公式"=A6+$B$3"并确定后，在第 5 行处删除一行后，D6 单元格中的公式为（　　）。

A. =A6+$B$4 B. =A5+$B$3

C. =A5+$B$4 D. =A6+$B$3

8. 在工作表的 D7 单元格内输入公式"=A7+$B$4"并确定后，在第 3 行处插入一行后，D8 单元格中的公式为（　　）。

A. =A8+$B$4 B. =A8+$B$5

C. =A7+$B$4 D. =A7+$B$5

9. 在 Excel 工作表的 A1 单元格内输入公式"=SUM(B2:D6)"，在用删除行命令将第 2 行删除后，单元格中的公式将调整为（　　）

A. =ERR B. =SUM(B3:D6)

C. =SUM(B2:D5) D. #VALUE

10. 在 Excel 工作表的单元格 D5 内输入公式"=$B$3+C5"，删除第 A 列后 C5 单元格中的公式为（　　）。

A. =$A$3+B5 B. =$B$3+B5

C. =$A$3+C5 D. =$B$3+C5

二、判断题

1. Excel 不能处理图形和文字。（　　）

2. 工作表可以包含多个工作簿。（　　）

3. Excel 可以对数据进行增加、删除、修改和查找操作。(   )

4. 负数只有一种输入形式。(   )

5. 在工作表的单元格内输入负数时,可以用"-"开始,也可以采用<>括起来的形式。(   )

6. 若 A1 单元格中字符串的长度超过 A1 单元格的显示长度,且 B1 单元格为非空,则字符串的超出部分将被截断。加大 A1 单元格的列宽后,被截部分照常显示。(   )

7. 若 A1 单元格中字符串的长度超过 A1 单元格的显示长度,且 B1 单元格为空,则字符串的超出部分将被截断。加大 A1 单元格的列宽后,被截部分照常显示。(   )

8. 若 A1 单元格中字符串的长度超过 A1 单元格的显示长度,且 B1 单元格为空,则字符串的超出部分将显示#######。(   )

9. 在 Excel 中,向某单元格输入"91/8/9"后按"Enter"键,单元格内会显示 1991 - 8 - 9。(   )

10. Excel 中可以使用的运算符中有算术运算符、逻辑运算符、比较运算符和文本运算符。(   )

参 考 文 献

[1] 曾五一,肖红叶. 统计学导论 [M]. 北京:科学出版社,2013.
[2] 刘泽,严瑜. 统计学基础 [M]. 北京:人民邮电出版社,2013.
[3] 朱建平. 应用多元统计分析 [M]. 北京:科学出版社,2013.
[4] 陈建宏,杨彦柱. 统计学基础 [M]. 北京:北京理工大学出版社,2013.
[5] 王坤,左湘利,李玉兰. 统计学 [M]. 南京:南京大学出版社,2014.
[6] 王振龙,胡永宏. 应用时间数列分析 [M]. 北京:科学出版社,2014.
[7] 梁前德. 基础统计 [M]. 北京:高等教育出版社,2012.
[8] 刘钢. Excel 在统计分析中的应用 [M]. 北京:人民卫生出版社,2002.
[9] 韩兆洲. 统计学原理(第七版)[M]. 广州:暨南大学出版社,2011.
[10] 邓力. 统计学原理 [M]. 北京:清华大学出版社,2016.
[11] 宫春子,刘卫东,刘宝,等. 统计学原理 [M]. 北京:机械工业出版社,2014.
[12] 刘晓利,郭姝宇. 统计学原理(第2版)[M]. 北京:北京大学出版社,2015.
[13] 李博达,阎薇,肖旭. 统计学原理 [M]. 北京:北京交通大学出版社,2014.
[14] 杨立生. 统计学原理 [M]. 北京:北京大学出版社,2011.
[15] 刘桂荣. 统计学原理(第三版)[M]. 上海:华东理工大学出版社,2016.
[16] 何晓群. 现代统计方法与应用 [M]. 北京:中国人民大学出版社,2012.
[17] 易丹辉. 统计预测——方法与应用 [M]. 北京:中国统计出版社,2001.
[18] 贾俊平,郝静. 统计学案例与分析 [M]. 北京:中国人民大学出版社,2010.